高校英语多元化教育模式研究

姜春华　温少梅　许冬梅　著

黑龙江教育出版社

图书在版编目（CIP）数据

高校英语多元化教育模式研究 / 姜春华, 温少梅, 许冬梅著. -- 哈尔滨：黑龙江教育出版社, 2024.7.
ISBN 978-7-5709-4577-1

Ⅰ.H319.3

中国国家版本馆CIP数据核字第2024VC7234号

高校英语多元化教育模式研究
GAOXIAO YINGYU DUOYUANHUA JIAOYU MOSHI YANJIU
姜春华　温少梅　许冬梅　著

责任编辑	宋　菲
封面设计	刊　易
责任校对	王慧娟
出版发行	黑龙江教育出版社
	（哈尔滨市道里区群力第六大道1313号）
印　刷	哈尔滨午阳印刷有限公司
开　本	787mm×1092mm　1/16
印　张	19
字　数	350千
版　次	2025年3月第1版
印　次	2025年3月第1次印刷
书　号	ISBN 978-7-5709-4577-1　　定　价　68.00元

如有印装质量问题，影响阅读，请与印刷厂联系调换。联系电话：18946024270
如发现盗版图书，请向我社举报。举报电话：0451-82533087

前　言

在当今全球化的时代背景下，英语已经不仅仅是一门学科，而是连接世界各国文化、科技、经济的桥梁。高校作为人才培养的摇篮，其教育质量在多个方面影响着国家未来的国际竞争力英语教育是其中一个重要的组成部分。然而，传统的英语教育模式往往单一、刻板，难以适应日益复杂多变的社会需求。因此，探索高校英语多元化教育模式成为当务之急。

随着信息技术的迅猛发展，多媒体、网络等现代教学手段为英语教育提供了前所未有的可能性。这些技术手段不仅能够丰富教学内容，还能够激发学生的学习兴趣，提高教学效率。多元化教育模式正是在这样的背景下应运而生。它强调尊重学生的个体差异，关注学生的全面发展，注重培养学生的实际应用能力。

基于以上分析，本书就高校英语多元化教育模式展开深入探讨与分析。本书共分为十七章展开论述，具体内容如下：

第一章为高校英语教育现状与挑战，介绍了当前高校英语教育概况，阐述了高校英语教育面临的挑战，并就学生需求与期望展开了详细分析。

第二章为多元化教育理论基础，追溯了多元化教育的起源与发展，阐述了多元化教育的核心理念，并探讨了多元化教育在英语教学中的应用。

第三章为高校英语多元化教学模式构建，深入探讨了多元化教学模式的构建要素、原则和实施策略，旨在构建一种适应学生多样化需求的教学模式。

第四章为高校英语教学内容多元化，着重阐述了教材选择与内容整合的重要性，同时探讨了跨文化内容和专门用途英语的融入，以丰富教学内容。

第五章为高校英语教学方法多元化，对传统教学方法进行了反思，并介绍了互动式教学方法、任务型教学法和混合式教学法等多元化教学方法的实践。

第六章为高校英语教学手段多元化，探讨了多媒体教学技术、在线教学平台和移动学习工具等多元化教学手段的应用，以提高教学效果。

第七章为高校英语教学评价多元化，分析了传统评价方式的局限性，并提出了形成性评价与终结性评价相结合、学生自评与互评等多元化评价方式。

第八章为高校英语教师角色多元化，阐述了教师在多元化教育环境中扮演的引导者、合作者和研究者等多元化角色。

第九章为学生学习策略多元化，介绍了学习策略的概念，并探讨了多元化学习策略的培养以及学习策略与自主学习能力之间的关系。

第十章至第十五章分别就听说教学、阅读教学、写作教学、语法教学、翻译教学和文化教学等方面，探讨了多元化教学模式在这些具体教学中的应用及效果评估。

第十六章为多元化教育环境下的高校英语学习者个体差异研究，关注学习者个体差异对英语学习的影响，并提出了多元化教学模式对个体差异的应对策略。

第十七章为多元化教育环境下的高校英语教师专业发展，探讨了教师专业发展的内涵与意义，以及多元化教学模式对教师专业发展的促进作用，并提出了教师专业发展的途径与策略。

本书由姜春华、温少梅、许冬梅执笔撰写，由于时间仓促，加之水平有限，难免存在纰漏之处，恳请读者提出宝贵意见。

目 录

第一章 高校英语教育现状与挑战 ·································· 1
  第一节 当前高校英语教育概况 ·································· 1
  第二节 高校英语教育面临的挑战 ································ 7
  第三节 学生需求与期望分析 ··································· 11

第二章 多元化教育理论基础 ······································ 18
  第一节 多元化教育的起源与发展 ······························· 18
  第二节 多元化教育的核心理念 ································· 23
  第三节 多元化教育在英语教学中的应用 ·························· 30

第三章 高校英语多元化教学模式构建 ······························ 36
  第一节 教学模式概述 ··· 36
  第二节 多元化教学模式的构建要素 ······························ 40
  第三节 多元化教学模式的构建原则 ······························ 48
  第四节 多元化教学模式的实施策略 ······························ 55

第四章 高校英语教学内容多元化 ·································· 61
  第一节 教材选择与内容整合 ··································· 61
  第二节 跨文化内容的融入 ····································· 66
  第三节 专门用途英语的引入 ··································· 72

第五章 高校英语教学方法多元化 ·································· 79
  第一节 传统教学方法的反思 ··································· 79
  第二节 互动式教学方法的实践 ································· 82
  第三节 任务型教学法的应用 ··································· 90
  第四节 混合式教学法的探索 ··································· 94

第六章 高校英语教学手段多元化 ·································· 101
  第一节 多媒体教学技术的应用 ································· 101
  第二节 在线教学平台的利用 ··································· 103
  第三节 移动学习工具的开发与应用 ······························ 109

第七章　高校英语教学评价多元化 114
第一节　传统评价方式的局限 114
第二节　形成性评价与终结性评价的结合 119
第三节　学生自评与互评机制的建立 124

第八章　高校英语教师角色多元化 129
第一节　教师作为引导者的角色 129
第二节　教师作为合作者的角色 135
第三节　教师作为研究者的角色 141

第九章　学生学习策略多元化 147
第一节　学习策略概述 147
第二节　多元化学习策略的培养 153
第三节　学习策略与自主学习能力的关系 160

第十章　多元化教育环境下的高校英语听说教学 166
第一节　听说教学现状与挑战 166
第二节　多元化教学模式在听说教学中的应用 170
第三节　听说教学效果评估与改进 176

第十一章　多元化教育环境下的高校英语阅读教学 184
第一节　阅读教学现状与挑战 184
第二节　多元化教学模式在阅读教学中的应用 190
第三节　阅读教学效果评估与提升 196

第十二章　多元化教育环境下的高校英语写作教学 203
第一节　写作教学现状与挑战 203
第二节　多元化教学模式在写作教学中的应用 208
第三节　写作教学效果评价与改进 212

第十三章　多元化教育环境下的高校英语语法教学 219
第一节　语法教学的重要性与挑战 219
第二节　多元化教学模式在语法教学中的应用 224
第三节　语法教学效果检测与优化 229

第十四章　多元化教育环境下的高校英语翻译教学 235
第一节　翻译教学现状与挑战 235
第二节　多元化教学模式在翻译教学中的应用 241

　　　　第三节　翻译教学效果评估与提升策略 ································ 247

第十五章　多元化教育环境下的高校英语文化教学 ································ 256
　　第一节　文化教学的意义与内容 ································ 256
　　第二节　多元化教学模式在文化教学中的应用 ································ 260
　　第三节　文化教学效果评价与改进建议 ································ 264

第十六章　多元化教育环境下的高校英语学习者个体差异研究 ································ 270
　　第一节　个体差异概述及其对英语学习的影响 ································ 270
　　第二节　多元化教学模式对个体差异的应对策略 ································ 275
　　第三节　个性化教学与辅导的实践与探索 ································ 279

第十七章　多元化教育环境下的高校英语教师专业发展 ································ 283
　　第一节　教师专业发展的内涵与意义 ································ 283
　　第二节　多元化教学模式对教师专业发展的促进作用 ································ 284
　　第三节　教师专业发展途径与策略 ································ 289

参 考 文 献 ································ 295

第一章 高校英语教育现状与挑战

第一节 当前高校英语教育概况

一、高校英语课程设置与教学模式

（一）英语课程设置的多样化趋势

随着时代的进步和全球化的加速，英语已成为国际交流的通用语言。在这样的背景下，高校英语教育的重要性愈发凸显。近年来，高校英语课程设置呈现出显著的多样化趋势，以满足不同学生的需求和社会的多元化发展。

传统的英语课程设置主要包括综合英语、阅读、写作、听力和口语等基础课程。这些课程为学生提供了扎实的语言基础，使他们能够掌握基本的英语听说读写技能。然而，随着社会的不断发展和学生需求的多样化，仅仅依靠这些基础课程已经无法满足学生的实际需求。

为了更好地培养学生的英语应用能力和跨文化交际能力，许多高校纷纷开设了专门用途英语课程，如商务英语、旅游英语、文化英语和科技英语等。这些课程旨在为学生提供更加专业化和实用化的英语学习体验。例如，商务英语课程注重培养学生的商务沟通能力和商业英语应用能力，使他们能够在未来的商务活动中游刃有余。旅游英语课程则注重培养学生的旅游服务能力和跨文化交际能力，为他们将来从事旅游相关工作打下坚实基础。

这种多样化的课程设置不仅满足了学生的个性化需求，也提高了他们的学习兴趣和积极性。同时，通过专门用途英语课程的学习，学生能够更好地将所学知识应用于实际工作中，提高自己的职业竞争力。

（二）教学模式的创新与实践

在教学模式方面，高校英语教师也积极进行了创新和实践。传统的以教师为中心的教学模式已经逐渐被以学生为中心的教学模式所取代。这种新的教学模式更加注重学生的主体地位和参与度，旨在培养学生的自主学习能力和创新能力。

任务型教学法和项目式教学法是近年来在高校英语教学中广泛应用的两种教学方

法。任务型教学法通过设计具有明确目标和真实意义的任务，让学生在完成任务的过程中学习和运用英语，从而培养他们的语言应用能力和解决问题的能力。项目式教学法则是以项目为导向，让学生在教师的指导下通过小组合作完成项目任务，从而培养他们的团队合作精神和创新能力。

此外，随着信息技术的发展和应用，多媒体和网络教学也逐渐成为高校英语教学的重要组成部分。多媒体教学通过运用音频、视频、图像等多种媒体元素，使课堂教学更加生动有趣，提高了学生的学习兴趣和参与度。网络教学则为学生提供了更加便捷和灵活的学习方式，使他们能够随时随地进行英语学习，打破了时间和空间的限制。

这些创新的教学模式和方法不仅提高了高校英语教学的效果和质量，也为学生提供了更加多元化和个性化的学习体验。同时，它们也促进了高校英语教师的专业发展和教学能力的提升。

（三）教材建设与资源开发

教材是教学的重要载体，对于提高教学质量具有重要意义。近年来，高校英语教材建设取得了显著成效，不仅数量增加，而且质量也有很大提升。许多高校根据自身实际情况和教学需求，编写了具有本校特色的英语教材。这些教材注重实用性和针对性，能够更好地满足学生的学习需求。

同时，高校还积极引进国外优秀教材，为学生提供更加多元化的学习选择。这些国外教材通常具有先进的教学理念和丰富的教学内容，能够为学生提供更加广阔的学习视野和更加地道的语言输入。

除了教材建设外，高校英语教师还注重教学资源的开发和利用。他们利用现代信息技术手段制作多媒体课件、建立网络教学资源库等，为学生提供更加便捷、高效的学习支持。这些教学资源不仅丰富了教学内容和手段，也提高了学生的学习兴趣和效果。

二、师资力量与教学资源分配

（一）教师队伍结构与专业素养

高校英语教师队伍的结构和专业素养直接影响到教学质量和效果。目前，高校英语教师队伍的整体素质较高，拥有博士学位和海外留学经历的教师所占比例逐年增加。这些教师具有扎实的英语语言功底和丰富的教学经验，能够为学生提供高质量的英语教学服务。

同时，高校英语教师队伍的年龄结构也逐渐趋于年轻化。年轻教师通常具有较强的学习能力和创新能力，能够迅速适应新的教学理念和技术手段。他们为高校英语教学注入了新的活力和动力。

此外，高校英语教师还具备较高的专业素养和敬业精神。他们热爱教育事业，关注学生的成长和发展，致力于提高教学质量和效果。这种专业素养和敬业精神也为学生树立了良好的榜样。

（二）教学资源分配与利用

教学资源分配是高校英语教学管理的重要环节。高校根据各院系、各专业的教学需求和实际情况，合理分配教学资源，如教室、语音室、多媒体教室等。这些教学资源的合理分配和利用为高校英语教学提供了有力的物质保障。

同时，高校还注重教学资源的共享和利用。通过校际合作、校企合作等方式，高校之间可以实现教学资源的优化配置和高效利用。这种资源共享和利用不仅提高了教学资源的利用效率，也促进了高校之间的合作与交流。

此外，高校还积极利用现代信息技术手段开发网络教学资源库、在线教学平台等，为学生提供更加便捷、高效的学习支持。这些网络教学资源库和在线教学平台不仅丰富了教学内容和手段，也提高了学生的学习兴趣和效果。

（三）教师培训与发展

教师培训是提升教师教学能力和水平的重要途径。高校重视英语教师的培训和发展工作，定期组织教师参加各类培训和学习活动。这些培训活动包括教学法研讨、学术交流、教学观摩等，旨在帮助教师更新教学理念、掌握新的教学方法和手段。

通过参加这些培训活动，高校英语教师能够及时了解最新的教学动态和研究成果，提高自己的专业素养和教学能力。同时，他们还能够与其他教师进行交流和互动，分享教学经验和心得体会，促进彼此的共同成长和进步。

此外，高校还鼓励教师开展自我培训和自我发展活动。例如，教师可以利用业余时间阅读专业书籍、撰写学术论文、参加学术会议等，以提高自己的学术水平和研究能力。这些自我培训和自我发展活动不仅能够提升教师的个人素养和能力水平，也能够为高校英语教学质量的提升做出更大的贡献。

（四）教学研究与改革

教学研究与改革是高校英语教学发展的重要动力。高校鼓励英语教师积极开展教学研究工作，探索新的教学模式和方法。这些教学研究工作不仅有助于教师深入了解教学规律和学生学习特点，也能够为教学改革和创新提供有力的理论支持和实践指导。

同时，高校还注重教学成果的转化和应用。教师将研究成果应用于实际教学中，通过实践检验和完善教学理论和方法。这种教学成果的转化和应用不仅能够提高教学效果和质量,也能够促进教师专业的成长和发展。

此外,高校还积极推动英语教学改革和创新工作。例如,通过调整课程设置、优化教学内容、改进教学方法和手段等方式,不断完善英语教学体系和提高教学质量。这些教学改革和创新工作不仅能够满足学生的实际需求和社会的发展需求,也能够为高校英语教学的长远发展奠定坚实基础。

三、英语教学质量评估与反馈机制

(一)教学评估体系的建立与完善

教学评估作为高等教育质量管理的重要一环,对于保障和提升教学质量具有至关重要的作用。为了全面、客观地评价英语教学质量,高校必须建立一套完善的教学评估体系。这一体系应涵盖多个评估环节,确保从多个角度对教学进行全面审视。

首先,学生评教是教学评估体系中不可或缺的一部分。学生是教学活动的直接参与者,他们对教师的教学效果有着最直观的感受。通过定期的学生评教活动,高校可以收集到大量关于教师教学态度、教学方法、教学效果等方面的反馈信息。这些信息不仅有助于教师了解自己的教学优势和不足,还可以作为高校改进教学管理、优化教学资源配置的重要依据。

其次,教师自评也是教学评估体系中的重要组成部分。教师自评的过程实际上是教师进行自我反思和自我提升的过程。通过自评,教师可以对自己的教学理念、教学方法、教学效果等进行全面梳理,从而明确自己的发展方向和目标。同时,教师自评还可以激发教师的内在动力,促使他们更加积极地投入教学工作。

此外,同行评议也是教学评估体系中的一种有效方式。同行评议通常是由同一学科或相近学科的教师相互之间进行评价。由于同行之间对彼此的学科背景、教学内容和方法等都比较了解,因此他们的评价往往更加具有针对性和参考价值。通过同行评议,教师可以了解自己在同行中的地位和水平,从而更加明确自己的发展方向和奋斗目标。

为了确保教学评估结果的公正性和客观性,高校还需要建立一套科学、合理的评估指标体系。这套指标体系应涵盖教学态度、教学内容、教学方法、教学效果等方面,确保从多个角度对教学进行全面评价。同时,高校还应根据实际情况对评估指标体系进行动态调整,确保其始终与高校的办学理念和教学目标保持一致。

最后,高校应高度重视教学评估结果的反馈和应用。评估结果不仅应作为教师考核、奖惩的重要依据之一,还应作为高校改进教学管理、优化教学资源配置的重要参考。通过及时、有效地反馈和应用评估结果,高校可以形成一个良好的教学质量保障机制,确保教学质量始终保持在较高水平。

（二）学生评教的作用与影响

学生评教作为教学评估体系的重要组成部分，对于提升教学质量具有深远的影响。首先，学生评教有助于增强学生的主体地位。在传统的教学模式中，教师往往占据主导地位，而学生则处于被动接受的状态。通过学生评教活动，学生可以更加积极地参与到教学过程中来，表达自己的意见和建议，从而增强自己的主体地位和自我意识。

其次，学生评教有助于促进师生互动和交流。评教活动为学生提供了一个与教师进行沟通和交流的平台。在这个平台上，学生可以向教师反馈自己的学习情况和需求，而教师则可以根据学生的反馈调整自己的教学内容和方法。这种互动和交流不仅可以增进师生之间的感情和了解，还可以提高教学效果和学生的学习满意度。

再次，学生评教有助于提升教师的教学水平。通过收集和分析学生的评教数据，教师可以更加全面地了解自己的教学优势和不足。这不仅可以促使教师更加有针对性地改进自己的教学方法和手段，还可以激发教师的自我提升意识和动力。同时，学生评教还可以为教师提供宝贵的教学经验和实践智慧，帮助他们更好地应对教学过程中的各种挑战和问题。

最后，学生评教有助于提升教学管理。高校可以根据学生的评教结果对教学管理进行优化和改进。例如，针对评教结果中反映出来的问题和不足，高校可以及时调整教学计划和资源配置方案；针对评教结果中反映出来的优秀教学经验和实践案例，高校可以进行总结和推广。通过这些措施的实施，高校可以不断提升自己的教学管理水平和服务质量。

（三）教师自评与反思

教师自评与反思是提升教师教学能力和水平的重要途径。首先，自评与反思有助于教师增强自我意识和自我管理能力。在教学过程中，教师会面临各种挑战和问题。通过自评和反思，教师可以更加清晰地认识自己的优势和不足，明确自己的发展方向和目标。这种自我意识和自我管理能力的提升不仅有助于教师更好地应对教学过程中的各种挑战和问题，还有助于他们实现自我价值和职业发展。

其次，教师自评与反思有助于促进教学创新和改进。在自评和反思的过程中，教师会对自己的教学理念、教学方法和教学效果进行全面梳理和分析。这不仅可以激发教师的教学创新意识和动力，还可以帮助他们发现教学过程中存在的问题和不足。通过及时采取改进措施进行整改和完善，教师可以不断提升自己的教学效果和水平。

再次，教师自评与反思有助于形成学习型组织文化。学习型组织文化是一种注重学习、分享和合作的组织文化。在这种文化氛围中，教师之间会相互学习、相互借鉴、相互支持，共同追求教学水平和质量的提升。通过自评和反思活动的开展，教师可以更加积极地参与到学习型组织文化的建设中去，与其他教师分享自己的教学经验和反思成果，从而促进整个教师团队的教学水平和质量的提升。

最后，教师自评与反思有助于提升教师的职业素养和社会责任感。作为一名教育工作者，教师不仅要具备扎实的学科知识和教学技能，还需要具备高尚的职业道德和社会责任感。通过自评和反思活动的开展，教师可以更加深刻地认识到自己肩负的历史使命和社会责任，从而更加努力地投入教育事业，为学生的成长和社会的进步贡献自己的力量。

（四）教学质量监控与持续改进

教学质量监控与持续改进是高校英语教学管理的重要环节。首先，教学质量监控可以确保教学过程始终处于可控状态。通过对教学过程进行全程跟踪和监控，高校可以及时了解教师的教学情况和学生的学习情况，从而确保教学质量始终保持在较高水平。同时，教学质量监控还可以为高校提供宝贵的教学数据和信息资源，为教学管理决策提供有力支持。

其次，教学质量监控有助于发现问题并及时采取改进措施。在教学过程中，难免会出现一些问题和不足。通过教学质量监控活动的开展，高校可以及时发现这些问题并采取相应的改进措施进行整改和完善。这不仅可以避免问题扩大化、严重化，还可以确保教学质量的稳定性和持续性。

再次，持续改进是提升教学质量的根本途径。高校应始终坚持以学生为中心的教学理念，根据学生的需求和期望不断调整和优化教学内容和方法。通过持续改进工作的开展，高校可以不断提升自己的教学水平和质量，满足社会和学生的需求和期望。同时，持续改进还可以激发高校的内在动力和创新精神，推动高校实现可持续发展。

最后，教学质量监控与持续改进需要建立完善的机制和保障体系。高校应建立健全的教学质量管理制度和规章制度，明确各级教学管理人员的职责和权限；加强教学质量监控队伍的建设和培训，提高他们的专业素质和工作能力；建立完善的教学质量信息反馈和处理机制，确保教学过程中的问题和不足得到及时、有效的解决；加强教学质量评估结果的应用和奖惩机制建设，激发教师参与教学质量提升工作的积极性和创造性。通过这些措施的实施，高校可以构建一个科学、规范、高效的教学质量监控与持续改进体系，为提升英语教学质量提供有力保障。

第二节 高校英语教育面临的挑战

随着全球化进程的不断加快和信息技术日新月异的发展，高校英语教育正面临着前所未有的挑战。这些挑战不仅来自于外部环境的快速变化，也来自于教育体系内部各种要素的相互作用。因此，高校英语教育必须正视这些挑战，积极寻求变革和创新，以适应当今时代的需求。

一、全球化背景下的语言多元化需求

在全球化的大背景下，国际交流与合作日益频繁，英语作为国际通用语言的地位得到了进一步的巩固。然而，与此同时，多语言、多文化的交流环境也对高校英语教育提出了新的挑战和要求。全球化不仅促进了经济的交融，更推动了文化的交流与碰撞，这使得单一语种的掌握已经无法满足多元化交流的需求。

（一）多语种能力的需求增加

随着国际交流的深入，学生不再满足于仅掌握英语一门语言。他们开始认识到，多语种能力将为他们在国际舞台上提供更广阔的空间和更多的机会。除了英语，其他语种如西班牙语、法语、德语等也逐渐受到学生的青睐。这些语言不仅在国际政治、经济、文化等领域具有重要地位，而且也是学生了解不同文化、拓展国际视野的重要途径。

为了满足学生的多语种需求，高校英语教育需要积极调整教学策略，提供更多的语种教学资源。例如，可以开设其他语种的选修课程，引进多语种教材，或者与国外的语言教育机构合作，为学生提供更丰富的语言学习机会。同时，高校还可以通过举办语言文化节、国际交流周等活动，激发学生的语言学习兴趣，提高他们的语言实践能力。

（二）跨文化交际能力的重要性

全球化不仅带来了语言的多元化，也带来了文化的多元化。在这样的背景下，跨文化交际能力的重要性日益凸显。学生需要具备在不同文化背景下进行有效沟通的能力，这不仅要求他们掌握语言本身，还需要了解语言背后的文化内涵和交际规则。

为了培养学生的跨文化交际能力，高校英语教育需要注重文化知识的传授。在教学过程中，教师不仅要讲解语言知识，还要介绍英语国家的文化背景、社会习俗、价值观念等。同时，高校还可以通过组织国际文化交流活动、模拟联合国国际会议等，为学生提供实践跨文化交际的机会。此外，鼓励学生参加国际志愿服务、海外实习等项目，也

是提高他们跨文化交际能力的重要途径。

（三）语言学习与专业学习的结合

在全球化背景下，英语已经渗透到各个专业领域。无论是科学研究、商业交流还是文化传播，英语都发挥着越来越重要的作用。因此，学生需要将英语学习与专业学习结合起来，掌握专业领域的英语词汇和表达方式，以便在未来的职业生涯中更好地运用英语。

为了实现语言学习与专业学习的有效结合，高校英语教育需要注重与专业教学的融合。教师可以根据不同专业的特点，设计针对性的英语教学内容，帮助学生掌握专业领域的英语术语和表达方式。同时，高校还可以开设专业英语课程，如商务英语、科技英语、医学英语等，为学生提供更专业的英语学习机会。此外，鼓励学生参加国际学术会议、专业研讨会等活动，也是提高他们专业英语水平的有效途径。

（四）全球化视野的培养

全球化要求学生具备开阔的视野和包容的心态，能够理解和尊重不同文化和价值观。这就需要高校英语教育注重培养学生的全球化视野，引导他们关注国际问题、了解国际规则、参与国际事务。

为了培养学生的全球化视野，高校英语教育需要注重国际化教学内容的引入。在教学过程中，教师可以结合国际时事、全球议题等，引导学生分析和讨论相关问题。同时，高校还可以鼓励学生参加国际交流活动、海外学习项目等，拓宽他们的国际视野。此外，通过邀请国际知名学者、专家来校讲学或合作研究，也可以为学生提供接触国际前沿知识的机会。

二、信息技术发展对英语教学的影响

信息技术的快速发展为高校英语教学提供了新的手段和工具，改变了传统的教学方式和学习模式。但同时，也带来了新的挑战和问题。如何适应并利用信息技术提升英语教学效果，成为了高校英语教育面临的重要课题。

（一）教学方式的变革

信息技术的发展使得教学方式发生了深刻的变革。传统的课堂教学已经无法满足学生的需求，学生更加倾向于通过网络、移动设备等获取知识和信息。这就需要高校英语教育积极探索新的教学方式，以满足学生的学习需求。

混合式教学、在线教学等新型教学方式应运而生。这些教学方式充分利用了信息技术的优势，打破了时间和空间的限制，为学生提供了更加灵活、便捷的学习方式。同时，这些教学方式也更加注重学生的主体地位和个性化需求，有利于提高学生的学习积极性和效果。

为了适应这种变革，高校英语教育需要积极更新教学理念和技术手段。教师可以利用多媒体课件、网络资源等丰富教学内容和形式，提高课堂教学的趣味性和实效性。同时，高校还可以建设在线教学平台、开发移动学习应用等，为学生提供更加便捷的学习渠道。

（二）学习资源的丰富与选择

信息技术的发展为学生提供了丰富的学习资源，包括网络课程、电子图书、学术论文等。这些资源不仅数量庞大，而且更新迅速，为学生提供了广阔的学习空间。然而，这也带来了选择上的困惑。学生需要在海量的学习资源中筛选出有价值的内容进行学习。

为了帮助学生合理利用学习资源，高校英语教育需要引导学生掌握信息筛选和整合的能力。教师可以教授学生如何搜索、筛选和整理网络资源，提高他们的信息素养和自主学习能力。同时，高校还可以建设学习资源推荐系统、开设信息素养课程等，为学生提供更加精准的学习资源支持。

（三）教师角色的转变

在信息技术时代，教师的角色发生了转变。教师不再是知识的唯一传授者，而是变成了学生学习的引导者和合作者。这种转变要求教师具备更高的信息素养和教学能力，以适应当今时代的教学需求。

为了适应这种转变，高校英语教师需要积极更新自己的知识和技能。他们可以通过参加信息技术培训、观摩优秀教学案例等方式，提高自己的信息素养和教学能力。同时，教师还需要转变教学观念，注重学生的主体地位和个性化需求，采用更加灵活、多样的教学方式和手段，激发学生的学习兴趣和积极性。

（四）技术与人文的融合

信息技术虽然为英语教学提供了便利，但也可能导致人文精神的缺失。学生在过度依赖技术的同时，可能会忽视人与人之间的情感交流和人文关怀。这就需要高校英语教育在注重技术应用的同时，也要注重人文精神的传承和培养。

为了实现技术与人文的融合，高校英语教育需要在教学过程中注重人文元素的融入。教师可以通过讲解文学作品、分析社会现象等方式，引导学生思考人生意义、价值追求等人文问题。同时，高校还可以通过举办文化活动、文化交流等方式，增进学生对不同文化的理解和尊重。此外，鼓励学生在使用技术的同时注重人际交往和沟通能力的培养也是非常重要的。

三、学生英语水平与兴趣的差异化

随着高校招生规模的不断扩大和学生来源的多样化,学生英语水平与兴趣的差异化现象变得愈发明显。这种差异化不仅体现在学生的英语基础水平上,还涉及他们的学习兴趣、学习风格以及个性化发展需求等方面。

（一）英语水平参差不齐

由于地域、家庭背景、教育经历等因素的影响,新入学的大学生英语水平往往存在较大的差异。一些学生来自教育资源丰富的地区或家庭,他们可能在中小学阶段就接受了较好的英语教育,英语基础扎实,听说读写能力全面发展。而另一些学生可能来自教育资源相对匮乏的地区或家庭,他们的英语基础相对薄弱,甚至存在语音、语法等方面的严重问题。

这种英语水平参差不齐的现象给高校英语教学带来了很大的挑战。如果采用"一刀切"的教学方式,很难满足所有学生的学习需求。因此,高校英语教育需要实施分层教学,针对不同水平的学生提供个性化的教学方案。例如,可以通过入学英语水平测试,将学生划分到不同层次的班级,针对不同层次的班级制定不同的教学目标和教学计划,提供适合他们的教学内容和教学方法。

（二）学习兴趣与动机的多样化

除了英语水平参差不齐外,学生的学习兴趣和动机也是多样化的。不同的学生可能对英语有着不同的兴趣和需求。一些学生可能对英语本身感兴趣,他们喜欢学习英语语言和文化,希望通过英语学习提高自己的语言能力和跨文化交际能力。而另一些学生可能对英语国家的文化、历史等感兴趣,他们希望通过英语学习了解更多的国际知识和文化背景。

此外,学生的学习动机也是多样化的。一些学生可能出于对未来职业发展的考虑而学习英语,他们希望通过英语学习提高自己的职业竞争力。而另一些学生可能出于出国留学或旅游的目的而学习英语,他们希望通过英语学习更好地适应国外的生活和学习环境。

这种学习兴趣与动机的多样化要求高校英语教育要注重激发学生的学习兴趣和动机。教师可以通过设计生动有趣的教学内容,采用多样化的教学方式和手段,组织丰富多样的课外活动等方式来激发学生的学习兴趣和积极性。同时,教师还要关注学生的学习需求和目标,帮助他们明确学习动机和目标,提供有针对性的教学支持和指导。

（三）学习风格与策略的差异

学生的学习风格和学习策略也存在差异。不同的学生有着不同的学习方式和习惯。一些学生善于通过接受视觉刺激进行学习，他们喜欢通过阅读书籍、观看视频等方式获取知识。而另一些学生善于接受通过听觉刺激进行学习，他们喜欢通过听讲座、听录音等方式获取知识。此外，还有一些学生善于通过动手实践进行学习，他们喜欢通过参与实践活动、完成实际任务等方式来巩固和应用所学知识。

这种学习风格与策略的差异要求高校英语教育要了解学生的学习风格和学习策略，提供针对性的教学支持。教师可以通过观察学生的学习行为，与学生进行交流和沟通，分析学生的学习成果等方式来了解学生的学习风格和学习策略。然后，教师可以根据学生的学习风格和学习策略提供个性化的教学支持和指导，帮助学生找到适合自己的学习方式和方法。

（四）对个性化发展需求的关注

随着社会的进步和教育理念的变化，学生的个性化发展需求日益受到关注。学生不仅希望获得知识，还希望获得全面的发展和成长。他们希望在学习过程中能够发挥自己的优势和特长，实现自我价值的最大化。

这就要求高校英语教育要注重学生的个性化发展需求。教师可以通过提供多样化的教学内容和教学方式，组织丰富多样的课外活动，建立多元化的评价体系等方式来满足学生的个性化发展需求。同时，教师还要关注学生的心理健康和成长过程，提供必要的心理辅导和支持，帮助学生解决学习和生活中遇到的问题和困难。

第三节　学生需求与期望分析

在当前全球化日益深化的时代背景下，高校英语教育面临着前所未有的挑战与机遇。作为教育的主体，学生对英语教育的需求与期望也在不断地发生变化。本节将从学生对英语实用能力的需求、对跨文化交流能力的期望、对个性化学习路径的偏好以及对教师角色与教学方式的看法四个方面进行深入分析，以期为高校英语教育的改革与发展提供有益的参考。

一、学生对英语实用能力的需求

在当今全球化的时代，英语作为一种国际通用语言，其实用性已经深入人心。特别是对于正处在知识吸收和能力培养关键时期的学生而言,他们对英语实用能力的需求显得尤为迫切。这种需求并非简单地停留在语言学习的层面,而是与他们的日常生活、学术发展、未来职场以及跨文化交流等方方面面紧密相连。

(一)日常交流能力

随着国际交流的日益增多,学生越来越需要掌握一口流利的英语,以便在日常生活、学习、工作中与来自不同国家和文化背景的人进行有效沟通。这种日常交流能力不仅限于简单的问候和寒暄,更要求学生能够就各种话题进行深入讨论和交流。比如,在旅行中能够用英语询问路线、点餐、购物,在学术研讨会上能够用英语发表观点、提问和回答问题,在社交场合能够用英语介绍自己、结交朋友等。因此,学生需要通过高校英语教育,提高自己的英语口语和书面表达能力,增强自己在不同语境下的交流自信心和应变能力。

(二)学术英语能力

对于高校学生而言,学术英语能力是他们进行学术研究、撰写论文、参加国际学术会议等学术活动所必备的技能。随着国际化学术交流的增多,学生需要能够熟练阅读和理解英文文献,包括学术论文、研究报告、专业书籍等,以获取最新的学术信息和研究成果。同时,他们还需要能够用英语撰写符合学术规范的论文,包括摘要、引言、方法、结果和讨论等部分,以便将自己的研究成果发表在国际学术期刊上,与全球同行进行交流和分享。此外,学生还需要能够用英语进行学术演讲和报告,展示自己的研究成果和学术见解。因此,高校英语教育应该注重培养学生的学术英语能力,为他们未来的学术发展打下坚实的基础。

(三)职场英语能力

在全球化的背景下,越来越多的企业开始拓展国际市场,对于员工的英语水平也提出了更高的要求。学生希望能够通过高校英语教育,提升自己的职场英语能力,以便在未来的职业生涯中更好地适应市场需求。这种职场英语能力包括商务英语沟通、邮件写作、报告撰写等。比如,能够在商务谈判中用英语与客户进行有效沟通,达成合作意向;能够用英语撰写清晰、简洁、礼貌的商务邮件,处理各种工作事务;能够用英语撰写规范、准确、有条理的工作报告,向上级汇报工作进展和成果。因此,高校英语教育应该注重培养学生的职场英语能力,为他们未来的职业发展做好充分准备。

(四)跨文化交际能力

在全球化的背景下,跨文化交际能力已经成为了学生必备的一种能力。这种能力要求学生不仅能够掌握英语语言本身,还需要了解不同文化背景下的价值观、思维方式、行为习惯等。因为语言是文化的载体，不同语言背后蕴含着不同的文化内涵和交际规则。只有了解并尊重这些差异，才能在跨文化交流中避免误解和冲突，实现有效沟通。因此，高校英语教育应该注重培养学生的跨文化交际能力，包括增强文化敏感性、提高文化适应能力、培养跨文化沟通能力等。通过开设跨文化交际课程、组织国际交流活动、鼓励海外实习等方式，让学生更好地理解和接纳不同文化背景的人，促进文化多样性和包容性的发展。

二、学生对跨文化交流能力的期望

随着全球化的推进和我国对外开放的不断扩大，跨文化交流能力已经成为了高校学生必备的一种能力。对于正处在成长和发展关键时期的学生而言，他们对跨文化交流能力的期望与他们的未来发展、国际视野、文化素养等方面紧密相连。这种期望并非简单地停留在语言学习的层面，而是希望通过高校英语教育，全面提升自己的跨文化交流能力。

（一）增强文化敏感性

学生希望通过高校英语教育，增强自己的文化敏感性，这是培养跨文化交流能力的基础。在全球化时代，不同文化之间的交流和碰撞日益频繁，因此，学生需要能够识别和尊重不同文化之间的差异，包括语言、价值观、思维方式、行为习惯等。只有具备这种文化敏感性，才能在跨文化交流中避免文化冲突和误解，实现有效沟通。同时，学生也希望能够更好地理解和接纳不同文化背景的人，以开放、包容的心态面对文化多样性，促进文化交流和融合。

（二）提高文化适应能力

在跨文化交流中，文化适应能力是非常重要的一种能力。学生希望通过高校英语教育，提高自己的文化适应能力，以便更好地融入不同文化环境。这种文化适应能力包括对不同文化环境的认知、对不同文化规则的掌握、对不同文化行为的解读等。只有具备这种文化适应能力，才能在跨文化交流中做到游刃有余，避免因文化差异而产生的误解和冲突。同时，学生也希望能够通过参加国际交流活动、海外实习等方式，亲身体验不同文化之间的差异和共性，增强自己的跨文化交流能力和国际竞争力。

（三）培养跨文化沟通能力

跨文化沟通能力是跨文化交流的核心能力。学生希望通过高校英语教育，培养自己的跨文化沟通能力，能够用英语与不同文化背景的人进行有效沟通。这种跨文化沟通能力不仅包括口头交流能力，还包括书面交流能力、非语言交流能力等。在口头交流方面，学生需要能够用英语进行日常对话、学术讨论、商务谈判等；在书面交流方面，学生需要能够用英语撰写邮件、报告、论文等；在非语言交流方面，学生需要能够理解和运用不同文化背景下的肢体语言、面部表情、礼仪习惯等。同时，学生也希望能够掌握一些跨文化沟通的技巧和策略，如礼貌用语、委婉表达、倾听技巧等，以便更好地应对跨文化交流中的挑战和难题。

（四）拓展国际视野

学生希望通过高校英语教育，拓展自己的国际视野，这是培养跨文化交流能力的重要目标。在全球化的时代，国际视野已经成为了衡量一个人综合素质的重要标准之一。学生需要了解不同国家和地区的文化、历史、社会、经济等方面的知识，以便更好地理解和分析国际事务和全球问题。同时，他们也希望能够通过参加国际交流活动、海外实习等方式，亲身体验不同文化之间的差异和共性，增强自己的国际竞争力和跨文化交流能力。这种国际视野的拓展不仅可以帮助学生更好地适应全球化的发展趋势，还可以为他们未来的职业发展打下坚实的基础。

三、学生对个性化学习路径的偏好

随着教育理念的不断演进和技术的日新月异，个性化学习已经成为教育发展的一个重要趋势。学生不再满足于传统的"一刀切"教育模式，而是更加追求符合自己特点和需求的学习方式。这种对个性化学习路径的偏好，主要体现在以下几个方面。

（一）定制化的学习计划

在现代教育中，学生越来越认识到每个人都是独一无二的，他们的学习需求、兴趣、能力和背景都各不相同。因此，学生希望能够根据自己的实际情况，制定个性化的学习计划。这种计划不仅能够充分考虑学生的英语水平、学习目标和学习时间等因素，还能够根据学生的学习进度和反馈进行动态调整。

定制化的学习计划能够满足学生的个性化需求，提高学习的针对性和有效性。通过明确的学习目标和计划，学生能够更加清晰地了解自己的学习方向和任务，从而更加有目的地进行学习。同时，定制化的学习计划还能够帮助学生合理安排时间，提高学习效率。

为了实现定制化的学习计划，学生期望教师能够充分了解他们的实际情况和需求，提供个性化的指导和帮助。教师需要根据学生的学习计划和进度，及时调整教学内容和教学方法，确保学生的学习效果。

（二）多元化的学习资源

在信息化时代，学习资源日益丰富多样。学生不再满足于单一的教材和传统的课堂教学，而是希望获得更加多元化的学习资源。这些资源包括各种形式的教材、课件、视频、音频、网络资源等，能够满足学生的不同学习需求和兴趣。

多元化的学习资源不仅能够激发学生的学习兴趣和积极性，还能够为学生提供更加广阔的学习空间。通过接触不同类型的学习资源，学生能够更加全面地了解英语知识，提高自己的英语水平和应用能力。同时，多元化的学习资源还能够培养学生的自主学习能力和终身学习能力，使他们能够更好地适应未来社会的发展需求。

为了实现学习资源的多元化，学生期望教师能够积极引进和开发各种形式的学习资源，为学生提供更加丰富多样的学习选择。同时，教师还需要引导学生合理利用这些资源，培养他们的信息筛选和整合能力。

（三）智能化的学习辅导

随着人工智能技术的飞速发展，智能化的学习辅导已经成为可能。学生期望能够通过智能化的学习辅导系统，获得更加个性化的学习建议和反馈。这种系统能够根据学生的学习数据和行为分析，识别学生的学习特点和问题所在，从而提供针对性的解决方案和学习资源。

智能化的学习辅导能够帮助学生更加高效地进行学习。通过实时的学习反馈和建议，学生能够及时了解自己的学习情况和问题所在，从而及时调整学习策略和方法。同时，智能化的学习辅导还能够为学生提供更加精准的学习资源推荐，提高他们的学习效果和满意度。

为了实现智能化的学习辅导，学生期望教师能够积极引进和应用先进的人工智能技术，为学生提供更加智能化的学习支持。同时，教师还需要不断提高自己的信息素养和教学能力，以适应智能化教育的发展需求。

（四）灵活多样的学习方式

在个性化学习的背景下，学生期望能够采用更加灵活多样的学习方式。这些学习方式包括自主学习、合作学习、探究学习等，能够满足学生的不同学习需求和风格。

自主学习能够培养学生的独立思考和解决问题的能力，合作学习能够培养学生的团队协作和沟通能力，探究学习能够培养学生的创新精神和实践能力。通过采用这些灵活多样的学习方式，学生能够更加全面地提高自己的英语水平和综合素质。

为了实现灵活多样的学习方式，学生期望教师能够尊重学生的学习风格和兴趣爱好，提供多样化的教学选择和支持。同时，教师还需要注重培养学生的自主学习能力和团队协作能力，为他们的未来发展奠定坚实的基础。

四、学生对教师角色与教学方式的看法

在高校英语教育中，教师角色和教学方式对于学生的学习体验和学习成果具有重要影响。随着教育理念的不断更新和技术的快速发展，学生对于教师角色与教学方式的看法也在不断地发生变化。这些看法主要体现在以下几个方面。

（一）教师作为引导者和促进者

在现代教育理念下，学生期望教师能够扮演引导者和促进者的角色。他们希望教师能够帮助他们明确学习目标、制定学习计划、解决学习问题，而不是简单地传授知识。同时，他们也希望教师能够鼓励他们自主学习和探究学习，培养他们的学习能力和创新精神。

作为引导者和促进者，教师需要充分了解学生的实际情况和需求，提供个性化的指导和帮助。他们需要关注学生的学习进度和反馈，及时调整教学内容和教学方法，确保学生的学习效果。同时，教师还需要注重培养学生的自主学习能力和团队协作能力，为他们的未来发展奠定坚实的基础。

为了实现教师作为引导者和促进者的角色转变，学生期望教师能够积极更新教育理念和教学方法，注重学生的主体地位和个性化需求。同时，教师还需要不断提高自己的专业素养和教学能力，以适应当今时代的教育发展需求。

（二）注重实践和应用的教学方式

在高校英语教育中，学生期望教师能够采用注重实践和应用的教学方式。他们希望教师能够将理论知识与实践相结合，提高他们的英语实用能力和跨文化交流能力。这种教学方式可以包括案例分析、角色扮演、模拟演练等，能够激发学生的学习兴趣和积极性。

注重实践和应用的教学方式能够帮助学生更好地理解和掌握英语知识。通过实际应用和操作，学生能够更加深入地了解英语知识的内涵和外延，提高自己的英语水平和应用能力。同时，这种教学方式还能够培养学生的实践能力和创新精神，为他们的未来发展奠定坚实的基础。

为了实现注重实践和应用的教学方式，学生期望教师能够积极引进和开发各种实践教学资源和方法，为学生提供更加丰富多样的实践机会和平台。同时，教师还需要注重培养学生的实践意识和实践能力，鼓励他们将所学知识应用于实际生活中。

（三）多元化的教学方法和手段

在现代教育中，学生期望教师能够采用多元化的教学方法和手段。这些方法和手段包括讲授、讨论、演示、互动等，能够满足学生的不同学习需求和风格。同时，学生也期望教师能够利用现代教育技术，如多媒体教学、网络教学等，丰富教学手段和资源。

多元化的教学方法和手段能够激发学生的学习兴趣和积极性。通过不同的教学方法和手段，学生能够更加全面地了解英语知识，提高自己的英语水平和应用能力。同时，这种多元化的教学方式还能够培养学生的多元化思维能力和创新能力。

为了实现多元化的教学方法和手段，学生期望教师能够积极学习和掌握各种现代教育技术和教学方法。同时，在运用这些技术和方法时，教师还需要注重与学生的互动和交流，确保教学效果和学习成果。

（四）关注个体差异和个性化需求

在高校英语教育中，学生期望教师能够关注个体差异和个性化需求。他们希望教师能够了解他们的学习风格、兴趣爱好、能力水平等方面的差异，提供针对性的教学和支持。这种关注可以体现在教学内容的选择、教学难度的把握、教学进度的安排等方面。

关注个体差异和个性化需求能够帮助学生更好地发挥自己的优势和潜力。通过针对性的教学和支持，学生能够更加高效地进行学习，提高自己的学习效果和满意度。同时，这种关注还能够培养学生的自信心和自尊心，为他们的未来发展奠定坚实的基础。

为了实现关注个体差异和个性化需求的教学理念，学生期望教师能够积极与学生进行沟通和交流，了解他们的实际情况和需求。同时，教师还需要注重培养学生的自主学习能力和自我管理能力，鼓励他们根据自己的实际情况进行有针对性的学习。

综上所述，高校英语教育面临着诸多挑战与机遇。为了更好地满足学生的需求与期望，高校英语教育需要不断地进行改革与创新。具体来说，可以从以下几个方面入手：首先，加强英语实用能力和跨文化交流能力的培养；其次，提供个性化学习路径和推广智能化的学习辅导系统；最后，转变教师角色与教学方式，关注学生的个体差异和个性化需求。通过这些措施的实施，相信能够推动高校英语教育的持续发展与进步。

第二章 多元化教育理论基础

第一节 多元化教育的起源与发展

多元化教育作为一种教育理念和教育实践,其起源可以追溯到早期的教育思想探索。随着社会的进步和教育理念的不断更新,多元化教育在全球范围内逐渐兴起,并在当代呈现出多样化的发展趋势。

一、多元化教育早期思想的探索

（一）教育平等的初步理念

多元化教育的起源可以追溯到对教育平等理念的初步探索。在人类社会发展的早期阶段,教育资源往往集中在少数特权阶层手中,大多数孩子无法获得平等的教育机会。然而,随着社会的进步和民主意识的觉醒,人们开始关注教育资源的公平分配和教育机会的均等。早期的教育家和思想家,如孔子、柏拉图等,提出了教育平等的理念,主张打破社会阶层和种族的限制,让每个孩子都有接受教育的权利和机会。他们强调,无论一个人的出身和身份如何,都应该有机会通过教育来实现自我发展和提升。这种初步的教育平等理念为多元化教育的发展奠定了基础,成为多元化教育思想的重要组成部分。

在教育平等的理念下,人们开始关注弱势群体的教育问题,如贫困家庭的孩子、少数民族的孩子、残疾孩子等。他们认识到,这些孩子同样有受教育的权利和需要,应该得到平等的教育机会和资源。因此,教育领域开始探索如何为这些孩子提供平等且适宜的教育,让他们能够享受到与其他孩子同等的教育机会和资源。这种关注弱势群体的教育理念也是多元化教育的重要体现之一。

（二）文化多样性的认识

随着全球化进程的加速和移民潮的出现,文化多样性逐渐受到关注。人们开始认识到,不同文化背景的学生具有不同的学习需求和特点,他们的文化背景、语言习惯、思维方式等都会对学习产生影响。因此,教育领域开始探索如何适应和尊重不同文化背景的学生,为他们提供平等且适宜的教育机会。

在文化多样性的认识下，教育领域开始注重跨文化教育的研究和实践。跨文化教育旨在培养学生的跨文化交流能力和全球意识，让他们能够理解和尊重不同文化背景的人，适应全球化时代的挑战。在跨文化教育中，教师需要了解不同文化背景学生的需求和特点，采用多元化的教学方法和手段，以满足他们的学习需求。同时，学校还需要注重营造多元文化的校园氛围，让学生有机会接触和了解不同文化背景的人和事，培养他们的跨文化交流能力。

（三）个性化教育的提出

随着心理学和教育学研究的深入，人们逐渐认识到每个学生都是独一无二的个体，具有不同的兴趣、才能和学习风格。因此，教育领域开始提出个性化教育的理念，主张根据学生的个体差异提供个性化的教学方案和学习支持。个性化教育强调尊重学生的个体差异和独特性，注重培养学生的自主性和创造性，让他们能够在适合自己的学习环境中得到充分的发展。

在个性化教育的理念下，教师需要了解每个学生的个体差异和学习需求，采用个性化的教学方法和手段，以满足他们的学习需求。同时，学校还需要注重提供多元化的学习资源和支持服务，如丰富多样的课程、灵活多样的学习方式、个性化的学习辅导等，以帮助学生实现个性化的发展。此外，个性化教育还需要注重培养学生的自主学习能力和创造性思维能力，让他们能够在未来的学习和工作中具备更强的竞争力和适应性。

（四）多元评价体系的探索

传统的单一评价方式往往无法全面、客观地评价学生的能力和素质。因此，教育领域开始探索多元评价体系，注重过程评价和结果评价的结合，采用多种评价方式来全面、客观地评价学生的能力和素质。多元评价体系强调评价主体的多元化、评价内容的全面化、评价方法的多样化以及评价过程的动态化。

在多元评价体系的探索中，人们开始注重形成性评价和终结性评价的结合。形成性评价旨在关注学生的学习过程，及时发现和解决学习中的问题，帮助学生改进学习方法和提高学习效果。终结性评价则注重对学生学习成果的评价，判断学生的学习水平和能力。同时，多元评价体系还注重采用多种评价方法，如观察、访谈、问卷调查、作品展示等，以全面、客观地了解学生的学习情况和能力发展。

多元评价体系的探索为多元化教育的发展提供了重要的实践基础。通过多元评价，教师可以更全面地了解学生的学习情况和需求，为个性化教学和因材施教提供有力支持。同时，多元评价还可以帮助学生更客观地了解自己的学习水平和能力，明确学习方向和目标，提高学习效果和学习动力。

二、多元化教育在全球范围内的兴起

（一）国际组织的推动

随着全球化进程的加速，国际组织在推动多元化教育方面发挥了重要作用。例如，联合国教科文组织一直致力于推动教育公平和多元化教育的发展。该组织通过发布相关报告、举办国际会议等方式，倡导各国关注多元化教育，推动教育公平和包容性发展。联合国教科文组织强调，教育应该尊重每个人的独特性和多样性，注重培养学生的全球意识和跨文化交流能力，以适应全球化时代的挑战。

除了联合国教科文组织外，其他国际组织也在积极推动多元化教育的发展。例如，世界银行、经济合作与发展组织等都将多元化教育作为教育领域的重要发展方向，通过提供资金支持、开展项目合作等方式，帮助各国推动多元化教育的发展。这些国际组织的推动为多元化教育在全球范围内的兴起提供了重要的支持和保障。

（二）各国政策的响应

在国际组织的推动下，各国政府纷纷响应多元化教育的理念，并将其纳入国家教育政策中。例如，美国、英国、加拿大等国家都制定了相关政策，推动多元化教育的发展。这些政策注重教育公平、尊重文化多样性、提倡个性化教育、建立多元评价体系等，为多元化教育在全球范围内的兴起提供了政策保障。

在美国，政府通过制定相关法规和政策来推动多元化教育的发展。例如，美国联邦政府颁布了《不让一个孩子掉队法案》（*No Child Left Behind Act*），强调要关注弱势群体的教育问题，提高教育质量和公平性。同时，各州政府也制定了相应的教育政策，注重培养学生的跨文化交流能力和全球意识，推动多元化教育的发展。在英国和加拿大等国家，政府也通过制定相关政策和法规来推动多元化教育的发展，注重教育公平和包容性发展。

（三）教育实践的探索

随着多元化教育理念的深入人心，各国教育实践领域也开始积极探索多元化教育的实施方式。例如，一些学校开始尝试采用分层教学、个性化教学等多元化教学方式，以满足不同学生的学习需求。分层教学是根据学生的能力水平和学习需求将学生分为不同的层次，针对不同层次的学生采用不同的教学方法和手段，以帮助学生更好地掌握知识和技能。个性化教学则是根据学生的个体差异和学习需求采用个性化的教学方法和手段，以满足学生的学习需求。

除了分层教学和个性化教学外，一些学校还注重开展跨文化教育、国际理解教育等活动，培养学生的跨文化交流能力和全球意识。跨文化教育旨在让学生了解不同文化背景的人和事，培养他们的跨文化交流能力和全球意识。国际理解教育则注重培养学生的国际视野和全球意识，让他们能够更好地适应全球化时代的挑战。这些教育实践的探索为多元化教育的发展提供了宝贵的经验。

三、多元化教育在当代的发展趋势

随着社会的进步和科技的发展，多元化教育已经成为当代教育领域的重要发展方向。它不仅关注学生的个体差异和多元文化，还致力于促进教育公平与包容性，培养具有全球视野和创新能力的人才。以下将详细阐述多元化教育在当代的四大发展趋势。

（一）科技融合创新

在科技迅猛发展的今天，科技与教育的融合创新已经成为多元化教育的重要发展趋势。人工智能、大数据、云计算等先进技术在教育领域的应用，为个性化教学、精准评估等提供了有力支持，推动了教育模式的创新和变革。

人工智能技术在教育中的应用，使得个性化教学成为可能。通过分析学生的学习数据和行为习惯，人工智能可以为学生提供定制化的学习方案和资源推荐，满足不同学生的学习需求。同时，人工智能还可以辅助教师进行教学管理和评估，提高工作效率和质量。

大数据技术则为教育评估和决策提供了重要依据。通过对海量数据的挖掘和分析，教育机构和教师可以更加全面地了解学生的学习情况和问题所在，从而制定更加针对性的教学计划和策略。此外，大数据还可以用于预测学生的未来发展趋势和需求，为教育规划和政策制定提供科学依据。

在线教育、虚拟现实等新型教育方式也为多元化教育的发展提供了新的可能。在线教育打破了时间和空间的限制，让学生可以随时随地进行学习；虚拟现实技术则为学生提供了身临其境的学习体验，增强了学习的趣味性和互动性。这些新型教育方式的兴起，不仅丰富了多元化教育的形式和内涵，还为教育公平和普及化提供了有力支持。

（二）全球视野下的跨文化教育

在全球化背景下，跨文化教育成为多元化教育的重要组成部分。各国教育领域开始注重培养学生的跨文化交流能力和全球意识，让他们能够更好地适应全球化时代的挑战。这不仅要求学生掌握外语和跨文化交流技能，还需要了解不同国家和地区的文化、历史、社会习俗等。

为了推动跨文化教育的发展，各国政府和教育机构纷纷加强国际合作和交流。一些国际学校、国际课程等也逐渐兴起，为跨文化教育的发展提供了重要平台。这些国际学校和课程通常采用国际化的教学理念和方法，注重培养学生的全球视野和跨文化交流能力。同时，它们还为学生提供了与国际接轨的教育资源和机会，为他们的未来发展奠定了坚实基础。

此外，各国教育领域还积极开展教师交流和培训项目，提高教师的跨文化教育能力和水平。通过这些项目的实施，教师可以更好地了解不同国家和地区的教育理念和方法，学习借鉴先进的教育经验和技术手段，从而推动本国教育领域的创新和发展。

（三）关注弱势群体与教育公平

随着社会的进步和教育理念的不断更新，关注弱势群体与教育公平成为多元化教育的重要发展趋势。各国政府和教育机构开始注重为弱势群体提供平等且适宜的教育机会，消除教育中的不公平现象。这不仅体现了社会的公平和正义，也是推动社会和谐稳定发展的重要举措。

为了实现教育公平，各国政府纷纷加大对弱势群体的教育投入和支持力度。一些针对弱势群体的教育项目逐渐兴起，如针对贫困地区的教育扶贫项目、针对残疾人的特殊教育项目等。这些项目不仅为弱势群体提供了平等的教育机会和资源，还为他们的发展提供了重要支持和保障。

同时，一些公益性质的教育机构和社会组织也积极参与到关注弱势群体与教育公平的事业中。它们通过募捐、捐赠等方式筹集资金和资源，为弱势群体提供免费或低价的教育服务和帮助。这些公益性质的教育项目不仅弥补了政府投入的不足，还激发了社会各界对教育公平事业的关注和参与热情。

（四）多元评价体系的完善与发展

随着多元化教育的不断发展，多元评价体系的完善与发展也成为重要趋势。传统的以考试成绩为主要评价标准的方式已经无法满足多元化教育的需求。因此，各国教育领域开始注重建立全面、客观、科学的多元评价体系，以更好地评价学生的能力和素质。

多元评价体系不仅关注学生的学业成绩，还注重评价学生的实践能力、创新能力、团队合作能力等非学术方面的能力。同时，多元评价体系还强调评价过程的动态性和发展性，关注学生的成长和进步过程。这种评价方式不仅可以更加全面地反映学生的能力和素质，还可以激发学生的学习兴趣和动力，促进他们的全面发展。

为了推动多元评价体系的发展和完善，各国教育领域纷纷开展相关研究和实践活动。一些新的评价方式也逐渐兴起并得到广泛应用，如表现性评价、过程性评价、差异化评价等。这些新的评价方式不仅为多元评价体系的发展提供了新的思路和方法,还为教育评价的改革和创新提供了重要支持。

总之,多元化教育作为一种先进的教育理念和教育实践,其起源可以追溯到早期的教育思想探索。随着社会的进步和教育理念的不断更新,多元化教育在全球范围内逐渐兴起,并在当代呈现出多样化的发展趋势。这些趋势不仅体现了多元化教育的时代特征和发展方向,也为未来的教育实践提供了重要的启示和借鉴。

第二节 多元化教育的核心理念

多元化教育,作为现代教育体系中的重要组成部分,旨在满足不同学生的多样化需求,促进教育公平与包容性,培养具有全球视野和跨文化交流能力的创新型人才。多元化教育的核心理念包括尊重个体差异与多元文化、促进教育公平与包容性、培养批判性思维与创新能力以及推动终身学习与自我发展。

一、尊重个体差异与多元文化

(一)承认并尊重每个学生的独特性

在多元化教育的理念下,每个学生都被视为一个独立的、有着丰富内心世界和独特个性的存在。他们拥有不同的兴趣、才能、背景和潜力,这些差异构成了他们独特的身份和价值。为了真正实现教育的公平和包容,我们必须首先承认并尊重每个学生的这种独特性。

承认学生的独特性意味着教师要摒弃传统的"一刀切"的教育方式,不再将学生视为被动接受知识的容器,而是将他们视为有着自己想法和需求的独立个体。教师需要关注学生的个体差异,了解他们的兴趣、爱好、优势和挑战,从而为每个学生提供个性化的学习体验和成长路径。

尊重学生的独特性还意味着教师要欣赏和鼓励学生展现自己的个性和才华。每个学生都有自己的闪光点和潜力,教师需要用欣赏的眼光去看待他们,给予他们充分的肯定和鼓励。同时,教师还需要提供多样化的学习资源和教学方式,以满足不同学生的学习需求和兴趣,帮助他们更好地发挥自己的潜能。

(二)欣赏并融入多元文化元素

在当今全球化的时代,多元文化已经成为社会发展的重要特征之一。在多元化的社会环境中，教育也需要与时俱进，积极融入多元文化的元素，让学生有机会接触和了解不同文化背景下的知识、价值观和生活方式。

欣赏多元文化元素意味着教师要具有开放的心态和广阔的视野，愿意接纳和了解不同文化的特点和价值。教师需要引导学生欣赏不同文化的美丽和魅力，让他们学会尊重和理解不同文化之间的差异和共同点。同时，教师还需要将多元文化元素融入课程内容中，让学生在学习语言的同时，也能够了解不同文化的历史、传统、艺术和社会习俗等方面的知识。

融入多元文化元素还意味着教师要营造多元文化的课堂氛围，让学生在课堂上能够感受到不同文化之间的交流和碰撞。教师可以通过组织多元化的教学活动和课堂互动，鼓励学生分享自己的文化背景和经历，从而促进不同文化之间的理解和交流。这种跨文化的交流不仅能够提高学生的语言运用能力，还能够培养他们的跨文化交流能力和全球视野。

（三）提供多样化的学习资源和教学方式

为了满足不同学生的学习需求和兴趣，多元化教育需要提供多样化的学习资源和教学方式。这些资源和方式应该能够激发学生的学习兴趣和动力，提高他们的学习效果和成就感。

多样化的学习资源包括丰富多样的课程内容、多元化的教学材料和多媒体教学资源等。教师需要选择具有代表性和趣味性的课程内容，让学生在学习语言的同时，也能够了解不同领域的知识和信息。同时，教师还需要利用多媒体教学资源，如图片、视频、音频等，为学生提供更加直观、生动的学习体验。

多样化的教学方式包括采用多种教学方法和技术手段、为学生提供自主选择学习路径的机会等。教师需要根据学生的年龄、性格、学习风格等方面的差异，采用不同的教学方法和技术手段，如直观教学、情境教学、合作学习等。同时，教师还需要为学生提供自主选择学习路径的机会，让他们能够根据自己的兴趣和能力选择适合自己的学习内容和难度。

（四）建立包容性的学习环境

多元化教育强调建立包容性的学习环境，让每个学生都能感受到被接纳和尊重。这种环境应该能够增强学生的归属感和自信心，促进他们的全面发展和进步。

建立包容性的学习环境需要教师营造积极向上的课堂氛围，鼓励学生之间的合作与交流。教师需要关注学生的情感需求和心理状态，给予他们充分的关爱和支持。同时，教师还需要建立公平、公正的评价机制，让每个学生都能够得到客观、准确的评价。

此外，建立包容性的学习环境还需要教师提供公平的学习机会和资源。教师需要关注学生的学习进程和反馈情况，及时为他们提供必要的帮助和支持。同时，教师还需要为每个学生提供平等的发展机会和资源，让他们能够在学习过程中充分发挥自己的潜能和才华。

二、促进教育公平与包容性

（一）消除教育中的偏见和歧视

多元化教育致力于消除教育中的偏见和歧视，确保每个学生都能获得公平的教育机会和资源。这需要教师、学校和社会共同努力，营造公平、公正的教育环境。

消除教育中的偏见和歧视首先需要教师具有公正、平等的教育观念。教师需要认识到每个学生都是独特的个体，都应该享有平等的教育机会和资源。同时，教师还需要关注自己的言行举止，避免在教育中出现任何形式的偏见和歧视。

学校也需要制定公平、公正的教育政策和制度，确保每个学生都能够在平等的条件下接受教育。学校需要关注弱势群体的教育需求，为他们提供更多的支持和帮助。同时，学校还需要建立有效的监督机制，确保教育政策和制度能够得到有效的执行。

社会也需要营造公平、公正的教育氛围。政府需要加大对教育的投入，提高教育资源的公平性和普及性。同时，社会各界也需要关注教育中的偏见和歧视问题，积极倡导公平、公正的教育理念。

（二）关注弱势群体的教育需求

在多元化教育的理念下，关注弱势群体的教育需求是促进教育公平与包容性的重要手段之一。弱势群体在教育领域中往往面临着更多的困难和挑战，如经济条件限制、身体障碍、文化背景差异等。为了满足他们的教育需求，我们需要采取一系列措施。

首先，政府需要加大对弱势群体的教育投入，为他们提供更多的教育资源和支持。这包括完善教育基础设施、提高教师队伍素质、制定针对性的教育政策等。同时，政府还需要鼓励社会各界积极参与到弱势群体的教育中，形成全社会共同关注和支持弱势群体教育的良好氛围。

其次，学校需要关注弱势群体的特殊需求，为他们提供个性化的教育服务。例如，为残疾学生提供无障碍学习环境，为贫困学生提供奖学金和助学金，为少数民族学生提供文化适宜的教育内容等。同时，学校还需要建立有效的心理辅导机制，帮助弱势群体学生克服自卑心理、增强自信心和归属感。

最后，教师需要具有关爱和包容的心态，关注弱势群体学生的成长和发展。教师需要了解他们的家庭背景、学习状况和心理需求，为他们提供针对性的指导和帮助。同时，教师还需要鼓励弱势群体学生积极参与到课堂活动中，让他们感受到被接纳和尊重。

（三）促进教育资源的公平分配

教育资源的公平分配是促进教育公平与包容性的重要手段之一。在多元化的社会环境中，不同地区、不同学校、不同学生之间往往存在着较大的教育资源差异。为了缩小这种差异，我们需要采取一系列措施促进教育资源的公平分配。

首先，政府需要加大对教育的投入力度，提高教育经费占国内生产总值的比例。同时优化教育经费使用结构，确保教育经费能够公平、合理地分配到各个地区和学校。政府还需要鼓励社会各界积极参与到教育事业中来，通过捐赠、赞助等方式为教育提供资金支持。

其次，学校需要合理利用现有的教育资源，提高资源使用效率。学校可以通过共享资源、开展校际合作等方式实现资源的优化配置和互补。同时，学校还需要关注弱势群体的教育需求，为他们提供更多的教育资源和支持。

最后，教师需要关注学生的个体差异和学习需求，为他们提供个性化的教育服务。教师需要了解每个学生的学习状况和发展需求，为他们制定针对性的教学计划和策略。同时，教师还需要关注弱势群体学生的特殊需求，为他们提供更多的关爱和支持。

（四）推动教育的普及化和大众化

教育的普及化和大众化是促进教育公平与包容性的重要目标之一。在多元化的社会环境中，每个人都有接受优质教育的权利和需求。为了推动教育的普及化和大众化，我们需要采取一系列措施。

首先，政府需要制定相关的教育政策和法规，保障每个人的受教育权利。政府需要加大对教育的投入力度，提高教育资源的公平性和普及性。同时，政府还需要鼓励社会各界积极参与到教育事业中，共同推动教育的发展。

其次，学校需要扩大招生规模，降低入学门槛，让更多的人有机会接受优质的教育。学校可以通过增加学位数量、扩大招生范围等方式提高教育的普及率。同时，学校还需要关注弱势群体学生的入学问题，为他们提供更多的支持和帮助。

最后，教师需要提高教育质量，让每个学生都能够获得优质的教育服务。教师需要关注学生的个体差异和学习需求，为他们提供个性化的教育服务。同时，教师还需要不断更新教育观念和教学方法，提高教学效果和学生的学习体验。

三、培养批判性思维与创新能力

（一）鼓励质疑和探究的精神

在多元化教育的背景下，培养学生的批判性思维与创新能力显得尤为重要。这首先需要鼓励学生具备质疑和探究的精神。质疑是思维的起点，也是创新的源泉。只有敢于质疑，才能打破常规，发现新的问题，提出新的观点。因此，多元化教育强调要培养学生的好奇心和求知欲，鼓励他们勇于提出问题，挑战权威，探索未知领域。

为了培养学生的质疑和探究精神，教师需要改变传统的教学观念，营造宽松、民主的课堂氛围，允许学生提出不同的见解和疑问。同时，教师还可以通过设置问题情境、引导学生参与讨论等方式，激发学生的好奇心和探究欲望。此外，学校还可以开展各种形式的课外活动，如科技创新大赛、学术研讨会等，为学生提供展示自己才华的平台，进一步激发他们的创新热情。

（二）提供多元化的学习体验和实践机会

批判性思维和创新能力的培养不仅需要理论知识的传授，更需要实践经验的积累。因此，多元化教育需要提供多元化的学习体验和实践机会。这包括提供丰富多样的课程内容，让学生接触到不同领域的知识和技能；组织各种形式的课外活动，如实验、社会实践、科研项目等，让学生有机会亲身实践，锻炼自己的实践能力和创新能力。

多元化的学习体验和实践机会可以帮助学生拓展视野，增强对世界的认知和理解。同时，通过亲身实践，学生可以更好地理解和掌握理论知识，提高自己的实践能力和创新能力。此外，多元化的学习体验和实践机会还可以培养学生的团队协作精神、沟通能力和解决问题的能力等非技术性能力，这些能力对于未来的职业发展和社会贡献同样具有重要意义。

（三）培养独立思考和解决问题的能力

批判性思维和创新能力的核心在于独立思考和解决问题的能力。因此，多元化教育需要强调培养学生的独立思考和解决问题的能力。这包括培养学生的逻辑思维能力、创造性思维能力、批判性思维能力等。通过独立思考和解决问题的过程，学生可以锻炼自己的思维能力和创新能力，为未来的职业发展和社会贡献做好准备。

为了培养学生的独立思考和解决问题的能力，教师需要采用启发式、讨论式等教学方法，引导学生主动思考，发现问题，解决问题。同时，教师还需要注重培养学生的批判性思维，让他们学会从不同的角度看待问题，提出自己的见解和解决方案。此外，学校还可以通过开设选修课程、举办讲座等方式，为学生提供更多的学习资源和机会，帮助他们提高自己的独立思考和解决问题的能力。

（四）鼓励创造性思维和创新实践

创造性思维和创新实践是实现创新能力的关键。在多元化教育的背景下，鼓励创造性思维和创新实践显得尤为重要。这包括鼓励学生尝试新的想法、探索新的领域、创造新的成果；为学生提供创新实践的平台和机会，如实验室、创新基地等；营造宽松、自由的创新氛围，允许失败和试错等。

通过鼓励创造性思维和创新实践，学生可以培养自己的创新意识和实践能力。同时，创新实践还可以帮助学生更好地理解和掌握理论知识，提高自己的实践能力和创新能力。此外，创新实践还可以培养学生的团队协作精神、沟通能力和解决问题的能力等非技术性能力，这些能力对于未来的职业发展和社会贡献同样具有重要意义。因此，多元化教育需要注重鼓励创造性思维和创新实践，为学生提供更多的创新机会和平台。

（五）建立开放、包容的评价体系

为了更好地培养学生的批判性思维和创新能力，多元化教育需要建立开放、包容的评价体系。这包括采用多样化的评价方式，如表现性评价、过程性评价、结果性评价等；关注学生的全面发展，注重学生的个体差异和独特性；鼓励学生的自我评价和反思，培养他们的自我认知和自我管理能力等。

开放、包容的评价体系可以更好地激发学生的创新潜力和动力。多样化的评价方式可以全面、客观地评价学生的能力和素质，发现学生的优点和不足，为学生的个性化发展提供有力支持。同时，关注学生的全面发展可以帮助学生更好地认识自己，明确自己的发展方向和目标。学生的自我评价和反思可以培养他们的自我认知和自我管理能力，提高他们的自主学习和创新能力。因此，建立开放、包容的评价体系对于培养学生的批判性思维和创新能力具有重要意义。

四、推动终身学习与自我发展

（一）树立终身学习的理念

在多元化教育的背景下，推动终身学习与自我发展显得尤为重要。这首先需要树立终身学习的理念。终身学习是指个人在一生中不断地学习、更新知识和技能的过程。随着社会的不断发展和变化，终身学习已经成为现代社会的重要特征之一。因此，多元化教育强调要帮助学生树立终身学习的理念，认识到学习是一生的事业，需要不断地更新知识和技能，适应不断变化的社会环境。

为了树立终身学习的理念，教师需要注重培养学生的自主学习能力和自我管理能力。

自主学习能力是指学生能够独立地制定学习计划、选择学习资源、监控学习过程、评估学习效果等。自我管理能力是指学生能够有效地管理自己的时间、情绪、行为等，保持积极的学习态度和心态。通过培养自主学习能力和自我管理能力，可以帮助学生更好地适应终身学习的要求，实现自我发展和进步。

（二）提供灵活多样的学习方式和途径

为了满足不同学生的终身学习需求，多元化教育需要提供灵活多样的学习方式和途径。这包括提供线上和线下的学习资源，采用多种教学方法和技术手段，为学生提供个性化的学习计划和指导等。线上学习资源可以为学生提供更加便捷、高效的学习方式，如网络课程、在线讲座、数字图书馆等。线下学习资源则可以提供更加丰富、多样的学习体验，如实验室、社会实践、文化活动等。同时，采用多种教学方法和技术手段可以满足不同学生的学习风格和兴趣需求，提高学生的学习效果和成就感。

灵活多样的学习方式和途径可以为学生提供更加个性化、多样化的学习体验。通过线上和线下的学习资源相结合的方式，可以让学生更加方便地获取知识和技能。采用多种教学方法和技术手段可以激发学生的学习兴趣和动力，提高他们的学习效果和学习质量。同时，个性化的学习计划和指导可以帮助学生更好地制定学习目标和计划，明确自己的发展方向和路径。因此，提供灵活多样的学习方式和途径对于推动终身学习与自我发展具有重要意义。

（三）培养自主学习和自我管理的能力

终身学习需要具备自主学习和自我管理的能力。因此，多元化教育强调培养学生的自主学习和自我管理的能力。这包括培养学生的目标设定能力、时间管理能力、自我激励能力等。目标设定能力是指学生能够根据自己的实际情况和发展需求，制定明确、可行的学习目标。时间管理能力是指学生能够合理地安排自己的时间，做到高效学习。自我激励能力则是指学生能够保持积极的学习态度和心态，不断激励自己前进。

通过培养自主学习和自我管理的能力，可以帮助学生更好地适应终身学习的要求。具备这些能力的学生能够更加独立地制定学习计划、选择学习资源、监控学习过程、评估学习效果等，实现自我发展和进步。同时，这些能力还可以帮助学生更好地应对未来的挑战和变化，保持持续的学习动力和热情。因此，培养自主学习和自我管理的能力对于推动终身学习与自我发展具有重要意义。

（四）关注个人兴趣与职业发展的结合

终身学习不仅是为了获取知识和技能，更是为了实现个人兴趣和职业发展的结合。因此，多元化教育强调关注个人兴趣与职业发展的结合。这包括帮助学生发现自己的兴趣和潜力，了解不同职业的要求和发展趋势，制定符合自己兴趣和职业发展规划的学习计划等。

通过关注个人兴趣与职业发展的结合，可以让学生更加明确自己的学习目标和方向。同时，将个人兴趣与职业发展相结合还可以激发学生的学习动力和热情，提高他们的学习效果和成就感。此外，关注个人兴趣与职业发展的结合还可以帮助学生更好地适应未来社会的需求和挑战，实现自我价值和社会贡献。因此，关注个人兴趣与职业发展的结合对于推动终身学习与自我发展具有重要意义。

第三节 多元化教育在英语教学中的应用

一、多元化教学内容与资源的整合

（一）跨文化内容的融入

在多元化教育背景下，英语教学不再局限于单一的语言知识点传授，而是更加注重跨文化内容的融入。这意味着在英语教学中，教师需要引入不同国家和地区的文化背景、社会习俗、价值观念等内容，帮助学生拓宽视野，增强跨文化交际能力。通过了解不同文化之间的差异和共同点，学生能够更加深入地理解英语语言和文化，提高语言运用的准确性和得体性。

为了实现跨文化内容的融入，教师需要积极开发和利用多元化教学资源，如跨文化教材、多媒体教学资源、网络资源等。同时，教师还需要注重培养学生的跨文化意识和跨文化交际能力，鼓励他们在实际交流中运用所学知识。

（二）多元化教学资源的整合

在多元化教育背景下，英语教学资源的整合显得尤为重要。教师需要积极开发和利用各种形式的教学资源，包括教材、课件、视频、音频、网络资源等，以满足学生的不同学习需求和风格。这些教学资源不仅能够激发学生的学习兴趣和积极性，还能够为学生提供更加丰富多样的学习体验。

为了实现多元化教学资源的整合，教师需要具备较高的信息素养和教学设计能力。他们需要了解各种教学资源的特点和优势，并能够根据教学目标和学生需求进行合理的选择和组合。同时，教师还需要注重教学资源的更新和维护，确保教学资源的时效性和有效性。

（三）生活实例的引用

在英语教学中，生活实例的引用是一种有效的教学方法。通过引入生活中的实际场景和案例，教师能够将抽象的语言知识与实际生活相结合，帮助学生更好地理解和掌握英语语言。同时，生活实例的引用还能够激发学生的学习兴趣和积极性，提高他们的语言运用能力和思维能力。

为了实现生活实例的引用，教师需要注重观察生活、积累素材，并能够根据教学内容和学生需求进行合理的选择和加工。同时，教师还需要注重培养学生的观察力和思考力，鼓励他们在生活中发现英语、运用英语。

（四）科技前沿知识的引入

随着科技的飞速发展，科技前沿知识在英语教学中也扮演着越来越重要的角色。通过引入科技前沿知识，教师能够帮助学生了解最新的科技动态和发展趋势，拓宽他们的知识视野。同时，科技前沿知识的引入还能够激发学生的学习兴趣和好奇心，培养他们的创新精神和实践能力。

为了实现科技前沿知识的引入，教师需要积极关注科技发展动态，并能够根据教学内容和学生需求进行合理的选择和介绍。同时，教师还需要注重培养学生的科技素养和创新能力，鼓励他们在探索科技的过程中运用英语、提高英语水平。

（五）个性化学习资源的推荐

在多元化教育背景下，个性化学习资源的推荐显得尤为重要。每个学生都有自己独特的学习需求和风格，因此教师需要根据学生的实际情况和需求，为他们推荐个性化的学习资源。这些学习资源可以包括适合学生英语水平的阅读材料、听力材料、口语练习等，能够帮助学生更加高效地进行学习。

为了实现个性化学习资源的推荐，教师需要充分了解学生的英语水平和学习需求，并能够根据他们的实际情况进行合理的选择和推荐。同时，教师还需要注重培养学生的自主学习能力和资源筛选能力，鼓励他们在学习过程中主动寻找适合自己的学习资源。

二、多元化教学方法与手段的运用

（一）情境教学法的应用

情境教学法是一种注重语言实际运用的教学方法。在英语教学中，教师可以通过创设各种真实或模拟的情境，让学生在特定的语境中学习和运用英语语言。这种教学方法能够帮助学生更好地理解和掌握英语语言知识，提高他们的语言运用能力和交际能力。

为了实现情境教学法的应用，教师需要注重情境创设的真实性和趣味性，并能够根据教学目标和学生需求进行合理的情境设计。同时,教师还需要注重培养学生的情境适应能力和语言运用能力,鼓励他们在情境中积极参与、大胆表达。

(二)合作学习法的推广

合作学习法是一种注重团队协作和共同进步的教学方法。在英语教学中,教师可以通过组织小组合作学习活动,学生在团队中可以互相学习、互相帮助,共同提高英语水平。这种教学方法能够培养学生的团队协作能力和沟通能力,提高他们的学习效率和自信心。

为了实现合作学习法的推广,教师需要注重小组划分的合理性和任务设计的明确性,并能够根据教学目标和学生需求进行合理的小组活动和任务安排。同时,教师还需要注重培养学生的合作意识和合作能力,鼓励他们在团队中积极贡献、共同进步。

(三)探究学习法的引导

探究学习法是一种注重学生自主探索和发现的教学方法。在英语教学中,教师可以通过设置探究性问题或任务,引导学生自主进行资料搜集、分析、整理和表达,从而培养他们的创新精神和实践能力。这种教学方法能够激发学生的学习兴趣和好奇心,提高他们的自主学习能力和问题解决能力。

为了实现探究学习法的引导,教师需要注重问题的开放性和任务的挑战性,并能够根据教学目标和学生需求进行合理的探究活动和任务设计。同时,教师还需要注重培养学生的探究意识和探究能力,鼓励他们在探究过程中勇于尝试、不断创新。

(四)信息技术的融合

在多元化教育背景下,信息技术的融合为英语教学提供了更加广阔的空间和可能性。教师可以利用信息技术手段,如多媒体教学、网络教学等,为学生提供更加丰富多样的学习体验。同时,信息技术还能够为英语教学提供更加便捷、高效的教学管理和评估工具。

为了实现信息技术的融合,教师需要具备较高的信息素养和技术应用能力,并能够根据教学目标和学生需求进行合理的信息技术选择和运用。同时,教师还需要注重培养学生的信息素养和技术应用能力,鼓励他们在学习过程中积极利用信息技术手段进行自主学习和探究学习。

三、多元化教学评估与反馈机制的建立

(一)多元化评估方式的设计

在多元化教育背景下,教学评估方式也需要进行多元化设计。除了传统的笔试、口

试等评估方式外，教师还可以采用表现性评价、过程性评价等多元化评估方式，全面、客观地评价学生的英语水平和综合素质。这些评估方式能够更加真实地反映学生的学习情况和问题所在，为教学提供更加准确的反馈和指导。

为了实现多元化评估方式的设计，教师需要充分了解各种评估方式的特点和优势，并能够根据教学目标和学生需求进行合理的选择和组合。同时，教师还需要注重评估过程的公正性和客观性，确保评估结果的准确性和有效性。

（二）及时反馈机制的建立

在多元化教育背景下，及时反馈机制的建立显得尤为重要。教师需要注重对学生学习情况的及时反馈和指导，帮助学生及时了解自己的学习情况和问题所在，从而及时调整学习策略和方法。同时，及时反馈还能够激发学生的学习兴趣和积极性，提高他们的学习效果和满意度。

为了实现及时反馈机制的建立，教师需要注重与学生之间的沟通和交流，及时了解学生的学习情况和反馈意见。同时，教师还需要注重反馈的及时性和针对性，确保反馈内容能够真正起到指导和帮助作用。

（三）个性化反馈的提供

在多元化教育背景下，个性化反馈的提供显得尤为重要。每个学生都有自己独特的学习需求和风格，因此教师需要根据学生的实际情况和需求，为他们提供个性化的反馈和建议。这些反馈和建议可以包括针对学生学习问题的解决方案、针对学生学习特点的学习方法推荐等，能够帮助学生更加高效地进行学习。

为了实现个性化反馈的提供，教师需要充分了解学生的实际情况和需求，并能够根据他们的反馈意见进行合理的个性化反馈和建议。同时，教师还需要注重培养学生的自主学习能力和自我管理能力，鼓励他们在学习过程中主动寻求适合自己的学习方法和策略。

（四）评估结果的运用

教学评估结果不仅是对学生学习情况的反馈，也是对教师教学效果的检验。在多元化教育背景下，评估结果的运用显得尤为重要。教师需要根据评估结果及时调整教学内容和教学方法，确保教学效果和学习成果。同时，评估结果还可以作为教师进行教学反思和改进的重要依据。

为了实现评估结果的运用，教师需要注重对评估结果的分析和总结，并能够根据分析结果进行合理的教学内容和教学方法调整。同时，教师还需要注重培养学生的自我评估能力和自我反思能力，鼓励他们在学习过程中主动进行自我评价和反思。

四、多元化教育环境下教师角色的转变

（一）从知识传授者到学习引导者

在多元化教育背景下，教师的角色需要从传统的知识传授者转变为学习引导者。教师需要更加注重学生的主体地位和个性化需求，引导他们自主学习、探究学习，培养他们的学习能力和创新精神。同时，教师还需要注重与学生的互动和交流，建立和谐的师生关系，为学生的学习提供更加良好的环境和氛围。

为了实现从知识传授者到学习引导者的角色转变，教师需要积极更新教育理念和教学方法，注重学生的主体地位和个性化需求。同时，教师还需要不断提高自己的专业素养和教学能力，以适应当今时代的教育发展需求。

（二）从单一评价者到多元评估者

在多元化教育背景下，教师的角色还需要从单一评价者转变为多元评估者。教师需要采用多元化评估方式，全面、客观地评价学生的英语水平和综合素质。同时，教师还需要注重对学生学习过程的观察和记录，为他们的学习提供更加准确的反馈和指导。

为了实现从单一评价者到多元评估者的角色转变，教师需要充分了解各种评估方式的特点和优势，并能够根据教学目标和学生需求进行合理的选择和组合。同时，教师还需要注重评估过程的公正性和客观性，确保评估结果的准确性和有效性。

（三）从教材执行者到资源整合者

在多元化教育背景下，教师的角色需要从教材执行者转变为资源整合者。教师需要积极开发和利用各种形式的教学资源，包括教材、课件、视频、音频、网络资源等，以满足学生的不同学习需求和风格。同时，教师还需要注重教学资源的更新和维护，确保教学资源的时效性和有效性。

为了实现从教材执行者到资源整合者的角色转变，教师需要具备较高的信息素养和教学设计能力。他们需要了解各种教学资源的特点和优势，并能够根据教学目标和学生需求进行合理的选择和组合。同时，教师还需要注重培养学生的信息素养和资源筛选能力，鼓励他们在学习过程中主动寻找适合自己的学习资源。

（四）从教学管理者到学习促进者

在多元化教育背景下，教师的角色还需要从教学管理者转变为学习促进者。教师需要注重学生的学习体验和学习成果，为他们的学习提供更加良好的环境和氛围。同时，教师还需要关注学生的学习进度和反馈情况，及时为他们提供必要的帮助和支持。

为了实现从教学管理者到学习促进者的角色转变，教师需要注重与学生的沟通和交流，了解他们的实际情况和需求。同时，教师还需要注重培养学生的自主学习能力和自我管理能力，鼓励他们在学习过程中主动寻求帮助和支持。此外，教师还需要不断提高自己的专业素养和教学能力，以适应当今时代的教育发展需求。

第三章 高校英语多元化教学模式构建

第一节 教学模式概述

一、传统教学模式的回顾与反思

（一）以教师为中心的教学模式

在传统的高校英语教学模式中，教师往往无处不在，成为教学活动的核心。他们主导着课堂的节奏，掌控着知识的传授，而学生在多数情况下则处于被动接受的状态。这种以教师为中心的教学模式，虽然在一定程度上确保了知识的系统性和连贯性，但却在无形中忽视了学生的主体地位和个体差异。

在这种模式下，教师往往是课堂上的权威，他们的言传身教成为学生学习的主要来源。然而，这种单向的知识传递方式却难以激发学生的学习兴趣和主动性。学生往往只是机械地记忆和模仿，而缺乏对知识的深入理解和自主运用。长此以往，这种教学模式不仅限制了学生的思维发展，更不利于培养学生的自主学习能力和创新精神。

（二）单一的教学方法与手段

在传统的高校英语教学中，教师的教学方法与手段也相对单一。讲解、板书等传统的教学手段成为课堂教学的主要形式。这种单一的教学方法与手段不仅让课堂教学显得枯燥乏味，更难以有效地激发学生的学习兴趣和积极性。

同时，这种教学方法也缺乏对学生听、说、读、写等综合能力的培养。学生在课堂上往往只是被动地接受教师的讲解，而缺乏实际的语言运用机会。这种单一的教学方法与手段不仅限制了学生的语言技能发展，更可能导致学生产生厌学情绪，从而影响教学效果。

（三）缺乏真实的语言环境

传统的高校英语教学往往局限于课堂之内，缺乏真实的语言环境。学生在课堂上学习的英语知识往往难以在实际生活中得到运用，导致语言学习与实际运用脱节。这不仅影响了学生的学习效果，更不利于培养学生的跨文化交际能力。

语言是文化的载体，是交际的工具。只有在真实的语言环境中，学生才能真正地理解和掌握英语的语言规则和文化内涵。然而，传统的高校英语教学却往往忽视了这一点。学生在课堂上英语的学习往往只是纸上谈兵，而缺乏实际的语言运用机会。这种教学模式不仅限制了学生语言技能的发展，更可能导致学生产生学无所用的感觉，从而影响学习效果。

二、多元化教学模式的提出背景

（一）社会需求的多元化

随着全球化的不断推进，社会对人才的需求也日益多元化。具备国际视野、跨文化交际能力以及创新能力的人才更受社会青睐。因此，高校英语教学必须适应社会的需求，培养具备多元化能力的人才。

在全球化的背景下，英语已经成为国际交流的通用语言。无论是在国际商务、科技交流还是文化交流等领域，英语都发挥着重要的作用。因此，高校英语教学必须注重培养学生的英语综合运用能力，尤其是跨文化交际能力。同时，随着社会的不断发展，创新能力也成为人才的重要素质之一。高校英语教学也应该注重培养学生的创新精神和创新能力，以适应社会的多元化需求。

（二）学生需求的个性化

随着教育理念的更新和学生自主意识的提高，学生的需求也日益个性化。学生不再满足于被动接受知识，而是希望能够在学习过程中发挥自己的主体作用，实现个性化发展。因此，高校英语教学必须关注学生的需求，构建满足学生个性化发展的教学模式。

在现代教育理念下，学生已经成为教学活动的主体。他们希望能够在学习过程中发挥自己的主动性和创造性，实现个性化发展。同时，由于学生的背景、兴趣、能力等方面存在差异，因此他们的学习需求也各不相同。高校英语教学应该注重学生的个体差异，采用多元化的教学方法和手段，以满足学生的个性化需求。

（三）信息技术的迅猛发展

信息技术的迅猛发展为高校英语教学提供了更多的可能性。多媒体、网络等现代信息技术手段不仅可以丰富教学内容，还可以创新教学方法与手段，为构建多元化教学模式提供有力支持。

信息技术的发展为高校英语教学带来了革命性的变化。多媒体、网络等现代信息技术手段使得教学内容更加生动、形象、直观，有利于激发学生的学习兴趣和积极性。同时，这些技术手段还可以创新教学方法与手段，如在线教学、远程教学、虚拟实境教学等,为高校英语教学提供了更多的可能性。这些新的教学方法与手段不仅可以提高教学效果,还可以满足学生的个性化需求,促进学生的全面发展。

  (四)教育改革的推动

  近年来,教育改革不断深入,高校英语教学也面临着改革的压力。构建多元化教学模式是高校英语教学改革的必然趋势,也是实现教育现代化、培养创新型人才的重要途径。

  教育改革是推动高校英语教学改革的重要动力之一。随着教育理念的不断更新和教育改革的不断深入,高校英语教学也面临着新的挑战和机遇。构建多元化教学模式是高校英语教学改革的必然趋势之一。这种教学模式注重学生的主体地位和个体差异,采用多元化的教学方法和手段,以满足学生的个性化需求和社会对多元化人才的需求。同时,这种教学模式也有利于培养学生的自主学习能力和创新精神,促进学生的全面发展。因此,构建多元化教学模式不仅是高校英语教学改革的必然趋势,也是实现教育现代化、培养创新型人才的重要途径之一。

三、多元化教学模式的定义与特点

  (一)定义

  多元化教学模式,顾名思义,是一种在教学过程中根据多种因素灵活采用多种教学方法与手段的教学模式。它不仅仅局限于单一的教学方法或手段,而是根据教学目标、教学内容以及学生的实际情况进行有针对性的选择。这种教学模式旨在打破传统教学的束缚,为学生创设一个更加开放、多元的学习环境,从而激发学生的学习兴趣,培养学生的综合能力,实现学生的个性化发展。

  在高校英语教学中,多元化教学模式尤为重要。英语作为一门国际通用语言,其教学不仅要注重语言知识的传授,更要注重培养学生的语言运用能力和跨文化交际能力。因此,高校英语教学需要采用多元化教学模式,以满足不同学生的需求,提高学生的英语水平和综合素质。

  (二)特点

  1.以学生为中心

  多元化教学模式强调以学生为中心的教学理念。在这种教学模式下,学生不再是被动接受知识的容器,而是成为教学过程的主体和中心。教师则退居幕后,充当引导者、协助者的角色。这种转变不仅体现了教育理念的进步,更是对学生主体地位的尊重和肯定。

在高校英语教学中，以学生为中心的教学理念尤为重要。由于学生的英语水平、学习风格、兴趣爱好等方面存在较大的差异，因此教师需要充分了解学生的实际情况，根据学生的需求进行有针对性的教学。例如，对于英语基础较差的学生，教师可以采用启发式教学法，通过提问、引导等方式帮助学生逐步掌握英语知识；对于英语基础较好的学生，教师则可以采用讨论式教学法，引导学生深入探讨英语话题，提高学生的思辨能力和语言表达能力。

同时，以学生为中心的教学理念还要求教师关注学生的学习过程和学习体验。在教学过程中，教师应积极创设轻松愉快的学习氛围，鼓励学生积极参与课堂活动，激发学生的学习兴趣和主动性。同时，教师还应及时关注学生的学习反馈，根据学生的反馈调整教学策略，确保教学过程的顺利进行。

2.教学方法与手段的多样性

多元化教学模式注重教学方法与手段的多样性。在传统教学模式下，教师往往采用单一的讲解法进行教学，这种教学方法虽然便于教师掌控课堂节奏，但不利于激发学生的学习兴趣和培养学生的综合能力。而在多元化教学模式下，教师可以根据教学目标、教学内容以及学生的实际情况灵活选择多种教学方法与手段。

例如，在讲解英语课文时，教师可以采用讲解与讨论相结合的方法。首先，教师可以通过讲解帮助学生理解课文内容；然后，教师可以组织学生进行小组讨论，让学生在讨论中深入理解课文主题和思想内涵。这种方法不仅可以激发学生的学习兴趣和主动性，还可以培养学生的批判性思维和团队合作精神。

此外，教师还可以利用现代信息技术手段丰富教学方法与手段。例如，教师可以利用多媒体课件展示英语知识，利用网络平台组织学生进行在线学习和交流。这些现代化教学手段不仅可以提高教学效果和效率，还可以为学生提供更多的学习资源和学习机会。

3.创设真实的语言环境

多元化教学模式注重创设真实的语言环境。英语是一门实践性很强的语言，只有在真实的语言环境中进行实践和运用，才能真正掌握英语知识和技能。因此，在多元化教学模式下，教师需要积极创设真实的语言环境，让学生在真实的语言环境中进行语言学习与实践。

例如，在英语教学过程中，教师可以引入真实语料，如英文新闻报道、电影片段、演讲材料等，让学生接触和了解真实的英语语言和文化。同时，教师还可以模拟真实场景，如商务谈判、旅游导游等，让学生在模拟的场景中进行角色扮演和对话练习。这种方法不仅可以提高学生的英语语言运用能力，还可以培养学生的跨文化交际能力和创新精神。

4.培养学生的综合能力

多元化教学模式注重培养学生的综合能力。在传统教学模式下，教师往往只关注学生的语言知识掌握情况，而忽视了对学生其他能力的培养。而在多元化教学模式下，教师不仅关注学生的语言知识掌握情况，还注重培养学生的听、说、读、写等综合能力以及自主学习能力、创新精神等。

例如，在英语听说教学中，教师可以采用任务型教学法，通过设计各种听说任务来培养学生的听说能力。同时，教师还可以鼓励学生利用课余时间进行自主学习和探究学习，如阅读英文原著、参加英语角等，以提高学生的自主学习能力和创新精神。

5.充分利用现代信息技术手段

多元化教学模式充分利用现代信息技术手段。随着科技的不断发展，现代信息技术手段在教育领域的应用也越来越广泛。在多元化教学模式下，教师需要积极利用现代信息技术手段丰富教学内容、创新教学方法与手段。

例如，教师可以利用多媒体课件展示英语知识，利用网络平台组织学生进行在线学习和交流。同时，教师还可以利用现代信息技术手段为学生创设虚拟的学习环境，如虚拟现实技术、人工智能等，让学生在虚拟的环境中进行语言学习与实践。这些现代化教学手段不仅可以提高教学效果和效率，还可以为学生提供更多的学习资源和学习机会。

总之，多元化教学模式是一种以学生为中心、注重教学方法与手段的多样性、创设真实的语言环境、培养学生的综合能力以及充分利用现代信息技术手段的教学模式。在高校英语教学中采用多元化教学模式不仅可以激发学生的学习兴趣和主动性，还可以提高学生的英语水平和综合素质，为学生的未来发展奠定坚实的基础。

第二节 多元化教学模式的构建要素

一、教学目标多元化

（一）知识与技能目标

高校英语教学在当今时代的背景下，不再仅仅局限于传统的语言知识点传授，而是更加注重培养学生的综合语言应用能力。这种能力不仅涵盖了基础的听、说、读、写、译等语言技能，更进一步拓展到了语言学习策略、跨文化交际技巧等高层次的能力培养。

这样的教学目标设定，旨在使高校英语教学更加符合学生的实际学习需求和未来职业发展的要求。

在语言技能方面，高校英语教学应注重培养学生在实际语境中运用英语的能力。例如，通过模拟真实场景的对话练习，提高学生的听说能力；通过阅读真实材料，如英文报刊、杂志、学术论文等，培养学生的阅读理解能力；通过写作练习，如撰写英文简历、报告、论文等，提升学生的写作能力；通过翻译实践，如汉英互译、口译等，增强学生的翻译技能。

在语言学习策略方面，高校英语教学应引导学生掌握有效的学习方法，帮助他们提高学习效率。例如，教师可以教授学生如何运用记忆术记忆单词、短语和句型，如何运用阅读技巧提高阅读速度和理解准确率，如何运用听力策略提高听力理解能力等。同时，教师还应鼓励学生自主探索适合自己的学习方法，培养他们的自主学习能力。

在跨文化交际技巧方面，高校英语教学应注重培养学生的跨文化意识和交际能力。通过引入不同国家的文化背景和风俗习惯等内容，帮助学生了解不同文化之间的差异和共同点；通过模拟跨文化交际场景，如商务谈判、国际会议等，提高学生的跨文化交际能力；通过组织国际交流活动，如国际文化节、国际学生交流会等，为学生提供真实的跨文化交际实践机会。

（二）过程与方法目标

在传统的高校英语教学中，教师往往扮演着主导者的角色，学生则被动地接受知识。然而，在多元化的教学模式下，教师应转变为引导者和促进者的角色，注重培养学生的自主学习能力和合作精神。

为了实现这一目标，高校英语教学应采用多样化的教学方法和手段。例如，通过课堂讨论、小组活动、项目研究等多样化的学习方式，激发学生的学习兴趣和主动性；通过运用信息技术手段，如多媒体教学、网络教学等，为学生提供更加丰富和便捷的学习资源；通过引入真实语料和案例，如英文电影、新闻报道、企业案例等，教师使教学更加贴近实际生活和职业需求。

同时，教师还应注重培养学生的自主学习能力和合作精神。通过引导学生制定学习计划、监控学习过程、评估学习效果等方式，帮助他们掌握自主学习的方法和技巧；通过组织小组活动、团队项目等方式，培养学生的团队合作精神和协作能力；通过鼓励学生提出新想法、新观点等方式，激发他们的创新意识和创造能力。

（三）情感态度与价值观目标

高校英语教学不仅要培养学生的语言技能和能力，更要注重培养学生的情感态度和价值观。这是因为情感态度和价值观是影响学生学习效果和未来发展的关键因素之一。

首先，高校英语教学应引导学生树立正确的英语学习观念。许多学生认为英语学习只是为了应付考试或获得证书，这种观念限制了他们的学习动力和发展潜力。因此，教师应通过课堂教学和课外活动等方式，引导学生认识到英语学习的真正意义和价值，培养他们的学习兴趣和内在动力。

其次，高校英语教学应注重培养学生的跨文化意识。在全球化的背景下，跨文化交际能力已经成为人才必备的素质之一。因此，教师应通过引入不同国家的文化背景和风俗习惯等内容，帮助学生了解不同文化之间的差异和共同点；通过模拟跨文化交际场景等方式，提高学生的跨文化交际能力；通过组织国际交流活动等方式，培养学生的开放心态和跨文化适应能力。

最后，高校英语教学还应注重培养学生的团队合作精神和创新精神等综合素质。这些素质对于学生的未来发展具有重要意义。通过组织小组活动、团队项目等方式，培养学生的团队合作精神和协作能力；通过鼓励学生提出新想法、新观点等方式，激发他们的创新意识和创造能力；通过引导学生参与社会实践和志愿服务等活动，培养他们的社会责任感和公民意识。

二、教学内容与资源多元化

（一）教材内容的多样化

教材是高校英语教学的重要载体之一。在多元化的教学模式下，高校英语教材应注重内容的多样性和时代性。

首先，在选材上应注重广泛性和代表性。除了传统的文学作品、历史典故等经典内容外，还应引入科技、经济、文化等现代社会的热点话题。这些内容不仅可以激发学生的学习兴趣，还可以帮助他们了解不同领域的知识和发展动态。同时，选材还应注重代表性和典型性，确保所选材料能够充分体现英语语言的特点和魅力。

其次，在编排上应注重系统性和逻辑性。教材应按照一定的主题或话题进行编排，确保各部分内容之间的连贯性和逻辑性。同时，还应注重知识点的分布和难度梯度的设置，确保学生能够在不同阶段获得适当的知识和技能提升。

最后，在呈现方式上应注重生动性和趣味性。教材应采用图文并茂、声像结合的方式呈现知识点，激发学生的学习兴趣和好奇心。同时，还应设置丰富多样的练习和活动，帮助学生在实践中巩固所学知识并提高语言应用能力。

(二）课外资源的拓展

除了教材内容外，高校英语教学还应积极拓展课外资源，为学生提供更加丰富和多样化的学习体验。

首先，可以利用互联网资源为学生提供海量的英语学习材料。例如，英文电影、电视剧、新闻报道、论坛讨论等都可以作为学生的学习材料。这些资源不仅可以帮助学生了解不同国家的文化和社会动态，还可以提高他们的听力和口语能力。

其次，可以鼓励学生阅读英文原著和文学作品。通过阅读原著和文学作品，学生可以接触到地道的英语表达和优美的文学语言，提高他们的阅读理解能力和文学素养。同时，教师还可以组织读书会、文学讨论等活动，引导学生深入理解和欣赏文学作品。

最后，可以开展国际合作和交流项目，为学生提供真实的跨文化交际实践机会。例如，可以组织学生参加国际学术会议、文化交流活动等，与来自不同国家的学生和教师进行交流和合作。这些活动不仅可以提高学生的英语水平和跨文化交际能力，还可以拓宽他们的国际视野和增强跨文化适应能力。

（三）实践活动的丰富化

英语教学应注重理论与实践相结合。因此，高校应通过组织丰富多样的实践活动，为学生提供展示英语能力和锻炼综合素质的平台。

首先，可以组织英语角、演讲比赛等常规活动。英语角可以为学生提供一个自由交流的平台，让他们在实践中提高口语表达能力和交际能力；演讲比赛则可以锻炼学生的演讲技巧和自信心。这些活动不仅可以激发学生的学习兴趣和参与度，还可以培养他们的团队合作精神和创新能力。

其次，可以开展模拟联合国大会、商务谈判等拓展性活动。模拟联合国大会可以让学生扮演不同国家的代表，模拟联合国大会的辩论和决策过程，培养他们的辩论能力、协作精神和国际视野；商务谈判则可以让学生了解商务谈判的基本流程和技巧，提高他们的跨文化交际能力和商业素养。这些活动不仅可以提高学生的英语水平和综合素质，还可以为他们未来的职业发展奠定坚实的基础。

最后，可以鼓励学生参加社会实践和志愿服务等活动。通过参与社会实践和志愿服务等活动，学生可以接触到真实的社会环境，了解不同行业的工作内容和要求。同时，这些活动还可以培养学生的社会责任感和公民意识，提高他们的综合素质和职业竞争力。

（四）专业领域的拓展

针对不同专业的学生，高校英语教学还应注重专业领域的拓展。这样可以帮助学生更好地将英语知识与专业知识相结合，提高未来的职业竞争力。

首先，可以为商务英语专业的学生提供商务沟通、国际贸易等实用课程。这些课程可以帮助学生了解商务英语的基本概念和用语，掌握商务沟通的基本技巧和礼仪，了解国际贸易的基本流程和规则。同时，还可以通过模拟商务谈判、撰写商务报告等实践活动，提高学生的实际应用能力和职业素养。

其次，可以为旅游英语专业的学生提供旅游文化、导游实务等专业课程。这些课程可以帮助学生了解旅游文化的基本知识和特点，掌握导游服务的基本技能和流程。同时，还可以通过模拟导游讲解、组织旅游团队等实践活动，提高学生的实际应用能力和服务意识。

最后，可以为其他专业的学生提供与其专业相关的英语课程。例如，为计算机专业的学生提供计算机英语课程，帮助他们了解计算机领域的基本概念和术语；为医学专业的学生提供医学英语课程，帮助他们了解医学领域的基本知识和术语。这些课程可以帮助学生更好地将英语知识与专业知识相结合，提高他们的综合素质和职业竞争力。

三、教学方法与手段多元化

在当今的高校英语教学中，为了更有效地满足学生的个性化需求以及适应社会的多元化发展，教学方法与手段的多元化显得尤为重要。以下将详细阐述几种主要的教学方法，并分析它们在高校英语教学中的应用与价值。

（一）启发式教学法

启发式教学法，顾名思义，是一种侧重于引导学生自主思考的教学方法。在高校英语教学中，这种方法的应用对于培养学生的自主学习能力和批判性思维具有显著效果。

传统的英语教学往往注重知识的灌输，而忽视了学生的思维训练。启发式教学法则恰恰相反，它强调通过提问、讨论、案例分析等方式，引导学生主动参与到学习过程中，激发学生的学习兴趣和好奇心。例如，教师可以结合课文内容，提出一系列具有启发性的问题，让学生在思考问题的过程中，深入理解课文内容，同时锻炼自己的思维能力和语言表达能力。

此外，启发式教学法还有助于培养学生的创新精神和解决问题的能力。在启发式教学的课堂中，学生不再是被动的知识接受者，而是成为知识的探索者和创造者。他们通过积极思考、主动探索，不断发现新的问题、提出新的观点、解决新的问题，从而培养自己的创新精神和创新能力。

（二）情境教学法

情境教学法是一种基于情境认知理论的教学方法。它主张通过在课堂教学中模拟真实的场景或情境，让学生在模拟的情境中学习语言知识和技能。这种方法对于提高学生的语言运用能力和跨文化交际能力具有重要作用。

在高校英语教学中，情境教学法的应用可以通过多种方式实现。例如，教师可以利用多媒体技术创设虚拟的英语环境，让学生在虚拟的环境中进行英语听说训练；教师还可以组织学生进行角色扮演、模拟对话等活动，让学生在模拟的情境中亲身体验英语的实际运用。这些活动不仅可以提高学生的学习兴趣和参与度，还可以帮助学生在真实的情境中更好地理解和运用英语。

此外，情境教学法还有助于培养学生的团队协作能力和解决问题的能力。在情境教学的课堂中，学生往往需要与同伴合作完成任务或解决问题。这不仅可以锻炼学生的团队协作能力，还可以让学生在合作过程中互相学习、互相启发，共同提高解决问题的能力。

（三）多媒体教学法

随着多媒体技术的不断发展，多媒体教学法在高校英语教学中的应用也越来越广泛。多媒体教学法是一种利用多媒体技术辅助教学的方法，它可以通过图像、声音、视频等方式呈现教学内容，使课堂教学更加生动、形象、直观。

在高校英语教学中，多媒体教学法的应用可以大大提高学生的学习兴趣和感官体验。例如，教师可以利用多媒体课件展示课文内容、讲解语法知识，还可以利用音频、视频资料为学生提供真实的英语听说环境。这些多媒体资源不仅可以丰富教学内容，还可以使课堂教学更加生动有趣，从而激发学生的学习兴趣和积极性。

此外，多媒体教学法还有助于提高教师的教学效率。通过多媒体技术的应用，教师可以更加便捷地组织和管理课堂教学，如利用教学平台进行在线教学、利用电子课件进行课堂演示等。这些现代化的教学手段不仅可以节省教师的时间和精力，还可以提高教师的教学效果。

（四）合作学习法

合作学习法是一种以小组为单位进行教学的方法。它强调学生在小组内的互相合作与互动，通过共同完成任务或解决问题来学习新知识、掌握新技能。在高校英语教学中，合作学习法的应用对于培养学生的团队合作精神和沟通能力具有重要作用。

在合作学习的课堂中，学生被分成若干个小组，每个小组需要共同完成一定的学习任务或解决一定的问题。在完成任务的过程中，学生需要互相协作、互相支持、互相鼓励，共同克服困难、解决问题。这种学习方式不仅可以培养学生的团队合作精神和沟通能力，还可以让学生在互相学习中取长补短、共同进步。

此外，合作学习法还有助于提高学生的自主学习能力和批判性思维。在合作学习的过程中，学生需要主动参与到学习中，积极思考、主动探索，不断发现新的问题、提出新的观点、解决新的问题。这种学习方式可以激发学生的学习兴趣和好奇心，培养学生的自主学习能力和批判性思维。

（五）个性化教学法

个性化教学法是一种针对学生的个体差异进行教学的方法。它强调根据学生的不同特点、需求和兴趣进行有针对性的教学，以满足学生的个性化需求和提高教学效果。

在高校英语教学中，学生的英语水平、学习风格、兴趣爱好等方面存在较大的差异。因此，教师需要采用个性化的教学方法来适应学生的不同需求。例如，对于英语水平较低的学生，教师可以采用更加基础的教学内容和方法，帮助他们打好基础；对于英语水平较高的学生，教师则可以采用更加高级的教学内容和方法，满足他们的挑战需求。同时，教师还需要关注学生的学习风格和兴趣爱好，采用与之相匹配的教学方法和手段，以提高学生的学习兴趣和积极性。

个性化教学法的应用不仅可以提高教学效果，还可以培养学生的自主学习能力和创新精神。在个性化的教学中，学生可以根据自己的特点和需求选择适合自己的学习方式和策略，从而培养自己的自主学习能力和创新精神。同时，个性化的教学还可以让学生在学习过程中体验到成功的喜悦和成就感，增强学生的学习自信心和学习动力。

四、教学评价与反馈多元化

教学评价与反馈是教学过程中不可或缺的重要环节。它们不仅可以帮助教师了解学生的学习情况，还可以为教师提供调整教学策略的依据，从而进一步提高教学效果。在高校英语教学中，为了实现教学评价与反馈的多元化，可以采用以下几种方式。

（一）形成性评价

形成性评价是一种在教学过程中进行的评价。它旨在及时发现学生的学习问题和困难，为教师提供调整教学策略的依据。在高校英语教学中，形成性评价的应用可以通过多种方式实现。

首先，教师可以通过课堂观察来了解学生的学习情况。例如，教师可以观察学生的课堂表现、参与程度、反应速度等，从而判断学生对教学内容的理解和掌握程度。此外，教师还可以利用作业批改来了解学生的学习效果。通过批改作业，教师可以发现学生作业中存在的问题和错误，并及时给予纠正和反馈。

形成性评价的优点在于它可以及时地发现学生的学习问题和困难，并为教师提供调整教学策略的依据。同时，形成性评价还可以帮助学生及时了解自己的学习情况和不足之处，从而及时调整自己的学习策略和方法。

（二）终结性评价

终结性评价是一种在教学结束后进行的评价。它旨在对学生的学习成果进行全面评估，以检验学生的学习效果和掌握程度。在高校英语教学中，终结性评价的应用通常通过期末考试、课程论文等方式实现。

期末考试是一种传统的终结性评价方式。通过期末考试，教师可以检验学生对本学期所学内容的掌握程度和运用能力。同时，期末考试还可以为学生提供一个展示自己学习成果的机会，让他们在考试中展现自己的能力和水平。

除了期末考试外，课程论文也是一种重要的终结性评价方式。通过撰写课程论文，学生可以将所学知识应用到实际中去，提高自己的实践能力和解决问题的能力。同时，课程论文还可以培养学生的学术素养和写作能力，为他们未来的学术研究和职业发展打下坚实的基础。

（三）同伴评价

同伴评价是一种学生之间相互评价的方式。在高校英语教学中，同伴评价的应用可以帮助学生了解自己的优点和不足，学习他人的长处和经验。

在同伴评价的过程中，学生需要互相评价对方的作业、作品或表现等。通过互相评价，学生可以发现自己的不足之处和他人的优点与长处，并及时向他人学习和借鉴。这种评价方式不仅可以培养学生的自我评价能力，还可以增强学生的团队合作精神和沟通能力。

此外，同伴评价还可以为学生提供一个互相学习和交流的平台。在评价过程中，学生可以就自己的作业、作品或表现等进行讨论和交流，从而加深对所学内容的理解和掌握程度。同时，同伴评价还可以激发学生的学习兴趣和积极性，让他们更加主动地参与到学习中。

（四）自我评价

自我评价是一种学生对自己的学习成果进行自我反思和评价的方式。在高校英语教学中，自我评价的应用可以引导学生对自己的学习过程和学习成果进行总结和反思，从而明确下一步的学习方向和目标。

在自我评价的过程中，学生需要对自己的学习过程和学习成果进行全面的回顾和分析。他们需要思考自己在哪些方面做得比较好、在哪些方面还需要改进，并制定出相应的学习计划和策略。通过自我评价，学生可以更加清晰地了解自己的学习情况，明确自己的学习目标和方向。

此外，自我评价还可以培养学生的自主学习能力和自我管理能力。在自我评价的过程中，学生需要主动参与到评价中，积极思考、主动探索，不断发现新的问题、提出新的观点、解决新的问题。这种学习方式可以培养学生的自主学习能力和自我管理能力，为他们未来的学习和职业发展打下坚实的基础。

第三节 多元化教学模式的构建原则

随着教育改革的不断深入和全球化进程的加速推进，高校英语教学面临着前所未有的挑战和机遇。为了培养具有国际视野和跨文化交际能力的人才，高校英语教学必须打破传统单一的教学模式，构建多元化教学模式。在构建多元化教学模式时，应遵循以下原则。

一、学生中心原则

在多元化教学模式中，学生中心原则是最为核心的教学理念。它强调尊重学生的主体地位和个性差异，以培养学生的综合能力和自主学习能力为目标。这一原则在高校英语教学中的贯彻落实，对于提高教学质量和促进学生的全面发展具有重要意义。

（一）尊重学生的个性差异

高校学生是具有独立个性和不同学习需求的个体。他们来自不同的家庭和地域文化背景，处于不同的社会环境，拥有各自独特的兴趣爱好、学习方式和认知能力。在英语教学过程中，尊重学生的个性差异是实现学生中心原则的前提和基础。

为了充分尊重学生的个性差异，教师需要深入了解学生的实际情况，关注他们的学习需求和兴趣点。通过与学生沟通交流、观察学生的课堂表现、分析学生的学习成果等方式，教师可以获取学生的相关信息，为制定个性化的教学方案提供依据。

在了解学生的个性差异后，教师应根据学生的学习需求和兴趣点设计多样化的教学活动。例如，针对喜欢表演的学生，可以组织英语话剧表演活动；针对喜欢阅读的学生，可以开设英语文学阅读课程。这些多样化的教学活动可以激发学生的学习兴趣和主动性，使他们在参与过程中体验到英语学习的乐趣和成就感。

除了设计多样化的教学活动外，教师还应提供个性化的学习支持。针对不同学生的学习需求和困难，教师可以采用个别辅导、小组讨论、在线答疑等方式提供帮助。这些个性化的学习支持可以帮助学生解决学习过程中的问题,提高他们的学习效率和自信心。

（二）培养学生的自主学习能力

多元化教学模式注重培养学生的自主学习能力。自主学习能力是指学生在没有教师直接指导的情况下,能够主动地、有计划地、有效地进行学习的能力。它是学生终身学习和发展所必备的重要素质。

为了培养学生的自主学习能力,教师首先需要引导学生树立自主学习的意识。在教学过程中,教师应强调自主学习的重要性,鼓励学生养成独立思考和解决问题的习惯。同时,教师还应帮助学生掌握自主学习的方法和技巧。例如,如何制定学习计划、如何查找学习资料、如何进行有效复习等。

其次,教师需要为学生提供自主学习的机会和平台。通过布置开放性的学习任务、提供丰富的学习资源和搭建自主学习平台等方式,鼓励学生主动参与学习过程。例如,教师可以布置一些研究性课题或项目作业,让学生在完成过程中进行自主探究和学习。同时,教师还可以推荐一些优质的英语学习网站、图书资料等,供学生自主选择和学习。

最后,教师需要对学生的自主学习成果进行评价和反馈。通过评价学生的自主学习成果,教师可以了解学生的学习情况和进步程度,为后续的教学提供参考。同时,教师还应及时给予学生反馈和建议,帮助他们总结经验教训,提高自主学习的效果和质量。

（三）关注学生的情感体验

情感因素对外语学习具有重要影响。积极的情感可以激发学生的学习兴趣和动力,提高他们的学习效果；而消极的情感则会抑制学生的学习积极性和创造性,影响他们的学习成果。因此,在构建多元化教学模式时,关注学生的情感体验是至关重要的。

为了营造宽松、和谐的学习氛围,教师需要建立良好的师生关系。在教学过程中,教师应以平等、尊重、理解的态度对待每一个学生,关注他们的情感需求和变化。同时,教师还应注重与学生的互动交流,鼓励学生表达自己的观点和感受,增强他们的归属感和自信心。

除了建立良好的师生关系外,教师还应开展合作学习和互动交流等活动。通过小组合作、角色扮演、讨论辩论等方式,让学生在学习过程中相互帮助、相互支持、相互鼓励。这些活动不仅可以提高学生的团队协作能力和沟通能力,还可以增强他们的学习积极性和满意度。

二、灵活性与适应性原则

多元化教学模式的另一个重要原则是灵活性与适应性原则。它要求教师能够根据学生的学习需求和实际情况，灵活调整教学内容和方法，以适应不同专业背景和学习风格的学生的需求。这一原则对于提高英语教学的针对性和实用性具有重要意义。

（一）灵活调整教学内容和方法

多元化教学模式要求教师能够灵活调整教学内容和方法。在教学过程中，教师应关注学生的学习反馈，及时了解他们的学习需求和困难。根据学生的学习反馈和实际情况，教师可以调整教学目标、优化教学内容、改变教学方法等，以确保教学目标的实现。

例如，当发现学生对某个语法点掌握不牢固时，教师可以及时增加相关练习和讲解，帮助学生巩固所学知识；当发现学生对某个话题感兴趣时，教师可以适当拓展相关内容和话题，激发学生的学习兴趣和探究欲望。

同时，教师还应关注行业的发展动态和社会需求，不断更新和补充教学内容。随着社会的发展和科技的进步，英语的应用领域和技能要求也在不断变化。因此，教师需要密切关注行业动态和社会需求的变化，及时将最新的知识和技能纳入教学内容中。例如，可以增加与跨境电商、国际旅游等领域相关的英语知识和技能培训，提高学生的英语应用能力和职业素养。

（二）适应不同专业背景的学生

高校英语教学面向不同专业背景的学生。这些学生具有各自的专业知识和技能需求，对英语教学也提出了不同的要求。在构建多元化教学模式时，充分考虑不同专业学生的特点和需求是至关重要的。

为了适应不同专业背景的学生的需求，教师需要设计符合他们专业背景的教学活动和任务。例如，针对商务英语专业的学生，可以开设商务英语听说、商务英语写作等课程；针对旅游管理专业的学生，可以开设旅游英语、酒店英语等课程。这些与专业紧密相关的课程和活动可以帮助学生更好地掌握专业知识和技能，提高他们的英语应用能力和职业素养。

同时，教师还应注重跨学科的教学资源整合和合作。通过与其他学科的教师进行合作和交流，共同开发跨学科的教学资源和课程，为学生提供更加丰富和多样的学习体验。例如，可以与国际贸易专业的教师合作开设国际贸易实务英语课程，与计算机科学专业的教师合作开设计算机英语课程等。这些跨学科的教学资源和课程可以帮助学生拓宽视野、增强综合素质和竞争力。

（三）适应不同学习风格的学生

学生的学习风格因人而异，不同的学习风格对教学方式和手段有着不同的偏好和需求。在构建多元化教学模式时，教师应关注学生的学习风格差异，采用多样化的教学方法和手段，满足不同学生的学习需求。

视觉型学习者善于通过图表、图片等直观信息进行学习。因此，教师可以采用图表、视频等直观教学手段来呈现英语知识。例如，可以利用多媒体课件展示单词的图片和释义；利用视频材料展示英语对话和情景等。这些直观教学手段可以帮助学生更好地理解和记忆英语知识。

听觉型学习者善于通过听讲、讨论等口头方式进行学习。因此，教师可以采用讲解、讨论等口头教学方式进行教学。例如，可以通过讲解语法规则、分析课文结构等方式帮助学生掌握英语知识，通过组织小组讨论、辩论等活动提高学生的口语表达能力和思维能力。

除了视觉型和听觉型学习者外，还有动手型学习者等其他类型的学习者。动手型学习者善于通过实践操作进行学习。因此，教师可以设计一些实践性强的教学任务和活动，如角色扮演、模拟演练等，让学生在实践过程中掌握英语知识和技能。

（四）鼓励创新和尝试

多元化教学模式鼓励教师和学生进行创新和尝试。创新是推动教育事业发展的重要动力之一。在教学过程中，教师应鼓励学生提出新的想法和观点，支持他们进行实践探索。例如，可以鼓励学生自主设计英语学习计划、开展英语研究项目等。这些创新性的实践活动可以帮助学生培养创新思维和实践能力，提高他们的综合素质和竞争力。

同时，教师也应勇于尝试新的教学方法和技术手段。随着科技的不断发展进步，新的教学方法和技术手段层出不穷。教师应保持开放的心态，积极学习并掌握新的教学方法和技术手段。例如，可以尝试利用虚拟现实技术进行英语教学，利用人工智能技术进行智能辅导等。这些新的教学方法和技术手段可以为英语教学注入新的活力和动力，提高教学效果和质量。

三、跨文化交际能力培养原则

（一）注重文化知识的传授

在全球化的时代背景下，跨文化交际能力的培养已经成为高校英语教学的重要任务之一。而要实现这一目标，注重文化知识的传授是至关重要的。语言是文化的载体，它承载着丰富的文化内涵和社会习俗。因此，在构建多元化教学模式时，我们必须将文化知识的传授置于重要位置。

首先，通过引入文化教学内容，我们可以帮助学生了解不同国家的文化背景和社会习俗。这包括历史、地理、政治、经济、艺术等各个方面的内容。通过学习这些内容，学生可以更好地理解不同国家之间的差异和共同点,从而培养他们的跨文化意识。

其次,开设文化讲座和举办文化交流活动也是传授文化知识的重要途径。高校可以邀请外籍教师、国际学生或文化专家来校举办讲座或交流活动,与学生分享他们的文化经验和见解。这样的活动不仅可以拓宽学生的国际视野,还可以为他们提供与不同文化背景的人进行交流和互动的机会。

最后,注重文化知识的传授还需要教师在课堂教学中融入文化元素。例如,在讲解词汇和语法时,教师可以结合具体的文化背景和语境进行解释和说明,帮助学生更好地理解语言的运用和意义。同时,教师还可以通过比较不同文化之间的差异和相似之处,引导学生进行深入的思考和讨论,培养他们的文化敏感性和批判性思维能力。

(二)强化跨文化交际技能训练

跨文化交际能力的培养不仅需要传授文化知识,更需要强化跨文化交际技能的训练。这些技能包括语言运用能力、交际策略水平以及非语言交际能力等。

首先,通过模拟真实交际场景,我们可以为学生提供实践跨文化交际技能的机会。例如,教师可以设置商务谈判、国际会议等场景,让学生扮演不同的角色进行模拟演练。在演练过程中,学生需要运用所学的语言知识和交际策略与对方进行有效的沟通和交流。这样的训练可以帮助学生更好地掌握语言运用的技巧和规范,提高他们的语言运用能力。

其次,开展角色扮演和辩论等活动也是训练学生跨文化交际技能的有效途径。在这些活动中,学生需要扮演特定立场的角色,与对方进行互动和交锋。通过这样的活动,学生可以锻炼自己的思维敏捷性、语言表达能力和逻辑思维能力。同时,他们还可以学习如何运用不同的交际策略来应对不同的交际场景和对象,提高自己的交际策略水平。

此外,非语言交际能力也是跨文化交际能力的重要组成部分。在跨文化交际中,除了语言之外,还有很多其他的交流方式,如肢体语言、面部表情、眼神交流等。因此,在训练学生的跨文化交际技能时,我们还需要注重培养他们的非语言交际能力。例如,教师可以引导学生观察和分析不同文化背景下的非语言交际行为,帮助他们理解其含义和作用。同时,教师还可以通过实际演练和反馈来纠正学生在非语言交际方面存在的问题和不足。

(三)培养学生的文化适应能力和包容心态

在全球化的背景下,培养学生的文化适应能力和包容心态至关重要。这是因为在全球化的过程中,人们不可避免地会与不同文化背景的人进行交流和互动。如果缺乏文化适应能力和包容心态,就很难有效地进行跨文化交际。

首先，培养学生的文化适应能力需要引导他们反思自身文化。每个人都有自己的文化背景和价值观念，这些都会影响他们的交际行为和方式。因此，要培养学生的文化适应能力，首先需要引导他们深入了解自己的文化背景和价值观念，并认识到其局限性。只有这样，他们才能更好地理解和接受其他文化的差异和多样性。

其次，欣赏其他文化也是培养学生的文化适应能力和包容心态的重要途径。通过了解其他文化的历史、艺术、文学等方面的内容，学生可以更好地理解其他文化的特点和魅力。同时，他们还可以学习如何尊重和理解不同文化之间的差异和相似之处，从而建立开放、包容的心态。

最后，开展跨文化合作项目也是培养学生的文化适应能力和包容心态的有效方式。在这样的项目中，学生需要与来自不同文化背景的人进行合作和交流，共同完成任务或解决问题。通过这样的经历，学生可以更好地锻炼自己的跨文化交际能力，并培养自己的团队合作精神和创新能力。同时，他们还可以学习如何处理不同文化之间的冲突和分歧，提高自己的文化适应能力和国际竞争力。

四、技术与教学深度融合原则

（一）利用信息技术丰富教学手段

在信息时代背景下，信息技术已经成为教育领域的重要支撑。对于高校英语教学而言，利用信息技术丰富教学手段不仅可以提高教学效果，还可以为学生提供更加便捷和高效的学习方式。

首先，多媒体教学是信息技术在教学中的典型应用之一。通过结合文字、图片、音频和视频等媒体形式，多媒体教学可以为学生提供更加直观和生动的学习体验。例如，在英语阅读教学中，教师可以利用多媒体课件展示文章的结构和要点，同时配以相关的图片和音频资料，帮助学生更好地理解文章内容和语言运用。

其次，网络教学也是信息技术在教学中的重要应用之一。利用网络平台和教学资源，教师可以为学生提供更加灵活和个性化的学习方式。例如，教师可以通过网络平台发布课程资料、作业和测试等内容，供学生自主学习和完成。同时，教师还可以利用网络平台进行在线辅导和答疑，及时解决学生在学习过程中遇到的问题和困难。

此外，移动学习也是近年来兴起的一种新型学习方式。通过手机、平板电脑等移动设备，学生可以随时随地地进行学习。例如，在英语听力训练中，学生可以利用移动设备上的听力应用进行自主练习和测试。这样的学习方式不仅可以提高学生的学习兴趣和积极性，还可以帮助他们更好地利用碎片时间进行学习。

（二）搭建自主学习平台和支持系统

自主学习是多元化教学模式的重要组成部分。为了支持学生的自主学习，高校应搭建自主学习平台和支持系统。这些平台可以为学生提供丰富的学习资源、在线学习工具和交流互动等功能，帮助他们进行自主学习和协作学习。

首先，自主学习平台应提供丰富的学习资源。这些资源包括课程资料、课件、试题库、案例库等内容。学生可以根据自己的需求和兴趣选择相应的资源进行学习。同时，教师还可以根据学生的学习情况和反馈不断更新和优化资源内容，以满足学生的不同需求。

其次，在线学习工具也是自主学习平台的重要组成部分。例如，在线词典、语法解析、写作指导等工具都可以为学生提供便捷的学习辅助。通过这些工具的应用，学生可以更好地掌握语言知识和技能点，提高学习效率和质量。

此外，交流互动等功能也是自主学习平台不可或缺的一部分。学生可以在平台上与其他同学进行交流和讨论，分享学习心得和经验。教师还可以利用平台进行在线答疑和辅导，及时了解学生的学习情况和需求，并为他们提供个性化的指导和支持。

（三）探索人工智能等新技术在教学中的应用

随着人工智能、大数据等新技术的不断发展，其在教育领域的应用也日益广泛。在构建多元化教学模式时，我们应积极探索新技术在教学中的应用。

首先，人工智能技术可以为英语教学提供智能推荐和资源个性化推送等功能。通过分析学生的学习行为和偏好，人工智能可以为学生推荐适合他们的学习资源和课程。同时，它还可以根据学生的学习进度和能力水平为他们提供个性化的学习计划和指导。

其次，大数据技术在教学中的应用也具有重要意义。通过对学生的学习数据进行收集和分析，教师可以更好地了解学生的学习情况和需求，从而为他们提供更加精准和有效的教学支持。同时，大数据还可以帮助教师进行教学反思和改进，提高教学效果和质量。

此外，虚拟现实、增强现实等新技术也可以为英语教学提供创新的教学方式。例如，利用虚拟现实技术创建虚拟的语言学习环境，让学生在其中进行沉浸式的学习；利用增强现实技术为学生提供实时的语言翻译和解释等功能。这些新技术的应用不仅可以提高学生的学习兴趣和积极性，还可以帮助他们更好地理解和掌握语言知识。

（四）提升教师的信息素养和技术能力

教师是多元化教学模式的关键实施者。为了更好地实施多元化教学模式，教师应具备一定的信息素养和技术能力。因此，高校应加强对教师的信息技术培训和支持，帮助他们掌握常用的信息技术手段和教学工具。

首先，高校可以定期举办信息技术培训课程或工作坊，邀请专家为教师介绍最新的信息技术工具和应用。通过参与这些培训和工作坊，教师可以了解并掌握新的信息技术手段和教学工具的使用方法。

其次，高校还可以为教师提供技术支持和咨询服务。当教师在使用过程中遇到问题时，他们可以随时向技术支持人员寻求帮助和解答。这样可以确保教师能够顺利地将信息技术应用于实际教学中，并发挥其最大效用。

此外，鼓励教师积极参与信息技术与教学融合的研究和实践项目也是提升他们信息素养和技术能力的重要途径。通过参与这些项目，教师可以深入了解信息技术在教学中的具体应用和效果，并积累宝贵的教学经验。同时，他们还可以与其他教师分享和交流自己的研究成果和实践经验，共同推动信息技术与教学的深度融合和发展。

第四节　多元化教学模式的实施策略

为了在高校英语教学中有效实施多元化教学模式，教师需要采取一系列策略来确保教学的顺利进行。这些策略包括教师角色转变与专业发展、学生自主学习与合作学习结合、课堂教学与课外活动相结合以及信息技术与教学环境优化。下面将详细阐述这些策略的具体内容。

一、教师角色转变与专业发展

（一）从主导者到引导者的角色转变

在传统的教学模式中，教师往往扮演着课堂的主导者角色，负责单向地传授知识、解答学生的疑问，掌控着整个教学进程。然而，随着教育理念的不断更新和教学方法的多元化发展，教师需要逐渐从主导者的角色转变为引导者的角色。

作为引导者，教师需要更多地关注学生的学习过程，而不是仅仅关注知识的传授。他们需要引导学生主动探索知识、发现问题和解决问题，培养学生的自主学习能力和批判性思维。这意味着教师需要改变过去那种"满堂灌"的教学方式，而是要通过提问、讨论、案例分析等方式，激发学生的学习兴趣和好奇心，引导他们积极参与到学习过程中。

在引导者的角色下，教师还需要注重培养学生的创新意识和实践能力。他们可以通过设计开放性的问题、组织探究性的学习活动等方式，鼓励学生进行创新思维和实践操作，从而培养学生的创新能力和解决问题的能力。

（二）提升专业素养和跨学科能力

实施多元化教学模式需要教师具备较高的专业素养和跨学科能力。首先，教师需要具备扎实的学科知识，能够深入理解和掌握所教学科的基本概念、原理和方法。同时，他们还需要了解学科的前沿动态和最新研究成果，以便将最新的知识和技术引入课堂。

其次，教师需要具备跨学科整合的能力。在现代社会，各学科之间的交叉和融合越来越普遍，跨学科整合已经成为一种重要的教学趋势。教师需要能够将英语与其他学科进行有机融合，设计出具有丰富内涵的教学内容，从而培养学生的综合素质和跨学科能力。

为了提升专业素养和跨学科能力，教师需要不断学习和进修。他们可以通过参加专业培训、阅读专业书籍和期刊、参与学术研究等方式，不断更新自己的知识储备和提升自己的学术水平。同时，教师还需要具备开放的心态和合作的精神，积极与其他教师进行交流和合作，共同探讨教学问题和分享教学经验。

（三）开展教学反思与持续改进

教学反思是提升教师教学能力的重要途径。在实施多元化教学模式的过程中，教师需要不断对自己的教学实践进行反思和总结，发现问题并及时改进。

具体来说，教师可以通过以下几种方式进行教学反思：首先，他们可以在课后对自己的教学过程进行回顾和分析，思考哪些环节做得好、哪些环节需要改进；其次，他们可以邀请同事或专家对自己的教学进行观摩和评议，从中获取他人的意见和建议；最后，他们还可以通过学生反馈来了解自己的教学效果和不足之处。

通过教学反思，教师可以逐步完善自己的教学策略和方法，提高教学效果和质量。同时，教学反思还可以帮助教师形成自己的教学风格和特色，提升教师的教学魅力和影响力。

二、学生自主学习与合作学习结合

（一）培养学生的自主学习能力

自主学习能力是学生终身学习的基础。在多元化教学模式下，教师需要注重培养学生的自主学习能力，引导学生制定学习计划、监控学习过程、评估学习效果。

首先，教师可以帮助学生制定明确的学习目标和计划。通过设定明确的学习目标，学生可以明确自己的学习方向和重点；通过制定详细的学习计划，学生可以合理安排自己的学习时间和任务。

其次，教师需要引导学生掌握有效的学习方法。例如，教师可以教授学生如何进行有效的预习和复习，如何记笔记和整理知识，如何利用学习资源和工具等。通过掌握这些学习方法，学生可以更加高效地进行自主学习。

最后，教师还需要培养学生的自我监控和评估能力。自我监控能力是指学生在学习过程中能够对自己的学习行为进行有效的监控和调整，自我评估能力则是指学生能够对自己的学习效果进行客观的评价和反思。通过培养这两种能力，学生可以更好地掌控自己的学习过程，提高学习效果。

（二）开展小组合作学习活动

小组合作学习是一种有效的学习方式，可以促进学生之间的交流与合作。在多元化教学模式下，教师可以组织学生进行小组合作学习活动，让学生在小组内共同完成任务、讨论问题、分享经验。

在小组合作学习中，教师需要明确小组的目标和任务，并合理分配小组成员的角色和职责。同时，教师还需要提供适当的指导和支持，帮助学生解决在合作过程中遇到的问题和困难。

通过小组合作学习，学生可以相互学习和借鉴他人的优点和经验，拓展自己的思路和视野；同时，他们还可以培养团队协作精神和沟通能力等非技术性能力。这些能力对于学生的未来发展和职业生涯都具有重要的意义。

（三）鼓励学生参与课堂互动

课堂互动是多元化教学模式的重要组成部分。教师需要鼓励学生积极参与课堂互动，发表自己的观点和看法，与教师和同学进行交流。

为了促进课堂互动，教师可以采用多种教学策略和方法。例如，教师可以利用提问、讨论、角色扮演等方式激发学生的参与热情；同时，教师还可以利用现代教学技术，如多媒体、网络等，为学生提供更加丰富的互动平台和资源。

通过课堂互动，教师可以及时了解学生的学习情况和反馈意见，从而调整自己的教学策略和方法。同时，课堂互动还可以激发学生的学习兴趣和思维活力，促进知识的消化和吸收。

（四）关注学生的个性化需求

每个学生都有自己的学习需求和特点。在多元化教学模式下，教师需要关注学生的个性化需求，提供个性化的教学支持和指导。

首先，教师需要了解每个学生的学习背景、兴趣爱好、学习风格等个性化因素。通过了解这些因素，教师可以更好地把握学生的学习需求和特点，从而制定更有针对性的教学计划和策略。

其次，教师需要提供个性化的学习资源和工具。例如，教师可以为学生提供不同难度和类型的学习材料、推荐适合的学习网站和软件等。同时，教师还可以根据学生的需求为他们定制个性化的学习计划和方案。

最后，教师还需要注重培养学生的个性化发展。在多元化教学模式下，学生有更多的机会展示自己的个性和特长。教师需要充分利用这些机会来培养学生的自信心和创造力，促进学生的全面发展。

三、课堂教学与课外活动相结合

在当今的教育背景下，课堂教学仍然是学生学习的主要场所，是学生获取知识、提升技能的重要途径。然而，随着教育理念的不断更新，我们越来越认识到，课外活动同样具有不可或缺的教育价值。课堂教学与课外活动相结合，可以为学生提供更加全面、丰富的学习体验，有助于培养学生的综合素质和能力。

（一）延伸课堂教学内容至课外活动

课堂教学通常受到时间和空间的限制，难以覆盖所有的知识点和技能点。而课外活动则可以作为课堂教学的延伸和补充，为学生提供更多的学习机会和实践平台。通过将课堂教学内容延伸至课外活动，教师可以让学生在更加广阔的领域中继续学习和探索。

例如，在英语教学中，教师可以组织学生参加英语角、英语演讲比赛、英语戏剧表演等课外活动。这些活动不仅可以锻炼学生的英语口语表达能力，还可以培养他们的团队协作能力和创新精神。此外，教师还可以鼓励学生在课外活动中运用所学的知识和技能，如用英语进行日常交流、撰写英文邮件等，从而提高学生的英语运用能力和自信心。

（二）利用课外活动丰富教学资源

课外活动可以为学生提供丰富的教学资源和实践机会。这些资源包括各种社团、比赛、志愿者活动等，可以让学生在实践中锻炼自己的能力和技能。教师可以利用这些课外活动来丰富教学资源，为课堂教学注入新的活力和创意。

例如，教师可以邀请外籍教师或行业专家来校举办讲座或工作坊，与学生分享他们的经验和见解。这些讲座和工作坊不仅可以拓宽学生的视野和知识面，还可以激发他们的学习兴趣和动力。此外，教师还可以组织学生参观企业或文化机构，了解不同行业的工作环境和文化背景，从而培养学生的职业素养和跨文化交际能力。

（三）促进课堂教学与课外活动的互补

课堂教学和课外活动具有各自的优势和局限性。课堂教学注重知识的传授和技能的训练，具有系统性和规范性；而课外活动则注重知识的应用和能力的提升，具有灵活性和多样性。在多元化教学模式下，教师需要促进课堂教学与课外活动的互补，发挥各自的优势来提高教学效果。

例如，在课堂教学中，教师可以引入课外活动的实践成果和经验分享，让学生更加直观地了解所学知识的应用和价值。同时，在课外活动中，教师可以运用课堂教学中的知识和技能来指导学生进行实践和应用。通过这种互补的方式，学生可以更加全面地掌握知识和技能，提高他们的综合素质和能力。

（四）建立课堂教学与课外活动的评价体系

为了确保课堂教学与课外活动的有效结合，教师需要建立相应的评价体系来评估学生的学习成果和表现。这个评价体系应该包括形成性评价和终结性评价两个方面，既关注学生的学习过程也关注学生的学习结果。

在形成性评价方面，教师可以采用观察、记录、反馈等方式来评估学生在课堂教学和课外活动中的表现。通过观察学生的参与情况、学习态度、合作精神等方面的表现，教师可以及时发现学生的问题和需求并采取相应的教学措施进行改进。在终结性评价方面，教师可以采用考试、作品展示、表演等方式来评估学生的学习成果。这些评价方式不仅可以检验学生的学习效果，还可以激发他们的学习动力和自信心。

通过建立课堂教学与课外活动的评价体系，教师可以更加全面地了解学生的学习情况和需求，为他们提供更加精准和有效的教学支持。同时，这个评价体系还可以促进课堂教学与课外活动的深度融合和协调发展，提高教学效果和质量。

四、信息技术与教学环境优化

（一）利用信息技术创设真实语境

信息技术为创设真实语境提供了有力支持。教师可以利用多媒体、网络等信息技术手段来创设真实的语言环境，让学生在真实的语境中进行语言学习和实践。这种真实语境的创设可以激发学生的学习兴趣和动力，提高他们的语言运用能力和跨文化交际能力。

例如，教师可以利用虚拟现实技术来模拟真实的场景和对话情境，让学生在虚拟环境中进行角色扮演和对话练习。这种虚拟现实的教学方式可以让学生更加直观地了解所学知识的应用和价值，提高他们的实践能力和创新意识。同时，教师还可以利用网络资源丰富语境的多样性，为学生提供更多的语言实践机会和平台。

(二)整合网络资源,拓展学习渠道

网络资源具有丰富性和便捷性的特点。教师可以整合网络资源来拓展学生的学习渠道,为学生提供更多的学习资源和机会。这些网络资源包括优质的英语学习网站、在线课程和学习社区等,可以为学生提供自主学习和探究学习的平台。

例如,教师可以推荐一些优质的英语学习网站给学生进行自主学习和探究学习。这些网站通常提供丰富的英语学习资源和工具,包括课程资料、听力练习、在线词典等,可以帮助学生更好地掌握英语知识和技能。同时,教师还可以利用社交媒体平台来开展线上交流和互动活动,促进师生之间的互动和合作。

(三)运用数据分析技术实施精准教学

数据分析技术可以帮助教师更好地了解学生的学习情况和需求。教师可以运用数据分析技术对学生的学习数据进行收集、整理和分析,发现学生的学习规律和问题所在,从而提供精准的教学支持和指导。这种精准教学的方式可以更有针对性地解决学生的学习问题,提高他们的学习效果和自信心。

例如,教师可以利用学习管理系统来跟踪学生的学习进度和成绩变化。通过学习管理系统收集的数据,教师可以分析学生的学习习惯、兴趣偏好和成绩波动等信息,从而为他们提供更加精准和个性化的教学支持和指导。同时,教师还可以利用智能语音识别技术来评估学生的口语水平,为他们的口语训练提供更加有效的反馈和指导。

第四章 高校英语教学内容多元化

第一节 教材选择与内容整合

一、传统教材与现代材料的结合

(一)保留经典,传承文化

在高校英语教学中,传统教材始终占据着重要的地位。这些教材经过长时间的沉淀和筛选,其内容往往具有经典性和代表性,能够为学生提供扎实的语言基础和丰富的文化知识。因此,我们不应完全摒弃传统教材,而应通过精选、整合等方式,将其中的精华部分传承下来。

传统教材中的经典文学作品、历史故事和名人演讲等,都是学生学习英语的重要素材。通过阅读这些经典篇章,学生可以接触到优美的语言表达、深刻的思想内涵和丰富的文化背景,从而培养自己的语感和审美能力。同时,传统教材还注重语法、词汇等语言基础知识的讲解和练习,能够帮助学生打下坚实的语言基础。

在保留经典的同时,我们还需要对传统教材进行适当的整合和创新。例如,可以通过添加注释、译文、背景介绍等方式,降低阅读难度,提高可读性;还可以结合现代教学理念和技术手段,设计更加生动、有趣的教学活动,激发学生的学习兴趣和参与度。

(二)引入现代,关注时事

随着时代的发展和科技的进步,现代材料在高校英语教学中的地位越来越重要。与传统教材相比,现代材料具有时效性强、实用性高、形式多样等特点,能够为学生提供更加鲜活、真实的语言学习体验。

通过引入现代材料,如新闻报道、社交媒体文章、学术论文等,可以让学生接触到最新的语言表达和词汇,了解不同领域、不同文化背景下的语言运用和交际技巧。这些材料往往涉及社会热点、科技前沿等话题,能够激发学生的学习兴趣和探究欲望,培养他们的跨文化交际能力和批判性思维。

在引入现代材料的过程中,我们需要注意材料的真实性、可靠性和适用性。要确保所选材料来源于权威、可信的媒体或机构,内容健康、积极向上;同时要根据学生的实际水平和需求进行适当的改编和调整，使其符合教学目标和学生的认知规律。

（三）跨界融合，创新教学

在传统教材与现代材料的结合中，跨界融合是一种重要的教学方式。通过将不同领域、不同形式的材料进行有机融合，我们可以打破学科界限，拓展教学内容和视野，为学生提供更加多元化、综合性的学习体验。

例如，在英语阅读教学中，我们可以将文学作品与影视作品相结合，让学生在欣赏经典文学作品的同时，通过观看改编的影视作品来加深对作品的理解。这种跨界融合的教学方式可以激发学生的学习兴趣和想象力，提高他们的阅读理解能力和审美水平。同时，影视作品中的生动画面和真实场景还能够帮助学生更好地理解和记忆所学内容。

除了文学作品与影视作品的融合外，我们还可以将英语与其他学科进行有机融合。例如，在英语写作教学中引入历史、文化、科技等领域的知识和素材，可以帮助学生拓展写作思路和视野；在英语口语教学中融入商务谈判、旅游导游等实际场景和角色扮演活动，可以提高学生的口语表达能力和交际能力。

二、主题式与模块化教学内容设计

（一）明确主题，聚焦核心

主题式教学是一种以学生为中心的教学方式，它围绕某个主题或话题展开教学，使学生在探究主题的过程中掌握知识和技能。在高校英语教学中采用主题式教学可以使教学更加有针对性和系统性。

首先，我们需要根据课程目标和学生的实际需求来确定教学主题。这些主题可以涵盖文化、历史、社会、科技等多个领域，旨在为学生提供丰富多彩的语言学习体验。例如，我们可以设计以"环保与可持续发展"为主题的教学内容，引导学生探讨环境保护的重要性、可持续发展的内涵和实践途径等话题。

在确定了教学主题后，我们需要围绕主题进行教学内容的设计和组织。这包括选择与主题相关的阅读材料、听力材料、口语话题和写作任务等，使学生在探究主题的过程中全面提高英语听、说、读、写能力。同时，我们还需要关注主题的内涵和外延，引导学生深入思考和理解所学内容，培养他们的批判性思维和创新能力。

（二）模块划分，灵活组合

模块化教学是一种将教学内容划分为若干个相对独立的模块，然后根据需要进行灵活组合的教学方式。在高校英语教学中采用模块化教学可以满足不同学生的学习需求，提高教学的灵活性和针对性。

我们可以将英语听说读写等技能分别设计为不同的模块，每个模块包含若干个相对独立的教学单元。这些教学单元可以根据学生的实际水平和需求进行适当的调整和组合，形成个性化的教学方案。例如，针对口语能力较弱的学生，我们可以增加口语模块的比重，设计更多的口语练习和实践活动；针对阅读能力较强的学生，我们可以适当减少阅读模块的比重，提高阅读材料的难度和挑战性。

在模块划分的过程中，我们需要注意模块之间的内在联系和逻辑关系。要确保各个模块之间相互独立又相互支撑，共同构成完整的教学体系。同时，我们还需要关注模块的灵活性和可扩展性，以便根据实际教学需要进行适当的调整和补充。

（三）跨学科整合，丰富内涵

在主题式与模块化教学内容设计中，跨学科整合是一种重要的教学策略。通过将英语与其他学科进行有机融合，我们可以丰富教学内容的内涵和外延，提高学生的学习兴趣和动力，同时还可以培养学生的综合素质和跨学科能力。

例如，在英语阅读教学中引入历史、文化、科技等领域的知识可以帮助学生更好地理解文章背景和作者观点，在英语写作教学中融入哲学、心理学、经济学等学科的理论和观点可以帮助学生拓展写作思路和深度，在英语口语教学中融入旅游、商务、教育等实际场景和专业知识可以提高学生的口语表达能力和交际能力。

在进行跨学科整合时，我们需要注意整合的度和方式。要确保整合的内容与英语教学目标相一致，符合学生的认知规律和学习需求；同时还要关注整合的深度和广度，避免浅尝辄止或过度延伸。通过科学合理的跨学科整合，我们可以使英语教学更加生动有趣、富有内涵和挑战性。

（四）完善评价机制，促进发展

为了确保主题式与模块化教学内容设计的有效性，我们还需要建立完善的评价机制。这包括对学生的学习成果进行定期评估、对教师的教学效果进行反馈和改进等方面。

首先，我们需要制定明确、具体的评价标准和方法。这些标准和方法应该涵盖英语听说读写等各个方面的技能和能力要求，同时还要关注学生的学习态度、参与度和合作精神等非技术性能力的发展情况。通过全面、客观的评价可以帮助学生了解自己的优势和不足，从而明确努力方向和提高学习动力。

其次，我们需要建立及时、有效的反馈机制。这包括对学生学习成果的及时反馈和对教师教学效果的定期评估等方面。通过及时反馈可以让学生及时了解自己的学习情况和进步程度从而调整学习策略和方法；而通过定期评估则可以让教师了解教学效果和存在问题，从而改进教学策略和方法，提高教学质量。

最后，我们还需要注重评价结果的运用和改进。要将评价结果作为调整教学内容和策略的重要依据之一；同时还要关注评价过程中反映出来的问题和不足，从而及时进行改进和完善，确保主题式与模块化教学内容设计的持续有效性和适应性。

三、本土化与国际化元素的融合

（一）立足本土，弘扬文化

在高校英语教学中，弘扬本土文化是一项重要任务。通过将中华优秀传统文化融入教学内容，我们不仅可以帮助学生更好地了解和传承本土文化，还能增强他们的民族自豪感和文化自信心。这一举措对于培养具有国际视野和跨文化交际能力的人才具有重要意义。

首先，立足本土意味着我们要深入挖掘和整理中华优秀传统文化资源，将其有机地融入英语课程体系中。这包括中国的历史、文化、风俗习惯等方面的内容。例如，可以通过英语讲述中国传统节日的起源和庆祝方式，以及介绍中国经典文学作品及其英译版本，探讨中国传统哲学思想与现代社会的联系等。这样的教学内容设计，既能够让学生在学习英语的同时了解本土文化，又能够提升他们的文化素养和审美能力。

其次，弘扬本土文化需要注重跨文化对比和交流。我们可以将本土文化与国际文化进行对比，引导学生思考不同文化之间的差异和共同点。通过组织中外文化交流活动、模拟联合国等国际会议等形式，学生能够有机会亲身体验和感受不同文化的魅力，从而培养他们的跨文化意识和交际能力。这种跨文化对比和交流的方式，有助于学生形成开放、包容的心态，更好地适应全球化时代的挑战。

最后，为了确保立足本土、弘扬文化的教学目标的实现，我们还需要加强师资培训和教材建设。教师应具备深厚的中华文化底蕴和扎实的英语教学能力，能够灵活运用各种教学方法和手段来传授本土文化知识。同时，教材编写者也应注重将本土文化元素融入教材中，确保教学内容的系统性和连贯性。通过加强师资培训和教材建设，我们可以为高校英语教学提供有力保障，推动本土文化的传承与发展。

（二）放眼国际，拓展视野

在弘扬本土文化的同时，高校英语教学还应放眼国际，关注国际动态和发展趋势。这是因为随着全球化进程的加速推进，国际交流与合作日益频繁，对具备国际视野和跨文化交际能力人才的需求也越来越迫切。

首先，放眼国际意味着我们要将国际时事、跨文化交流等内容引入课堂教学。例如，我们可以结合当前国际热点事件，引导学生分析不同国家和地区的文化背景、价值观念等，从而拓宽他们的视野，增强国际竞争力。此外，还可以通过邀请外籍教师或国际学生来校交流、组织海外游学等方式，为学生提供更多的实践机会和展示平台，促进他们之间的交流与合作。

其次，放眼国际还需要我们关注国际英语教育的发展趋势和最新成果。通过参加国际学术会议、访问交流等方式，我们可以及时了解国际英语教育的最新动态和前沿理论，借鉴其先进的教学理念和方法。例如，可以引入任务型教学法、项目式学习等创新性的教学方式，激发学生的学习兴趣和动力，提高教学效果和质量。

最后，为了实现放眼国际、拓展视野的教学目标，我们还需要加强国际合作与交流。可以与国外高校建立合作关系，共同开发课程资源、互派访问学者等。通过国际合作与交流，我们可以共享优质教育资源，推动高校英语教学的创新与发展。同时，这种合作与交流也有助于提升我国高等教育的国际影响力和竞争力。

（三）多元互动，促进交流

在本土化与国际化元素的融合中，多元互动和交流是促进文化交流与理解的重要途径。通过组织中外学生交流活动、参加国际学术会议等方式，可以为学生提供更多的实践机会和展示平台，促进他们之间的交流与合作。这种多元互动的教学方式不仅可以帮助学生更好地理解和尊重不同文化之间的差异，还可以培养他们的跨文化交际能力和团队合作精神。

为了实现多元互动、促进交流的教学目标，我们可以采取多种措施。首先，可以积极组织中外学生交流活动，如文化沙龙、语言角等。这些活动可以为学生提供与来自不同文化背景的人交流的机会，让他们在实践中提高语言运用能力和跨文化交际能力。其次，可以鼓励学生参加国际学术会议或模拟联合国等国际组织活动。通过这些活动，学生可以接触到更广泛的国际议题和多元文化观点，拓宽视野并提升综合素质。

此外，在课堂教学过程中也可以采用多元互动的教学方法。例如，可以采用小组讨论、角色扮演等教学方式来模拟真实场景中的交流情境，让学生在互动中学习和运用语言。同时，还可以利用现代技术手段，如在线协作工具、社交媒体等，来促进线上线下的交流与合作。这些教学方法和手段的运用可以有效地激发学生的学习兴趣和积极性，提高教学效果和质量。

第二节 跨文化内容的融入

随着全球化的推进，跨文化交际能力已经成为当代大学生必备的素质之一。高校英语教学作为培养学生跨文化交际能力的重要途径，应当注重跨文化内容的融入，以提高学生的文化意识和全球视野。

一、文化意识与跨文化交际能力的培养

随着全球化的不断推进，跨文化交际能力已经成为当代大学生必备的素质之一。在高校英语教学中，如何培养学生的文化意识和跨文化交际能力，已经成为教师们需要深入思考的问题。

（一）文化意识的觉醒

文化意识是指对文化现象、文化模式和文化特征的敏感度和理解力。这种意识能够帮助学生更好地理解不同文化之间的差异和相似之处，从而更好地适应跨文化环境。为了培养学生的文化意识，教师需要在课堂教学中注重介绍不同国家的文化背景、历史传统、价值观念等。

例如，在介绍西方节日文化时，教师可以通过对比中西方节日的起源、庆祝方式、象征意义等方面，让学生了解到不同文化之间的差异。同时，教师还可以引导学生思考这些差异背后的深层次原因，如历史、地理等因素对文化的影响。通过这样的教学方式，学生可以逐渐培养出对文化的敏感度和理解力，从而更好地认识和理解世界。

（二）跨文化交际能力的培养

跨文化交际能力是指在不同文化背景下进行有效沟通的能力。这种能力不仅包括语言能力，还包括语用能力、策略能力和文化能力等方面。为了培养学生的跨文化交际能力，教师需要在课堂教学中注重实践和应用。

例如，教师可以模拟真实的跨文化交际场景，让学生在实践中学习如何运用语言进行得体的交流。在模拟场景中，教师可以设置一些常见的跨文化交际障碍，如语言障碍、文化差异等，引导学生思考如何应对这些障碍。同时，教师还可以提供一些实用的交际策略和技巧，帮助学生更好地应对跨文化交际中的挑战。

此外，教师还可以通过组织一些跨文化交际活动，如国际文化交流节、英语角等，让学生在真实的环境中体验跨文化交际的魅力。这些活动不仅可以提高学生的语言应用

能力，还可以增强他们的跨文化适应能力和全球视野。

（三）文化知识的积累

文化知识是跨文化交际的基础。只有了解不同国家的文化背景、历史传统、文学艺术、科技成就等方面的知识，才能更好地进行跨文化交际。因此，在高校英语教学中，教师应引导学生积累丰富的文化知识。

为了帮助学生积累文化知识，教师可以通过多种方式进行教学。例如，通过阅读英文原著、观看英文电影、欣赏英文歌曲等方式，学生可以接触到不同国家的文化精髓和魅力。同时，教师还可以结合教材内容，介绍一些与主题相关的文化背景知识，帮助学生更好地理解课文内容。

此外，教师还可以鼓励学生利用课余时间进行自主学习和探究学习。例如，可以利用网络资源进行在线学习、参加国际文化交流活动等。通过这些方式，学生可以更加全面地了解不同国家的文化知识和风俗习惯，为跨文化交际打下坚实的基础。

（四）文化体验的实践

文化体验是跨文化交际的重要环节。只有亲身体验过不同国家的文化，才能更好地理解和尊重这些文化。因此，在高校英语教学中，教师应创造条件让学生亲身体验目的语国家的文化。

例如，可以组织学生参加国际文化交流活动、赴目的语国家进行短期游学等。在国际文化交流活动中，学生可以与来自不同国家的人进行面对面的交流，了解他们的生活方式、价值观念等。在短期游学中，学生可以深入到目的语国家的社会生活中去，体验当地的风俗习惯、文化传统等。

通过亲身体验和实践，学生可以更加深入地了解不同国家的文化和历史，增强对文化的感知和理解。同时，这些实践活动还可以提高学生的跨文化适应能力和全球视野，为他们未来的职业发展打下坚实的基础。

二、中西文化对比与全球视野的拓展

在全球化的背景下，中西文化的交流与融合已经成为一种趋势。然而，由于历史、地理等因素的影响，中西文化之间存在显著的差异。这些差异不仅体现在语言上，还体现在价值观念、思维方式、社会习俗等方面。因此，在高校英语教学中，进行中西文化的对比与全球视野的拓展显得尤为重要。

（一）中西文化的对比

中西文化的对比是帮助学生了解文化差异的重要途径。通过对比分析中西文化的异同之处，学生可以更加清晰地认识到不同文化之间的差异。

例如，在价值观念方面，西方文化注重个人主义和自由主义，而中国文化则注重集体主义和儒家思想。在思维方式方面，西方文化注重分析和逻辑推理，而中国文化则注重整体和直觉思维。在社会习俗方面，西方文化注重礼仪和形式感，而中国文化的内涵则更为丰富，比如注重人情。

通过对比分析这些差异，学生可以更加深入地了解不同文化之间的特点和差异所在。同时，这种对比还可以帮助学生更好地理解和尊重不同文化之间的差异，从而避免在跨文化交际中出现误解和冲突。

（二）全球视野的拓展

全球视野是指具有国际眼光和全球意识的能力。这种能力可以帮助学生更好地了解世界各国的政治、经济、文化等方面的发展动态和趋势，从而更好地适应全球化的发展。

为了拓展学生的全球视野，教师需要在课堂教学中注重介绍国际热点问题、全球治理体系等方面的知识。同时，教师还可以鼓励学生关注国际新闻、参加国际交流活动、学习国际礼仪等，从而增强他们的全球责任感和使命感。

此外，教师还可以利用信息技术手段来拓展学生的全球视野。例如，可以利用网络资源进行在线学习、参加国际在线研讨会等。通过这些方式，学生可以更加便捷地获取国际信息和资源，了解不同国家的文化和发展动态，从而拓展自己的全球视野和知识面。

（三）文化多元性的认识

文化多元性是指不同文化之间存在的多样性和差异性。这种多元性不仅体现在语言、历史、地理等方面，还体现在价值观念、思维方式、社会习俗等方面。认识文化多元性的重要性和价值所在，是构建和谐世界的基础。

为了帮助学生认识文化多元性的重要性和价值所在，教师需要在课堂教学中注重介绍多元文化主义理论、文化相对论等观点。同时，教师还可以引导学生通过对比分析不同文化之间的差异和相似之处，了解不同文化之间的平等和尊重的重要性。

此外，教师还可以通过组织一些多元文化活动，如国际文化周、多元文化节等，让学生在实践中体验不同文化的魅力和价值所在。通过这些活动，学生可以更加深入地了解不同文化之间的差异，从而增强对文化多元性的认识和尊重。

（四）国际交流与合作能力的培养

国际交流与合作能力是当代大学生必备的素质之一。这种能力可以帮助学生更好地参与国际竞争和交流，为未来的职业发展打下坚实的基础。

为了培养学生的国际交流与合作能力，教师需要在课堂教学中注重实践和应用。例如，可以模拟真实的国际交流与合作场景，让学生在实践中学习如何与不同文化背景的人进行有效的沟通和合作。在模拟场景中，教师可以设置一些常见的国际交流与合作障碍，如语言障碍、文化差异等，引导学生思考如何应对这些障碍。

同时，教师还可以提供一些实用的国际交流与合作策略和技巧，如国际礼仪、国际商务谈判技巧等。这些策略和技巧可以帮助学生更好地应对国际交流与合作中的挑战和难题，提高他们的国际竞争力和适应能力。此外，教师还可以通过组织一些国际交流与合作活动，如国际学生交流项目、国际合作研究项目等，让学生在真实的环境中体验国际交流与合作的魅力和价值所在。

三、非语言交际与礼仪文化的传授

（一）非语言交际的认识

非语言交际，作为人际交流的一种重要形式，是指不通过语言文字，而是借助身体语言、面部表情、眼神交流、空间距离等手段来传达信息和情感的方式。在高校英语教学中，非语言交际的传授不仅有助于提升学生的跨文化交际能力，还能帮助他们更全面地理解和适应不同的文化背景。

身体语言是非语言交际中最为直观的一种形式，包括手势、姿势、动作等。不同的文化背景下，身体语言的意义和用法可能存在显著差异。因此，教师需要引导学生注意观察和理解不同文化中的身体语言，以避免在跨文化交际中产生误解。

面部表情和眼神交流也是非语言交际的重要组成部分。它们能够传达出人的情感状态和态度，对于建立和维护人际关系具有重要意义。在教学中，教师可以通过角色扮演、情境模拟等方式，让学生练习如何运用面部表情和眼神交流来表达自己的情感和意图。

此外，空间距离也是非语言交际中需要注意的一个方面。不同的文化对于个人空间和社交距离的要求有所不同。了解并尊重这些差异，有助于学生在跨文化交际中保持得体和舒适的距离。

（二）礼仪文化的传授

礼仪文化是社会交往中必须遵循的行为规范和礼节仪式。在不同的文化背景下，礼仪文化的表现形式和要求可能存在很大的差异。因此，在高校英语教学中，传授礼仪文化知识对于培养学生的跨文化交际能力至关重要。

教师应向学生介绍不同文化背景下的见面礼、餐桌礼仪、商务礼仪等基本礼仪规范。例如，在一些文化中，握手是常见的见面礼节；而在另一些文化中，鞠躬或拥抱则更为常见。餐桌礼仪方面，不同文化对于餐具的使用、食物的品尝方式等也有各自的规定。

商务礼仪则涉及会议安排、名片交换、谈判技巧等方面。

除了基本的礼仪规范外,教师还应引导学生了解礼仪文化背后的深层次含义。礼仪文化不仅是一种外在的行为表现,更是一种内在的文化精神和价值观念的体现。通过深入了解礼仪文化的内涵,学生可以更好地理解不同文化之间的差异和相似之处,从而更加自信地进行跨文化交际。

(三)非语言交际与礼仪文化的实践

实践是非语言交际与礼仪文化学习的重要环节。只有通过实践,学生才能真正掌握和运用所学的知识和技能。在高校英语教学中,教师应积极创造条件让学生进行实践。

可以组织学生参加国际文化交流活动,如模拟联合国会议、国际文化节等。在这些活动中,学生可以与来自不同文化背景的人进行面对面的交流,亲身体验和感受非语言交际和礼仪文化的实际应用。教师还可以为学生设计一些跨文化交际场景,如商务谈判、旅游导游等,让学生在模拟的场景中练习如何运用非语言交际和礼仪文化知识。

此外,教师还可以鼓励学生利用课余时间进行自主学习和实践。例如,可以推荐一些涉及非语言交际和礼仪文化的电影、纪录片等,让学生通过观看影片了解不同文化背景下的交际方式和礼仪规范。还可以鼓励学生结交来自不同国家的朋友,通过与他们的日常交往来提升自己的跨文化交际能力。

(四)跨文化适应能力的培养

跨文化适应能力是指在不同文化背景下生活、学习和工作的能力。在高校英语教学中,培养学生的跨文化适应能力是教学的重要目标之一。

心理适应是跨文化适应的重要组成部分。面对陌生的文化环境和生活方式,学生可能会被焦虑、孤独等负面情绪所困扰。因此,教师需要关注学生的心理健康,提供必要的心理支持和辅导,帮助学生调整心态、增强自信。

生活适应是跨文化适应的另一个重要方面。在不同的文化背景下,生活习惯、饮食习惯、交通方式等都可能存在很大的差异。教师需要向学生介绍目的地的文化特点和生活方式,并提供一些实用的生活技巧和建议,帮助学生尽快适应新的生活环境。

学习适应也是跨文化适应中需要关注的一个方面。在不同的教育体系中,学习方式、课程设置、评价标准等都可能存在差异。教师需要引导学生了解目的地的教育体系和学习要求,帮助他们制定合适的学习计划和方法,以更好地适应新的学习环境。

四、文化敏感性与文化适应性的提升

随着全球化的不断推进,跨文化交际能力已经成为21世纪人才必备的核心素养之一。而文化敏感性和文化适应性作为跨文化交际能力的重要组成部分，对于个人在全球化背景下的职业发展和社会交往具有重要意义。因此，在高校英语教学中，进一步探讨如何提升学生的文化敏感性和文化适应性显得尤为重要。

（一）增强文化敏感性

要增强学生的文化敏感性，首先需要提高他们对文化差异的认知能力。教师可以通过对比分析不同文化背景下的价值观念、社会习俗、交际方式等，引导学生发现和理解文化差异的存在。同时，还可以利用多媒体教学资源，如图片、视频等，直观地展示不同文化的特色，激发学生对文化多样性的兴趣。

其次，培养学生的文化同理心也是增强文化敏感性的重要途径。文化同理心是指能够理解并共情于不同文化背景下他人的感受和经历的能力。教师可以通过情境模拟、角色扮演等教学方法，让学生置身于不同的文化情境中，体验和理解他人的情感和行为。此外，还可以通过阅读跨文化背景的文学作品、观看跨文化电影等方式，拓宽学生的文化视野，增强他们的文化同理心。

（二）提升文化适应性

提升学生的文化适应性需要培养他们的跨文化交际能力和跨文化适应能力。教师可以通过模拟真实的跨文化交际场景，如商务谈判、旅游交流等，让学生在实践中学习和运用跨文化交际策略。同时，还可以教授学生一些实用的跨文化交际技巧，如礼貌用语、非语言交际等，帮助他们在与新文化成员交流时更加得体、自信。

此外，培养学生的跨文化适应能力还需要关注他们的心理调适过程。面对陌生的文化环境和生活方式，学生可能会感到焦虑、不安等负面情绪。教师可以通过心理辅导、团队建设等方式，帮助学生调整心态、增强自信，更好地适应新的文化环境。同时，还可以鼓励学生积极参加各类跨文化活动，如国际文化交流节、海外游学等，让他们在实践中锻炼和提升自己的跨文化适应能力。

（三）培养文化包容心

在全球化背景下，培养学生的文化包容心至关重要。文化包容心是指能够尊重和理解不同文化的价值观和行为方式，以开放、包容的心态对待文化差异。教师可以通过课堂讨论、小组合作等方式，引导学生学会倾听和理解他人的观点，尊重他人的文化选择和表达方式。同时，还可以通过组织多元文化活动、观看多元文化电影等方式，增强学生的跨文化意识和跨文化理解能力。

此外，教师还可以鼓励学生结交来自不同文化背景的朋友，通过与他们的日常交往和深入交流，培养学生的文化包容心和跨文化友谊。这种跨文化的交往经历不仅能够丰富学生的文化体验，还能够提升他们的跨文化交际能力和全球竞争力。

（四）强化文化实践能力

要提升学生的文化敏感性和文化适应性，还需要强化他们的文化实践能力。文化实践能力是指个体在跨文化环境中运用所学知识和技能进行实际交际的能力。教师可以通过组织各类跨文化实践活动，如国际文化交流、海外实习等，让学生在真实的跨文化环境中锻炼和提升自己的文化实践能力。

同时，教师还可以鼓励学生在日常生活中积极运用所学的跨文化知识和技能。例如，在与外国朋友交流时，可以尝试使用所学的外语和交际技巧；在出国旅游时，可以了解并尊重当地的文化习俗和行为规范等。通过这些实践经历，学生可以更加深入地了解不同文化之间的差异和相似之处，从而更加自信地进行跨文化交际。

第三节 专门用途英语的引入

随着全球化进程的加速和各行业国际交流的日益频繁，专门用途英语（english for specific purposes，简称 ESP）在高校英语教学中的地位逐渐凸显。ESP 以满足学习者的特定需求和目标为导向，强调语言技能与专业知识的结合，对于提高学生的英语应用能力和职业素养具有重要意义。

一、ESP 教学理念与高校英语教学的结合

（一）明确教学目标，对接行业需求

高校英语教学在培养学生语言技能的同时，更应注重其实际应用能力和未来职业发展需求。ESP 教学理念正是以行业需求为导向，强调英语教学的实用性和针对性。因此，将 ESP 教学理念融入高校英语教学，可以明确教学目标，更好地对接行业需求，培养具有国际视野和跨文化交际能力的人才。

首先，高校英语教学应明确以培养学生在特定领域内的英语应用能力为目标。这要求教师不仅要注重学生的语言基础训练，还要关注他们在专业领域内的英语应用技能。例如，针对商务英语专业的学生，教师可以加强商务英语沟通、谈判技巧、邮件写作等方面的教学，使学生能够更好地适应未来职场环境。

其次，对接行业需求需要高校英语教学与相关行业保持紧密联系。教师可以通过定期参加行业会议、研讨会等活动，了解行业内的最新动态和英语需求。同时，还可以邀

请行业专家来校授课或举办讲座，为学生提供更多的实践机会和就业资源。这些举措将有助于缩短学校教学与行业需求之间的距离，提高学生的就业竞争力。

（二）优化课程设置，突出实用性

传统的英语教学往往过于注重语言本身的学习，而忽略了其在实际应用中的作用。ESP教学理念强调课程的实用性和针对性，要求英语教学与专业知识相结合，提高学生的英语实际应用能力。

在课程设置上，高校英语教学应打破传统单一的语言技能训练模式，引入更多与专业知识相结合的ESP课程。这些课程可以包括行业英语、学术英语、职业英语等，旨在培养学生的语言交际能力、信息获取能力和问题解决能力。例如，针对工程类专业的学生，可以开设工程英语课程，重点讲解工程领域的专业术语、写作规范等；针对医学类专业的学生，可以开设医学英语课程，注重医学文献的阅读和写作能力的培养。

同时，课程设置应突出实用性，注重课程内容的更新和调整。教师可以根据行业的发展变化和学生的实际需求，及时调整课程内容和教学方法。例如，随着人工智能技术的不断发展，可以开设与人工智能相关的英语课程，帮助学生了解最新的技术动态和应用前景。

（三）创新教学方法，激发学习兴趣

ESP教学理念强调以学生为中心，注重激发学生的学习兴趣和主动性。因此，高校英语教师应创新教学方法，采用多元化教学手段，引导学生在真实或模拟的情境中学习和运用英语。

首先，教师可以采用案例教学、项目教学等教学方法，引导学生参与实际问题的解决过程。例如，在商务英语教学中，教师可以组织学生进行商务谈判模拟练习，让学生在实践中掌握谈判技巧和商务英语表达方式。这种教学方式不仅可以激发学生的学习兴趣和主动性，还可以培养他们的团队协作能力和问题解决能力。

其次，教师还可以利用现代信息技术手段，如多媒体教学、网络教学等，丰富教学资源，提高教学效果。例如，可以利用多媒体教学课件展示行业内的实际案例和场景，帮助学生更好地理解和掌握相关知识；可以利用网络教学平台为学生提供更多的自主学习资源和互动交流机会。

二、行业需求分析与ESP课程设计

（一）深入调研行业需求

为了设计出符合行业需求的ESP课程，高校英语教师需要深入调研各行业的英语需求。这要求教师具备敏锐的市场洞察力和对行业发展的前瞻性思考。

首先，教师可以通过问卷调查、访谈、实地考察等方式，了解行业内的英语使用情况、沟通需求以及未来发展趋势等信息。这些信息将为 ESP 课程设计提供重要依据。例如，在调研过程中发现某行业对员工的英语口语表达能力要求较高，那么在课程设计中就可以加强口语训练环节，提高学生的口语水平。

其次，教师还需要关注行业内的最新动态和前沿知识，以便及时将最新的行业信息和技术成果融入课程中。例如，随着人工智能技术的不断发展，许多行业开始应用人工智能技术提高工作效率和服务质量。因此，在 ESP 课程设计中可以加入与人工智能相关的内容，帮助学生了解最新的技术动态和应用前景。

（二）制定明确的课程目标

在了解行业需求的基础上，高校英语教师需要制定明确的课程目标。这些目标应具有可操作性和可评价性，以便于教师在教学过程中进行有针对性的指导和评估。

首先，课程目标应包括提高学生的行业英语词汇量，掌握行业内的基本沟通技能等。这些目标是培养学生英语应用能力的基础和前提。例如，针对商务英语专业的学生，课程目标可以包括掌握常用商务英语词汇和短语，能够流利地进行商务英语沟通等。

其次，课程目标还应注重培养学生的行业素养和跨文化交际能力。这要求学生不仅要了解行业内的基本知识和规范，还要具备跨文化沟通和协作的能力。例如，在全球化背景下，许多企业需要员工具备与不同文化背景的人进行有效沟通的能力。因此，在 ESP 课程设计中可以加入跨文化交际的相关内容，帮助学生提高跨文化适应能力。

（三）设计多元化的课程内容

ESP 课程设计应注重内容的多元化和实用性。除了传统的语言技能训练外，还应包括行业知识讲解、案例分析、实践操作等环节。这些内容可以帮助学生更好地了解行业内的实际情况，提高他们的英语应用能力和职业素养。

首先，课程内容应包括行业内的基本知识和规范。这可以帮助学生建立对行业的整体认知和理解，为后续的英语应用打下基础。例如，在商务英语课程中，可以讲解国际贸易的基本流程、商务礼仪和谈判技巧等。

其次，案例分析是 ESP 课程中不可或缺的一部分。通过分析行业内的实际案例，学生可以更好地理解和掌握相关知识，并将其应用于实际情境中。例如，在医学英语课程中，可以选取医学领域的典型病例进行分析和讨论，帮助学生了解医学文献的写作规范和阅读技巧。

最后，实践操作环节是检验学生英语应用能力的有效手段。通过组织学生进行实践操作或模拟练习，教师可以评估学生的英语应用水平并给出有针对性的反馈和建议。例如，在旅游英语课程中，可以组织学生进行导游模拟练习，让他们在实践中掌握导游讲解技巧和旅游英语表达方式。

（四）加强与行业的合作与交流

为了更好地对接行业需求，高校英语教学还应加强与行业的合作与交流。这不仅可以为学生提供更多的实践机会和就业资源，还可以帮助教师了解行业动态和前沿知识，提高ESP课程的质量和针对性。

首先，高校可以通过建立校企合作基地、与企业共同开展科研项目等方式加强与行业之间的联系。这些合作与交流活动可以为学生提供更多的实践机会和展示平台，帮助他们更好地了解行业内的实际情况和英语需求。同时，企业也可以从中选拔优秀人才加入自己的团队。

其次，教师还可以定期参加行业会议、研讨会等活动，了解行业内的最新动态和前沿知识。这些信息将有助于教师更新课程内容、改进教学方法、提高教学质量。同时，与行业专家的深入交流还可以激发教师的教学灵感和创新思维，推动ESP课程的不断发展与完善。

三、ESP教材开发与教学资源整合

随着全球化的加速和科技的进步，ESP教学在高校英语教育中扮演着越来越重要的角色。ESP教材的开发与教学资源的整合，对于提高ESP教学的质量和效果具有重要意义。

（一）开发符合行业需求的ESP教材

ESP教材是ESP教学的基础和关键。为了满足不同行业对英语人才的需求，高校英语教师需要积极开发符合行业特点的ESP教材。这些教材应紧密结合行业实际，注重实用性和可操作性，能够帮助学生掌握行业内的基本英语知识和技能。

在开发ESP教材时，教师需要对行业进行深入的调研和分析，了解行业内的英语使用情况和需求。同时，还需要结合学生的实际情况和学习需求，确定教材的目标和内容。在编写教材时，应注重语言的真实性和地道性，采用行业内的真实语料和案例，帮助学生更好地了解行业英语的使用和表达方式。

此外，ESP教材还应注重培养学生的跨文化交际能力和职业素养。在教材中融入跨文化元素和行业文化，帮助学生了解不同文化之间的差异和相似之处，提高他们的跨文化适应能力。同时,通过介绍行业内的职业道德、职业规范等内容,培养学生的职业素养和综合能力。

(二)整合多元化的教学资源

除了教材外,高校英语教师还应积极整合其他多元化的教学资源,为 ESP 教学提供更加丰富和多样的支持。这些资源可以包括行业内的英语资料、专业网站、多媒体课件等。

行业内的英语资料是 ESP 教学的重要参考和补充。教师可以通过收集行业内的英语资料,如行业报告、专业论文、产品说明等,为学生提供更加真实和实用的学习内容。同时,还可以引导学生通过阅读这些资料,了解行业内的最新动态和发展趋势。

专业网站是获取行业信息和资源的重要途径。教师可以向学生推荐一些行业内的专业网站,如行业协会网站、专业论坛等,鼓励学生利用这些网站进行自主学习和探究学习。同时,教师还可以利用这些网站获取教学资源和备课资料,提高 ESP 教学的质量和效率。

多媒体课件是现代化教学手段的重要组成部分。教师可以利用多媒体课件制作工具,制作一些生动有趣的课件,如幻灯片、视频等,激发学生的学习兴趣和积极性。同时,多媒体课件还可以为学生提供更加直观和形象的学习体验,帮助他们更好地理解和掌握行业英语知识和技能。

(三)加强教学资源共享与合作

为了更好地利用和发挥教学资源的作用,高校英语教师还应加强教学资源共享与合作。通过建立教学资源库、搭建教学交流平台等方式,实现教学资源的共享和互通有无。

教学资源库是存储和管理教学资源的重要平台。教师可以将自己收集和制作的教学资源上传到资源库中,与其他教师进行分享和交流。同时,还可以从资源库中下载其他教师分享的教学资源,为自己的教学和备课提供支持。

教学交流平台是教师之间进行经验交流和互相学习的重要场所。教师可以通过参加交流会、研讨会等活动,与其他教师分享自己的教学经验和心得。同时,还可以从其他教师那里获取新的教学思路和方法,推动 ESP 教学的不断创新和发展。

(四)关注教学资源的更新与维护

随着行业的发展和技术的进步,教学资源也需要不断更新和维护。高校英语教师需要关注行业动态和技术发展趋势,及时更新和补充教学资源。

教师可以定期收集和整理行业内的最新资料和信息,将其融入到教学资源中。同时,还需要对教学资源进行定期维护和整理,确保其可用性和有效性。这些工作将为 ESP 教学的顺利开展提供有力保障。

此外，教师还需要关注新技术在教学中的应用和发展趋势。例如，可以利用人工智能、大数据等新技术开发智能化的教学辅助系统，为学生提供更加个性化和精准化的学习支持。同时，还可以利用新技术改进教学方法和手段，提高 ESP 教学的效果和质量。

四、ESP 教师团队建设与教学评估

ESP 教学的成功与否，很大程度上取决于教师的专业素养和教学能力。因此，加强 ESP 教师团队建设与教学评估显得尤为重要。

（一）加强 ESP 教师团队建设

为了提高 ESP 教师的专业素养和教学能力，高校需要加强 ESP 教师团队建设。首先，可以通过组织定期的培训、研讨会等活动，帮助教师了解行业动态和前沿知识，提高他们的专业素养和教学水平。这些培训可以包括语言教学理论、行业知识、教学方法等方面的内容，使教师具备扎实的专业基础和广泛的知识面。

其次，鼓励教师参加国内外的学术交流活动也是加强团队建设的重要途径。通过参加学术会议、研讨会等活动，教师可以与同行进行深入的交流和探讨，了解最新的教学理念和方法。同时，还可以借此机会拓宽视野，提高学术水平，为 ESP 教学的不断改进和发展提供有力支持。

此外，高校还应注重培养教师的团队合作精神和协作能力。可以通过组织教学观摩、教学研讨等活动，促进教师之间的经验交流和互相学习。同时，还可以鼓励教师共同开展教学研究和项目开发工作，培养他们的团队协作精神和创新能力。

（二）建立科学的教学评估体系

为了保证 ESP 教学的质量和效果，高校需要建立科学的教学评估体系。这个体系应包括教学目标、教学内容、教学方法、教学效果等方面的评估指标。

首先，教学目标的评估是衡量教学效果的重要标准。教师需要明确每节课的教学目标，并通过学生的反馈和测试成绩等方式来评估目标的达成情况。同时，还需要对教学目标进行定期的修订和调整，确保其符合学生的实际需求和学习进度。

其次，教学内容的评估也是教学评估的重要组成部分。教师需要选择符合行业需求和学生实际的教学内容，并通过课堂讲解、案例分析等方式来呈现。同时，还需要对教学内容进行定期的更新和补充，确保其时效性和实用性。

此外，教学方法的评估也是不可忽视的环节。教师需要采用多样化的教学方法和手段来激发学生的学习兴趣和积极性。例如，可以采用小组讨论、角色扮演等互动式教学

方法来提高学生的参与度和实践能力。同时还需要对教学方法进行反思和改进，确保其符合学生的学习需求和认知特点。

最后，教学效果的评估是教学评估的核心环节。教师需要通过学生的反馈、测试成绩等方式来评估教学效果。同时还需要对教学效果进行定期的总结和分析，找出存在的问题和不足之处，并制定相应的改进措施来提高教学质量和效果。

（三）注重学生的反馈与参与

学生是 ESP 教学的主体和受益者。因此，高校需要注重学生的反馈与参与，了解他们对 ESP 教学的需求和期望。

首先，通过定期的调查问卷来收集学生对 ESP 教学的意见和建议。这些问卷可以包括课程设置、教学内容、教学方法等方面的问题，帮助教师了解学生的学习需求和期望。同时还需要对问卷结果进行统计和分析，找出存在的问题和不足之处，并制定相应的改进措施来提高教学质量和效果。

其次，鼓励学生参与到教学评估中。可以邀请学生代表参加教学观摩、教学研讨等活动，让他们从自己的角度出发对 ESP 教学进行评估和反馈。同时还可以建立学生评教制度，让学生定期对教师的教学情况进行评价和建议。这些活动将提高学生的参与度和归属感，促进教学质量的不断改进和提高。

（四）加强与行业的合作与交流

为了更好地了解行业需求和动态，高校英语教师还需要加强与行业的合作与交流。

首先，通过参加行业会议、研讨会等活动，了解行业内的最新发展趋势和前沿知识。这些活动将为教师提供与行业内专家进行深入交流和探讨的机会，帮助他们更好地了解行业需求和动态。同时还可以借此机会获取最新的行业资料和信息，为 ESP 教学的不断改进和发展提供有力支持。

其次，邀请行业专家来校进行讲座或授课，增进学校与行业之间的联系和合作。这些专家将为学生带来更加真实和实用的行业知识和经验分享，帮助他们更好地了解行业英语的使用和表达方式。同时还可以为教师提供与行业专家进行深入交流和合作的机会，促进 ESP 教学的不断创新和发展。

第五章　高校英语教学方法多元化

第一节　传统教学方法的反思

一、传统教学方法的概述与特点

（一）以教师为中心

在传统的高校英语教学方法中，教师占据着绝对的主导地位。他们不仅是知识的传授者，还是课堂的组织者和引导者。在这种模式下，教师的角色被放大，而学生则处于被动接受的状态。教师在课堂上讲解知识点、分析文本，学生则负责听讲、记笔记。这种以教师为中心的教学方法有其明显的优势，例如能够保证知识的系统性和连贯性，但也存在一些不可忽视的问题。

首先，以教师为中心的教学方法容易导致课堂氛围沉闷，学生缺乏参与感和主动性。由于教师主导了课堂的节奏和内容，学生往往只能被动地接受知识，而无法发挥自己的主观能动性。长此以往，学生的学习兴趣和积极性可能会受到打击，甚至出现厌学情绪。

其次，这种教学方法不利于培养学生的自主学习能力和批判性思维。在传统的教学模式下，学生习惯于依赖教师的讲解和答案，而缺乏独立思考和解决问题的能力。这不仅会影响学生的学习效果，还会对其未来的发展产生不利影响。

（二）强调语法和词汇学习

传统的高校英语教学方法非常注重语法规则的掌握和词汇的积累。教师会花费大量时间讲解语法知识、分析句子结构，并要求学生通过大量的练习来巩固所学知识。同时，词汇学习也是传统英语教学的重要组成部分。教师会要求学生背诵单词、短语和固定搭配，以便在考试和实际应用中能够熟练运用。

这种强调语法和词汇学习的教学方法有其合理之处。语法和词汇是英语学习的基础，只有掌握了这些基本要素，学生才能够进一步提高听、说、读、写等方面的能力。然而，这种教学方法也存在一些问题。

首先，过度强调语法和词汇学习可能会导致课堂内容单一、枯燥。如果教师只是机械地讲解语法规则和词汇用法，而不注重实际应用和语境分析，学生可能会感到乏味和无趣。这不仅会影响学生的学习效果，还会降低其对英语学习的兴趣和热情。

其次，这种教学方法容易使学生陷入应试教育的泥潭。由于考试压力和对分数的追求，学生可能会将大部分精力投入到语法和词汇的学习中，而忽视了对实际语言运用能力的培养。这会导致学生的英语能力出现"高分低能"的现象，即虽然能够在考试中取得高分，但却无法在实际交流中灵活运用英语。

（三）以考试为导向

受应试教育的影响，传统的高校英语教学往往以考试为导向。教师的教学内容和学生的学习重点都紧紧围绕考试要求进行。在这种模式下，考试成为了教学的"指挥棒"和"风向标"。教师会根据考试大纲和历年真题来组织教学内容，而学生则会针对考试内容进行有针对性的复习和准备。

以考试为导向的教学方法有其存在的合理性。考试是一种有效的评价手段，能够对学生的学习成果进行客观的检验和评估。同时，通过考试也能够督促学生努力学习、提高成绩。然而，这种教学方法也存在一些问题和不足。

首先，以考试为导向的教学方法容易导致教学内容的片面性和功利性。由于考试内容和形式相对固定，教师可能会将大部分时间和精力投入到对考试内容的讲解和训练中，而忽视了对其他重要知识和能力的培养。这会导致学生的知识结构出现偏差，影响其全面发展。

其次，这种教学方法容易使学生产生应试心理和厌学情绪。由于过分追求考试成绩和升学率，学生可能会将学习视为一种负担和压力，而失去了对知识的兴趣和好奇心。这不仅会影响学生的学习效果，还会对其身心健康产生不利影响。

二、传统教学方法存在的问题与不足

（一）学生参与度低

在传统的高校英语教学方法中，学生的参与度往往较低。这主要表现在以下几个方面：首先，由于教师主导了课堂的节奏和内容，学生往往只能被动地接受知识而无法发挥自己的主观能动性；其次，传统的教学方法缺乏互动性和趣味性，导致学生无法积极参与课堂活动；最后，由于考试压力和对分数的追求，学生可能会将大部分精力投入到对考试内容的复习和准备中而忽视了课堂参与的重要性。

学生参与度低不仅会影响课堂氛围和教学效果，还会对学生的个人发展产生不利影响。由于缺乏参与感和主动性，学生可能会逐渐失去对学习的兴趣和热情，甚至出现厌学情绪。同时，缺乏互动和交流也会影响学生的语言表达能力和社交能力的发展。

（二）实际应用能力不足

虽然学生在语法和词汇方面取得了不错的成绩，但他们的实际英语应用能力往往并不理想。这是因为传统教学方法忽视了对学生听、说、读、写等综合语言技能的培养。在传统的教学模式下，教师往往注重书面知识的传授和考核，而忽视了对口语和听力等实际应用能力的培养。这导致许多学生能够在考试中取得高分，但却无法在实际交流中灵活运用英语。

实际应用能力不足不仅会影响学生的日常交流和沟通，还会对其未来的职业发展产生不利影响。在全球化和信息化的时代背景下，英语已经成为了一种国际通用语言。无论是在学术研究、商业交流还是国际合作中，英语都扮演着重要的角色。因此，提高学生的实际英语应用能力已经成为了高校英语教学的重要任务之一。

（三）缺乏文化意识培养

传统的高校英语教学往往只关注语言知识的传授，而忽视了对学生文化意识的培养。这主要表现在以下几个方面：首先，教师往往只注重语法、词汇等语言知识的传授，而忽视了对英语国家文化和习俗的介绍和讲解；其次，由于考试压力和对分数的追求，学生也可能会忽视对文化知识的学习和了解；最后，由于缺乏真实的语境和实践机会，学生往往无法深入了解和体验英语国家的文化和习俗。

缺乏文化意识培养不仅会影响学生的跨文化交际能力还会对其未来的职业发展产生不利影响。在全球化的时代背景下，跨文化交际能力已经成为了人才竞争的重要方面之一。如果学生只掌握了语言知识而无法理解和适应不同文化背景下的交际方式和习惯，那么他们在未来的国际交流和合作中可能会遇到很多困难和挑战。因此，加强对学生文化意识的培养已经成为了高校英语教学的重要任务之一。

三、对传统教学方法的改进建议

传统的教学方法在英语教学中曾发挥了重要作用，但随着教育理念的不断更新和学生需求的多样化，传统教学方法的局限性逐渐显现出来。为了提升高校英语教学质量，以下是对传统教学方法的改进建议。

（一）增加学生参与度

在传统的教学方法中，教师往往占据主导地位，学生则处于被动接受的状态。这种单向的教学模式不利于激发学生的学习兴趣和积极性。因此，教师应积极转变角色，从知识的传授者转变为学生学习的引导者和促进者。通过采用小组讨论、角色扮演等教学方法，教师可以有效地增加学生的参与度，让学生在互动中主动探索和建构知识。同时，教师还应鼓励学生提出自己的观点和想法，培养学生的批判性思维和创新能力。这种以学生为中心的教学方式有助于激发学生的学习兴趣和动力，提高教学效果。

（二）注重实际应用能力培养

传统的教学方法往往注重语言知识的传授和语法规则的讲解，而忽视对学生实际英语应用能力的培养。然而，英语学习的最终目的是为了能够在实际生活中进行交流和沟通。因此，教师应注重对学生实际英语应用能力的培养。通过设计真实的语言情境和任务，让学生在实践中学习和运用英语，可以有效地提高学生的语言交际能力。此外，教师还应加强对学生听、说、读、写等综合语言技能的训练，培养学生的全面语言素养。这种以实际应用为导向的教学方式有助于提高学生的英语水平和综合素质。

（三）融入文化教育

语言是文化的载体，英语学习不仅仅是语言知识的学习，更是对英语国家文化的了解和认识。在传统的教学方法中，文化教育往往被忽视或仅作为语言知识的附属品。然而，文化教育对于培养学生的跨文化交际能力具有重要意义。因此，教师应注重在英语教学中融入文化教育。通过介绍英语国家的文化、历史、习俗等内容，帮助学生了解英语国家的文化背景和价值观念，提高学生的跨文化意识和交际能力。这种以文化为引领的教学方式有助于培养学生的国际视野和跨文化素养。

（四）采用多元化教学方法

传统的教学方法往往采用单一的教学手段和方式，容易使学生感到枯燥和乏味。为了克服传统教学方法的单一性，教师应积极探索和采用多元化的教学方法。例如，任务型教学可以让学生在完成任务的过程中学习和运用语言；项目式教学可以让学生通过小组合作完成实际项目，提高学生的团队协作能力和解决实际问题的能力；翻转课堂则可以将传统的课堂讲解与课后练习相结合，提高学生的学习效率。这些多元化的教学方法可以激发学生的学习兴趣和积极性，提高教学效果。

第二节　互动式教学方法的实践

随着教育改革的不断深入，高校英语教学也在积极探索新的教学方法，以提高学生的语言应用能力和综合素质。其中，互动式教学方法以其独特的教学理念和实践效果，受到了广泛关注和应用。下面将对互动式教学方法在高校英语课堂的实践进行详细探讨。

一、互动式教学方法的定义与理论基础

（一）定义

互动式教学方法，从字面意义上理解，即在教学过程中实现师生、生生之间的多向互动与交流。这种教学方法不仅仅是一种知识传递的手段，更是一种情感交流、思想碰撞和心灵沟通的过程。它要求教师在传授知识的同时，注重学生的反馈和参与，通过引导学生积极思考、主动表达，达到深化理解、提升能力的目的。

在互动式英语课堂中，学生的角色发生了显著的变化，他们不再是被动接受知识的容器，而是成了主动参与者、积极探索者和知识建构者。教师则转变为引导者、促进者和合作者，通过创设情境、提出问题、组织讨论等方式，激发学生的学习兴趣和探究欲望，引导学生在互动中发现问题、分析问题、解决问题。

（二）理论基础

1.建构主义理论

建构主义理论是互动式教学方法的重要理论基础之一。该理论认为，知识不是通过教师传授得到的，而是学习者在一定的情境下，借助他人的帮助和必要的学习资料，通过意义建构的方式获得的。这意味着学习是一个积极主动的过程，学生需要主动参与、积极探究，才能将新知识纳入自己的认知结构中。

在互动式英语课堂中，教师通过创设真实或模拟的情境，提供丰富的学习资源和多样化的学习方式，激发学生的学习兴趣和探究欲望。学生在教师的引导下，通过小组合作、讨论交流等方式，主动探究问题、建构知识，实现知识的内化和迁移。

2.交际教学理论

交际教学理论强调语言学习的目的是为了交际，语言教学应围绕交际能力的培养进行。这意味着语言学习不仅仅是掌握语言知识和技能，更重要的是学会如何运用语言进行有效的交际。

在互动式英语课堂中，教师注重培养学生的语言交际能力，通过角色扮演、情景对话等真实或模拟的交际活动，让学生在实践中学习和运用英语。这种教学方式不仅可以提高学生的语言水平，还可以培养学生的跨文化交际能力、团队协作能力和自主学习能力。

3.人本主义理论

人本主义理论注重学生的情感、态度和价值观的培养，强调以学生为中心的教学理念。这意味着教学应尊重学生的个性差异，关注学生的情感体验，促进学生的全面发展。

在互动式英语课堂中，教师关注学生的学习需求和情感体验，通过多样化的教学方式和手段，激发学生的学习兴趣和积极性。同时，教师还注重培养学生的自主学习能力和创新精神，引导学生在互动中发现自己的潜力和价值，实现自我超越和发展。

二、互动式教学方法在高校英语课堂的实施

（一）创设情境，激发兴趣

在互动式英语课堂中，创设真实或模拟的情境是激发学生学习兴趣和主动性的重要手段。教师可以通过多种方式创设情境，如利用多媒体技术呈现生动的图片、视频等教学资源，模拟真实的交际场景，或者引导学生通过角色扮演、情景对话等形式参与到情境中。

例如，在教授商务英语时，教师可以创设一个商务谈判的情境，让学生分别扮演中方和外方的代表，通过模拟谈判过程学习和运用商务英语知识。这种教学方式不仅可以激发学生的学习兴趣和积极性，还可以让学生在实践中学习和运用语言，提高语言交际能力。

（二）小组合作，共同探究

小组合作是互动式英语课堂的重要组织形式之一。通过小组合作，学生可以在互相交流、互相学习的过程中共同解决问题、建构知识。这种教学方式不仅可以培养学生的团队协作能力和自主学习能力，还可以促进生生之间的互动和交流。

在小组合作中，教师应根据学生的实际情况和教学内容合理分配小组，明确小组成员的分工和职责。同时，教师还应布置具有探究性和挑战性的任务，引导学生通过小组讨论、合作研究等方式共同解决问题。在小组合作过程中，教师应关注学生的参与情况和合作效果，及时给予指导和帮助。

例如，在教授英语写作时，教师可以布置一个小组写作任务，让学生共同讨论写作主题、构思文章结构、修改润色文章等。通过小组合作，学生可以互相学习写作技巧和表达方式，提高写作水平。同时，小组合作还可以培养学生的团队协作能力和批判性思维能力。

（三）师生互动，引导思考

师生互动是互动式英语课堂的核心环节之一。通过师生互动，教师可以引导学生思考和表达自己的观点，激发学生的学习兴趣和探究欲望。同时，师生互动还可以帮助教师了解学生的学习情况和情感体验，及时给予帮助和支持。

在师生互动中，教师应注重提问的技巧和策略。可以通过提出开放性问题引导学生

深入思考，通过追问和反问鼓励学生表达自己的观点和想法，通过反馈和评价肯定学生的努力和进步。同时，教师还应关注学生的情感体验和学习需求，以平等、民主、和谐的态度与学生进行交流和互动。

例如，在教授英语阅读时，教师可以通过提问引导学生深入理解文章内容和作者观点。可以提出"What is the main idea of this passage?"（这篇文章的主旨是什么？）或者"Do you agree with the author's opinion? Why or why not?"（你同意作者的观点吗？为什么同意或不同意？）等问题。通过师生互动，教师可以引导学生深入思考和理解文章内容，提高学生的阅读能力和批判性思维能力。

（四）多元评价，促进发展

多元评价是互动式英语课堂的重要保障之一。通过多元评价，教师可以全面、客观地评价学生的学习成果和发展情况，为改进教学提供有力依据。同时，多元评价还可以帮助学生认识自己的优点和不足，明确努力方向和发展目标。

在多元评价中，教师应注重评价内容的全面性和评价方式的多样性。可以采用笔试、口试等传统评价方式检测学生的语言知识和技能掌握情况，可以采用学生自评、互评等方式引导学生反思自己的学习过程和表现，可以采用教师评价等方式肯定学生的努力和进步并提出改进建议。同时，教师还应关注学生的个体差异和发展需求，以个性化、差异化的评价方式促进学生的全面发展。

例如，在教授英语口语时，教师可以采用口试的方式检测学生的口语表达能力，可以采用学生互评的方式引导学生互相学习和借鉴，可以采用教师评价的方式肯定学生的口语表达能力并提出改进建议。通过多元评价，教师可以全面了解学生的口语水平和发展情况，为改进教学提供有力依据；同时可以帮助学生认识自己的优点和不足，明确努力方向和发展目标。

三、互动式教学方法的效果评估与反馈

（一）教学效果评估

教学效果评估是互动式英语教学方法中不可或缺的一环，它是对该教学方法有效性的直接检验。评估过程可以通过多种方式进行，包括对比实验、问卷调查、学生访谈等，旨在全面、客观地了解互动式教学方法的实际效果。

在对比实验中，可以选择传统教学方法与互动式教学方法进行比较。通过对比两组学生在相同时间段内的学习成果，可以直观地反映出互动式教学方法在提高学生英语能力方面的优势。此外，对比实验还可以通过设置不同的实验组和对照组进一步探讨互动

式教学方法中不同教学策略和技巧的有效性。

问卷调查是一种广泛收集学生意见和建议的有效方式。通过设计合理的问卷，可以了解学生对互动式教学方法的接受程度、满意度以及他们认为需要改进的地方。问卷调查的结果可以为教师提供有益的反馈，帮助教师调整教学策略和方法，以满足学生的需求。

学生访谈是一种深入了解学生想法和感受的方式。通过与个别学生进行面对面的交流，教师可以获取更直接、更具体的反馈信息。学生访谈可以针对特定的问题进行，例如学生在互动式英语课堂中遇到的困难，他们对课堂氛围的感受等。这些信息有助于教师更全面地了解互动式教学方法的实际效果，以及学生在其中的体验和收获。

评估内容方面，应注重学生的全面发展，包括语言交际能力、自主学习能力、团队协作能力等。语言交际能力是学生英语学习的核心目标之一，通过互动式教学方法的实施，学生的口语表达和听力理解能力应得到显著提高。自主学习能力是培养学生终身学习能力的重要方面，通过互动式教学方法，学生应学会如何主动地获取知识、解决问题。团队协作能力则是培养学生社会适应能力的重要手段，通过小组讨论、角色扮演等互动活动，学生应学会如何与他人合作、共同完成任务。

（二）学生反馈

学生反馈是评估互动式英语课堂教学效果的重要依据。学生作为教学的主体，他们对教学方法的感受和体验直接影响着教学效果的实现。因此，收集学生的意见和建议，了解他们对教学方法、教学内容、课堂氛围等方面的看法和感受，对于改进和优化互动式英语课堂教学具有重要意义。

教师可以通过多种渠道收集学生的反馈信息，例如课堂观察、课后交流、匿名问卷等。课堂观察是教师直接了解学生学习状态和课堂氛围的方式，通过观察学生的表情、动作和参与度，教师可以初步判断教学方法是否得当，教学内容是否适宜。课后交流是教师与学生进行深入沟通的机会，通过与学生面对面地交流，教师可以了解他们对课堂教学的真实感受和需求。匿名问卷则是一种保护学生隐私、鼓励学生真实表达意见的方式，通过设计合理的问卷题目，教师可以收集到更全面、更客观的反馈信息。

在收集到学生的反馈信息后，教师应进行认真的分析和总结。一方面，要关注学生的共性问题，例如大部分学生都认为某个教学环节存在困难或不足，这时教师就需要对该环节进行重点改进和优化。另一方面，也要关注学生的个性化需求，例如有的学生希望增加口语练习的机会，而有的学生则希望加强写作训练，这时教师就可以根据学生的不同需求进行有针对性的教学调整。

（三）教师反思

教师反思是提高互动式英语课堂教学效果的重要途径。教学反思是教师以自己的教学活动为思考对象，对自己在教学过程中的行为、决策以及由此产生的结果进行审视和分析的过程。通过反思，教师可以及时发现自己的不足和问题，从而不断调整和改进教学策略和方法。

在进行教学反思时，教师应重点关注以下几个方面：一是教学目标的达成情况，即是否实现了预设的教学目标；二是教学方法的有效性，即所采用的教学方法是否适宜、是否有助于学生的学习；三是课堂氛围的营造情况，即是否创造了一个积极、和谐的课堂氛围；四是学生的参与度和反馈情况，即学生的参与程度如何，他们有哪些意见和建议。

针对以上几个方面的反思结果，教师应采取相应的改进措施。例如，如果发现教学目标未能达成或教学方法不当导致学生学习效果不佳时，教师应及时调整教学目标和教学方法；如果发现课堂氛围不够积极或学生参与度不高时，教师应努力营造更加活跃、有趣的课堂氛围并提高学生的参与度；如果收到学生的反馈意见或建议，教师应认真对待并及时回应和处理。

同时，教师之间的交流与分享也是提升教学水平的重要方式。不同的教师具有不同的教学经验和教学风格，通过交流和分享可以相互启发、相互学习。这种交流和分享不仅可以在校内进行还可以扩展到校外甚至国际范围。通过参加教育研讨会，观摩优秀教师的教学实践，阅读相关文献等方式，教师可以不断拓宽自己的视野和知识面，提高自己的教学水平和能力。

（四）教学改进

教学改进是互动式英语课堂教学持续优化的关键步骤。根据教学效果评估、学生反馈和教师反思的结果，教师应及时对互动式英语课堂进行改进和优化，以提高课堂的教学效果和学生的学习体验。

首先，针对教学内容方面，教师可以根据学生的实际需求和反馈意见，对教材进行适当的调整和补充。例如，可以增加一些学生感兴趣的话题和实用性强的语料，删减一些过时或冗余的内容。同时，教师还可以结合多媒体和网络资源，丰富教学内容的形式和来源，使课堂教学更加生动、有趣。

其次，在教学方法方面，教师应根据学生的学习特点和需求，灵活运用多种教学方法和手段。例如，可以采用小组讨论、角色扮演、案例分析等互动性强的教学方法，激发学生的学习兴趣和主动性。同时，教师还应注重培养学生的自主学习能力和团队协作能力，通过引导学生参与课堂活动和项目实践，提高学生的综合素质和能力水平。

此外，加强师生互动也是提高互动式英语课堂教学效果的重要手段。教师可以通过提问、讨论、评价等方式与学生进行积极的互动和交流，鼓励学生表达自己的观点和想法。同时，教师还应关注学生的情感需求和心理健康，给予他们及时的关爱和支持，帮助他们建立自信和积极的学习态度。

最后，在教学进度和课堂管理方面，教师应根据学生的实际情况和教学目标的要求，合理安排教学进度和内容。同时，还应制定明确的课堂规则和纪律要求，维护良好的课堂秩序和氛围。通过这些措施的实施，教师可以有效地提高互动式英语课堂的教学效果和学生的学习体验。

四、互动式教学方法的挑战与对策

（一）挑战

虽然互动式英语教学方法在提高学生的语言交际能力、自主学习能力和团队协作能力等方面具有显著优势，但在实际实施过程中也面临着一些挑战和困难。这些挑战主要来自于学生、教师和教学环境等方面。

首先，学生参与度不高是互动式英语教学方法面临的一大挑战。由于学生英语水平、性格特点、学习习惯等方面的差异，一些学生在互动式课堂中表现出被动、消极的态度，不愿意积极参与课堂活动和讨论。这不仅影响了互动式教学方法的效果，还可能导致课堂氛围沉闷、缺乏活力。

其次，课堂秩序混乱也是互动式英语教学方法实施过程中常见的问题。由于互动式课堂注重学生的自由发挥和讨论，一些学生可能会趁机聊天、做小动作或离开座位等，导致课堂秩序混乱，教学进度受阻。这不仅影响了教师的教学效果，还可能对其他学生的学习造成干扰。

此外，教学进度难以控制也是互动式英语教学方法面临的挑战之一。由于互动式课堂注重学生的参与和互动，而每个学生的反应速度和学习能力又不同，这可能导致教学进度无法按照预设的计划进行。教师需要花费更多的时间和精力去组织和管理课堂活动，以确保教学任务的顺利完成。

（二）对策

针对上述挑战，教师可以采取以下对策以提高互动式英语课堂的教学效果和学生的学习体验。

首先，加强学生的参与意识和责任感教育。教师可以通过明确课堂目标、制定小组任务、设立奖励机制等方式，激发学生的参与热情和积极性。同时，教师还应注重培养学生的责任感和团队精神，使他们意识到参与课堂活动的重要性和必要性。

其次，制定明确的课堂规则和纪律要求。教师可以与学生共同制定课堂规则，明确每个学生的责任和义务，维护良好的课堂秩序。同时，教师还应加强对课堂纪律的监督和管理，及时发现并纠正学生的不良行为。

再次，合理安排教学进度和内容。教师应根据学生的实际情况和教学目标的要求，制定合理的教学计划和进度安排。在教学过程中，教师应灵活调整教学进度和内容，以适应学生的学习需求和节奏。同时，教师还应注重课堂活动的有效性和趣味性，激发学生的学习兴趣和动力。

最后，建立良好的师生关系和沟通机制也是解决上述挑战的关键。教师应尊重学生的个性差异和情感需求，关注学生的成长和进步。通过积极的沟通和交流，教师可以更好地了解学生的需求和困难，从而提供更有针对性的帮助和支持。

（三）持续探索与创新

面对不断变化的教育环境和学生需求，持续探索与创新是互动式英语教学方法保持活力和竞争力的关键。教师可以通过多种途径进行持续探索与创新，以适应新的教学要求和挑战。

首先，参加教育研讨会和学术会议是获取最新教育理念和教学方法的重要途径。在这些会议上，教师可以与同行专家进行深入的交流和讨论，了解最新的研究成果和实践经验。通过借鉴他人的成功经验和教学方法，教师可以不断拓展自己的教学视野和思路。

其次，阅读相关文献也是教师进行持续探索与创新的重要方式。通过阅读国内外优秀的教育研究著作和教学案例，教师可以了解不同教学理念和方法的应用效果及优缺点。这有助于教师在实践中形成自己的教学风格和特色。

此外，观摩优秀教师的教学实践也是提高教师教学水平的有效途径。通过观摩其他教师的课堂教学，教师可以直观地了解他们的教学技巧、课堂管理方法和师生互动方式。这有助于教师在自己的教学中吸收和借鉴他人的优点和长处。

最后，鼓励学生提出意见和建议也是推动教学方法改进和创新的重要方式。学生作为教学的主体，他们对教学方法的感受和体验直接影响着教学效果的实现。因此，教师应鼓励学生积极表达自己的观点和想法，共同推动教学方法的改进和创新。

第三节 任务型教学法的应用

一、任务型教学法的起源与核心理念

（一）起源

任务型教学法，作为现代语言教学的重要方法之一，起源于 20 世纪 80 年代。当时，传统的语言教学方法受到了广泛的质疑和挑战。传统的教学方法往往以教师为中心，注重语言知识的单向传授和语法规则的机械练习，学生则处于被动接受的状态。这种教学方法虽然能够在一定程度上提高学生的语言知识水平，但却无法有效地培养学生的语言运用能力和交际能力。

为了解决传统语言教学中存在的问题，任务型教学法应运而生。任务型教学法强调以学生为中心，以任务为驱动，通过真实、有意义的任务来引导学生学习语言。这种教学方法注重学生的语言实践和运用，让学生在完成任务的过程中自然地接触、理解、运用目标语言，从而达到掌握语言的目的。

（二）核心理念

任务型教学法的核心理念主要包括以下几个方面。

首先，以学生为中心。任务型教学法认为学生是学习的主体，教师应该根据学生的需求和兴趣来设计教学任务。这种以学生为中心的教学理念有助于激发学生的学习兴趣和积极性，提高学生的学习效果。

其次，注重真实性和意义性。任务型教学法强调语言学习应该在真实的语境中进行，任务应该具有实际意义。这种真实性和意义性能够使学生更加深入地理解和掌握目标语言，提高学生的语言运用能力和交际能力。

最后，强调语言的运用和交际能力的培养。任务型教学法认为语言学习的最终目的是为了能够运用语言进行交际。因此，在教学过程中，教师应该注重培养学生的语言运用能力和交际能力，让学生在真实的语境中运用目标语言进行交际，从而达到掌握语言的目的。

二、任务型教学法在高校英语教学中的具体运用

（一）任务设计

在任务型教学法中，任务的设计是非常关键的一环。教师应该根据学生的实际水平

和需求，结合教学内容和目标，设计具有真实性和意义性的任务。任务应该具有明确的目标和步骤，能够引导学生运用目标语言进行交际。

具体来说，任务设计应该遵循以下几个原则。

真实性原则。任务应该具有实际意义，能够激发学生的学习兴趣和动力。例如，教师可以设计一些与学生生活密切相关的任务，如旅游计划、产品介绍等。

适应性原则。任务应该适应学生的实际水平和需求。教师应该根据学生的语言水平和认知能力来设计任务，确保任务既不会过于简单也不会过于困难。

连贯性原则。任务之间应该具有连贯性和逻辑性。教师应该根据教学内容和目标来设计一系列相关联的任务，帮助学生逐步掌握目标语言。

可操作性原则。任务应该具有明确的操作步骤和评价标准。教师应该为学生提供清晰的指导语和示范，确保学生能够明确任务要求和操作步骤。

（二）任务实施

在任务实施阶段，教师应该充分发挥学生的主体作用，引导学生通过小组合作、讨论、调查等方式完成任务。教师应该给予学生充分的支持和指导，鼓励学生积极参与任务，大胆表达自己的观点和想法。

具体来说，任务实施应该注意以下几个方面。

小组合作。教师可以将学生分成小组，让小组成员共同完成任务。小组合作有助于培养学生的团队协作能力和沟通能力，提高任务完成效率。

教师指导。教师应该为学生提供必要的指导和支持。例如，教师可以为学生提供相关的背景知识和语言材料，帮助学生更好地理解任务要求和目标语言；同时，教师还可以在学生遇到困难时给予及时的帮助和指导。

学生参与。教师应该鼓励学生积极参与任务，大胆表达自己的观点和想法。同时，教师还应该注意观察学生的表现，及时给予反馈和建议，帮助学生更好地完成任务。

（三）任务评估

任务评估是任务型教学法中的重要环节。教师应该根据学生的表现和任务完成情况，对学生的学习成果进行评估。评估应该注重过程而非结果，关注学生的进步和发展。

具体来说，任务评估可以采用以下几种方式。

观察记录。教师可以通过观察学生的表现来评估学生的学习成果。例如，教师可以记录学生在任务实施过程中的参与情况、交流情况、任务完成情况等。

学生自评。教师可以引导学生对自己的表现进行自我评价。学生自评有助于培养学生的自主学习能力和自我反思能力。

小组互评。教师可以让小组成员之间互相评价彼此的表现。小组互评有助于培养学生的批判性思维和客观评价能力。

教师评价。教师可以根据学生的表现和任务完成情况给予评价。教师评价应该注重鼓励和指导，帮助学生认识自己的不足并提出改进建议。

（四）任务反思

任务反思是任务型教学法中的最后一步。在任务完成后，教师应该引导学生对任务进行反思和总结，帮助学生梳理所学知识，总结经验教训。

具体来说，任务反思可以包括以下几个方面。

知识梳理。教师可以引导学生回顾所学知识，帮助学生梳理语言点和语法规则等。

经验总结。教师可以引导学生总结任务完成过程中的经验教训，分析成功和失败的原因，并提出改进建议。

反馈意见。教师可以鼓励学生提出自己的意见和建议，为今后的教学任务设计和实施提供参考和借鉴。同时，教师还应该认真听取学生的反馈意见，及时调整教学策略和方法，以满足学生的需求和期望。

三、任务型教学法对学生英语能力的提升

（一）提高语言运用能力

任务型教学法是一种以学生为中心的教学方法，它强调学生在完成真实、有意义的任务过程中学习和运用语言。这种教学方法能够有效地提高学生的语言运用能力，因为它让学生在实践中接触和使用目标语言，从而加深对语言的理解和掌握。

在任务型教学法中，教师设计各种具有真实性和意义性的任务，如角色扮演、调查报告、小组讨论等。这些任务不仅要求学生运用所学的语言知识和技能去完成，还要求学生在完成任务的过程中进行交际、合作、解决问题等。通过完成任务，学生能够接触到大量的目标语言，不断练习和提高自己的听、说、读、写等各项语言技能。

同时，任务型教学法还注重培养学生的交际能力。在完成任务的过程中，学生需要与他人进行交流、协商和合作，这不仅能够提高学生的口语表达能力，还能够培养学生的跨文化交际能力和社会交往能力。这些能力对于学生未来的职业发展和社会生活都具有重要的意义。

（二）激发学习兴趣和积极性

任务型教学法中的任务往往具有趣味性和挑战性，能够激发学生的学习兴趣和积极性。与传统的教学方法相比，任务型教学法更加注重学生的主体性和参与性，让学生在

完成任务的过程中体验到学习的乐趣和成就感。

例如，在教授英语口语时，教师可以设计一个角色扮演的任务，让学生分别扮演不同的角色进行对话。这种任务不仅能够激发学生的学习兴趣，还能够让学生在对话中练习和提高自己的口语表达能力。同时，通过完成任务并获得教师的认可和赞扬，学生还能够获得自信心和成就感，从而更加热爱英语学习。

此外，任务型教学法还鼓励学生在课外进行自主学习和探究。教师可以布置一些开放性的任务，让学生在课外自主搜集资料、分析问题、解决问题。这种学习方式不仅能够培养学生的自主学习能力和探究精神，还能够让学生更加深入地了解目标语言和文化。

（三）培养自主学习能力和合作精神

在完成任务的过程中，学生需要自主搜集资料、分析问题、解决问题，从而培养了自己的自主学习能力。这种能力对于学生未来的学习和工作都具有重要的意义。因为在未来的学习和工作中，学生需要不断地更新自己的知识和技能，而自主学习能力就是实现这一目标的关键。

同时，任务型教学法还强调小组合作和讨论，使学生在合作中学会互相学习、互相帮助。在小组合作中，每个学生都有自己的分工和职责，需要与其他成员进行交流和协作。通过合作，学生能够互相借鉴和学习彼此的优点和经验，从而提高自己的学习效率和质量。同时，合作还能够培养学生的团队精神和协作能力，这些能力对于学生未来的职业发展和社会生活都具有重要的意义。

四、任务型教学法的局限性与改进方向

（一）局限性

首先，对教师素质要求较高是任务型教学法的一个显著局限性。这种教学方法需要教师具备较高的教学水平和组织能力，能够设计出具有真实性和意义性的任务，并有效地组织和引导学生完成任务。然而，在现实中，并不是所有的教师都具备这些素质和能力。一些教师可能由于缺乏经验或者培训不足而无法有效地实施任务型教学法，从而影响了教学效果和学生的学习体验。

其次，学生参与度不均衡也是任务型教学法的一个问题。在完成任务的过程中，一些积极的学生会积极参与任务，而一些消极的学生则可能袖手旁观。这种参与度的不均衡不仅会影响任务的完成质量和效率，还会影响学生的学习效果和发展。因此，如何调动所有学生的积极性并让他们充分参与到任务中是任务型教学法需要解决的一个重要问题。

最后，难以覆盖所有语言点也是任务型教学法的一个局限性。由于任务型教学法注重真实性和意义性，因此难以覆盖所有的语言点。一些重要的语言点可能无法在任务中得到充分的练习和巩固，从而影响了学生的语言掌握和运用能力。因此，如何在任务型教学法中有效地覆盖所有的语言点并提高学生的语言掌握和运用能力是一个需要解决的问题。

（二）改进方向

针对以上局限性，以下提出几点改进方向。

首先，加强教师培训是提高任务型教学法实施效果的关键。教育部门和学校应该加强对教师的培训和支持，帮助他们掌握任务型教学法的理念和方法，提高他们的教学水平和组织能力。可以通过组织定期的研讨会、工作坊等方式来实现这一目标。同时，还可以鼓励教师之间进行交流和合作，分享彼此的经验和教学资源，从而促进彼此的成长和发展。

其次，关注学生参与度是解决学生参与度不均衡问题的关键。教师应该关注每个学生的表现和需求，鼓励所有学生积极参与任务。可以通过设计多样化的任务、采用小组合作、角色扮演等方式来增加学生的互动和合作机会，从而提高学生的参与度。同时，教师还应该及时给予反馈和评价，肯定学生的努力和进步，激发他们的学习动力和自信心。

最后，结合其他教学方法是解决难以覆盖所有语言点问题的有效途径。教师可以将任务型教学法与其他教学方法相结合，如讲解法、练习法等。可以在完成任务后对任务中涉及的重要语言点进行总结和归纳，或者在设计任务时有意识地融入一些需要练习的语言点。通过这种方法，可以弥补任务型教学法在覆盖语言点方面的不足，提高学生的语言掌握和运用能力。同时，还可以根据教学内容和学生的实际情况灵活选择教学方法，实现教学方法的多样化和个性化。

第四节 混合式教学法的探索

一、混合式教学法的背景与定义

（一）背景介绍

混合式教学法起源于 21 世纪初，随着信息技术的迅猛发展，特别是网络技术的普及和教育信息化的推进，教育领域开始迎来一场深刻的变革。过去传统的教学模式，往往受限于时间和地点，难以满足学生日益增长的个性化、多样化学习需求。在这一背景下，越来越多的教育者开始尝试将在线学习与传统教学相结合，探索一种更为高效、灵活的教学模式。混合式教学法正是这一探索的产物，它旨在打破时间和空间的限制，为学生提供更加灵活、个性化的学习体验。

混合式教学法的发展，不仅反映了教育信息化的趋势，也体现了教育理念的更新。传统的教学模式往往以教师为中心，注重知识的灌输，而混合式教学法则更加强调以学生为中心，注重学生的自主学习和全面发展。这种转变不仅有利于提高学生的学习效果，也有利于培养学生的创新能力和终身学习的意识。

在高校英语教学领域，混合式教学法的应用也逐渐成为一种趋势。英语作为一门国际性语言，其教学一直受到广泛关注。然而，传统的英语教学模式往往注重语法和词汇的讲解，而忽视了学生的实际应用能力和跨文化交际能力的培养。混合式教学法的引入，为高校英语教学带来了新的活力和可能性。它不仅可以提高学生的英语应用能力，还可以培养学生的自主学习能力和跨文化交际能力，从而更好地满足社会对人才的需求。

（二）定义阐述

混合式教学是一种将在线学习和传统教学的优势结合起来的教学模式。它通过整合线上和线下的教学资源，采用多种教学方法和手段，以达到提高教学效果、促进学生全面发展的目的。混合式教学法不是简单地在线学习和传统教学的叠加，而是一种深度融合和创新。它旨在发挥在线学习和传统教学各自的优势，同时克服它们的不足，从而形成一种更为高效、灵活的教学模式。

在高校英语教学中，混合式教学通常包括在线学习、面授教学、小组讨论、项目实践等多种形式。在线学习环节可以为学生提供丰富的学习资源和自主学习的机会，面授教学环节则可以深化学生的理解和应用，培养学生的实际应用能力。小组讨论和项目实践环节则可以培养学生的团队协作和沟通能力，提高学生的综合素质。

二、混合式教学法在高校英语教学中的实施模式

（一）线上线下相结合的授课模式

在混合式教学法中，教师通常采用线上线下相结合的授课模式。这种模式将在线学习和传统教学的优势结合起来，形成了一种互补的关系。

线上环节主要包括预习、自主学习、在线测试等。预习阶段，教师会提前发布学习资料和学习任务，引导学生对即将学习的内容进行预习和思考。自主学习阶段，学生可

以利用网络平台和多媒体资源进行自主学习,掌握基础知识和相关技能。在线测试阶段,教师可以通过在线测试系统对学生的学习情况进行检测和评估,及时了解学生的学习进度和掌握情况。

线下环节则主要包括面授教学、小组讨论、项目实践等。面授教学阶段,教师会对重难点进行讲解和演示,引导学生深入理解和掌握相关知识。小组讨论阶段,学生可以根据教师布置的任务进行分组讨论和交流,发表自己的观点和想法。项目实践阶段,教师可以引导学生将所学知识应用于实际项目中,培养学生的实践能力和创新能力。

这种线上线下相结合的授课模式不仅可以提高学生的学习效果和学习兴趣,还可以培养学生的自主学习能力和团队协作精神。同时,它也可以为教师提供更多的教学资源和教学手段,提高教师的教学效果和教学质量。

(二)多样化的教学资源与手段

混合式教学注重教学资源的多样性和教学手段的灵活性。在教学资源方面,教师会利用多媒体课件、网络资源、教学平台等工具,为学生提供丰富的学习材料和实践机会。这些教学资源不仅可以激发学生的学习兴趣和积极性,还可以为学生提供更加真实、生动的学习环境。

在教学手段方面,教师会根据教学内容和学生的需求,采用讲解、演示、讨论、案例分析等教学方法。讲解和演示可以帮助学生理解和掌握基础知识;讨论和案例分析则可以引导学生深入思考和解决实际问题。这些教学手段的灵活运用不仅可以提高教学效果,还可以培养学生的批判性思维和创新能力。

此外,混合式教学还注重信息技术的运用。教师可以利用信息技术手段对学生的学习情况进行跟踪和评估,及时了解学生的学习需求和问题。同时,信息技术还可以为教学提供更加便捷、高效的管理和服务,提高教学效率和教学质量。

(三)以学生为中心的个性化教学

混合式教学强调以学生为中心的教学理念,注重学生的个性化需求和发展。在教学过程中,教师会尊重学生的主体地位和个性差异,关注学生的学习兴趣和学习需求。

为了更好地满足学生的个性化需求,教师会通过在线测试和评估了解学生的学习情况和需求。然后根据学生的实际情况制定个性化的教学计划和辅导方案。这些教学计划和方案会针对学生的薄弱环节进行有针对性的辅导和训练,帮助学生更好地掌握相关知识和技能。

同时,教师还会鼓励学生积极参与教学过程,发表自己的观点和想法。这种参与式的教学方式不仅可以激发学生的学习兴趣和积极性,还可以培养学生的自主学习能力和批判性思维。通过参与教学过程，学生可以更加深入地理解和掌握相关知识，提高自己的学习效果和综合素质。

（四）持续的教学反馈与调整

混合式教学注重教学反馈和调整。在教学过程中，教师会通过多种渠道收集学生的反馈意见，及时了解教学效果和存在的问题。这些反馈意见可以来自于学生的课堂表现、作业完成情况、在线测试结果等方面。

根据反馈结果，教师会对教学内容、教学方法和教学手段进行调整和优化。例如，如果发现学生对某个知识点掌握不牢固，教师可以增加相关的教学内容和练习；如果发现学生对某种教学方法不感兴趣，教师可以尝试采用其他的教学方法；如果发现某种教学手段效果不佳，教师可以及时进行调整和改进。

这种持续的教学反馈与调整不仅可以提高教学效果和满足学生的需求，还可以促进教师的教学反思和专业成长。通过不断地反思和调整，教师可以更加深入地了解学生的学习情况和需求，提高自己的教学水平和教学质量。同时，它也可以促进教育信息化的深入发展和教育教学的持续改进。

三、混合式教学法的优势与挑战

（一）优势分析

1. 提高教学效果

混合式教学将线上和线下的教学资源相整合，充分利用两种教学模式的优势，从而有助于提高教学效果。在线教学部分，学生可以根据自己的时间和进度进行学习，实现个性化学习；而线下教学部分，教师可以针对学生的疑难点进行深入讲解，引导学生进行深入思考。这种教学模式既可以发挥教师的教学主导作用，又可以体现学生的学习主体地位，激发学生的学习兴趣和积极性，进而提高教学效果。此外，混合式教学还可以采用多种教学方法和手段，如案例分析、小组讨论、角色扮演等，使教学更加生动、有趣。这些教学方法和手段可以帮助学生更好地理解和掌握知识，提高学生的学习效率和学习成绩。

2. 促进学生全面发展

混合式教学注重学生的个性化需求和发展，通过多样化的教学手段和实践活动，有助于培养学生的批判性思维、创新能力、团队协作和沟通能力等非技术性能力。这些能力在当今社会和经济背景下尤为重要，因为它们是学生未来职业发展和个人成长的关键因素。在混合式教学中，学生需要参与各种线上和线下的活动，如在线讨论、小组协作、课堂展示等。这些活动不仅可以帮助学生巩固和拓展知识，还可以锻炼学生的各种能力。例如，在线讨论可以培养学生的批判性思维和沟通能力，小组协作可以培养学生的团队协作和领导能力，课堂展示可以培养学生的自信心和表达能力。

3.增强学生学习自主性

混合式教学强调学生的自主学习和自我管理。在这种教学模式下，学生需要制定自己的学习计划，管理自己的学习时间和进度，选择适合自己的学习方法和资源等。这种自主学习和自我管理的方式有助于培养学生的自主学习能力和终身学习能力。同时，混合式教学还为学生提供了丰富的学习资源和便捷的学习途径。学生可以通过在线课程、教学视频、电子图书等渠道获取大量的学习资源，同时，他们还可以利用在线学习平台进行学习交流、作业提交、自我测试等活动，使学习更加便捷、高效。

（二）挑战探讨

1.技术支持问题

混合式教学需要依赖网络技术和教学平台等信息技术支持。如果技术支持不到位或出现故障，可能会影响教学效果和学生的学习体验。例如，网络不稳定可能导致在线教学视频卡顿、延迟等问题，教学平台功能不完善可能导致学生无法顺利完成在线学习、作业提交等活动。为了解决这些问题，学校和教师需要加强技术支持和保障工作。首先，学校需要投入足够的资金和技术力量来建设和维护网络和教学平台；其次，教师需要掌握一定的信息技术知识和技能，以便在遇到技术问题时能够及时解决；最后，学校还需要定期对学生和教师进行信息技术培训，提高他们的信息技术应用能力和素养。

2.教师素质要求

混合式教学需要教师具备较高的信息技术应用能力和教学设计能力。如果教师缺乏相关技能和经验，可能会影响混合式教学的实施效果。例如，一些教师可能不熟悉在线教学平台的使用和维护，一些教师可能不擅长设计和组织线上和线下的教学活动，还有一些教师可能无法有效地整合和利用线上和线下的教学资源。为了提高教师的素质和能力，学校和教育部门需要加强教师培训和支持工作。首先，学校可以组织定期的信息技术培训和教学设计培训，帮助教师掌握相关的知识和技能；其次，教育部门可以制定相关的政策和标准，引导和规范混合式教学的实施；最后，学校还可以鼓励教师之间进行交流和合作，分享彼此的经验和教学资源，从而促进彼此的成长和发展。

3.学生参与度问题

混合式教学需要学生具备一定的自主学习和协作能力。如果学生的参与度不高或缺乏积极性，可能会影响教学效果和学生的学习成果。例如，一些学生可能无法适应自主学习和自我管理的方式，一些学生可能不愿意参与在线讨论和小组协作等活动，还有一些学生可能会因为缺乏面对面的交流和互动而感到孤独和失落。为了提高学生的参与度和积极性，教师需要采取多种措施。首先，教师可以设计有趣、有挑战性的学习任务和活动，激发学生的学习兴趣和动力；其次，教师可以采用多样化的教学方法和手段，如案例分析、角色扮演等，使教学更加生动、有趣；最后，教师还可以利用在线学习平台的互动功能，加强与学生的交流和互动，及时了解学生的学习情况和需求，并给予及时的反馈和指导。

4.教学资源投入

混合式教学需要投入大量的教学资源和时间来设计和实施教学活动。如果教学资源投入不足或分配不合理，可能会影响教学效果和教学质量。例如，一些学校可能缺乏足够的资金和技术力量来建设和维护网络和教学平台，一些教师可能因为没有足够的时间和精力来设计和准备混合式教学课程和活动。为了保障混合式教学的顺利实施和高质量的教学效果，学校和教育部门需要加大教学资源投入和支持力度。首先，学校需要投入足够的资金和技术力量来建设和维护网络和教学平台；其次，教育部门可以制定相关的政策和标准，规范和引导混合式教学的实施；最后，学校还可以鼓励教师之间进行合作和共享教学资源，从而提高教学资源的利用效率和质量。

四、混合式教学法未来的发展趋势与前景

（一）技术融合与创新

随着信息技术的不断发展和创新，未来的混合式教学将会更加注重技术融合和创新应用。例如，人工智能、大数据、云计算等新技术将会被广泛应用于混合式教学中，为教学提供更加智能化、个性化的支持和服务。人工智能可以帮助教师分析学生的学习情况和需求，提供个性化的学习建议和反馈；大数据可以帮助教师分析大量的学习数据和教学资源，优化教学设计和实施过程；云计算可以为混合式教学提供稳定、高效的网络和教学平台支持。这些新技术的应用将会使混合式教学更加智能、便捷、高效。

（二）以学生为中心与个性化

未来的混合式教学将会更具以学生为中心的特性和个性化色彩。随着教育理念的不断更新和发展，人们越来越认识到学生在教学过程中的主体地位和作用。因此，未来的混合式教学将会更加注重学生的需求和发展，通过多样化的教学手段和实践活动来满足学生的个性化需求和发展。在这种趋势下，教师将会更加注重学生的反馈和需求，及时调整教学内容和方法；学生也将会更加积极地参与教学过程和发表自己的观点和想法。

这种互动和合作的教学模式将会使教学更加民主、开放、多元。

（三）国际化与跨文化

随着全球化进程的加速和教育国际化的趋势日益明显，未来的混合式教学将会更加注重国际化和跨文化交流。在这种背景下，教师将会通过引入国际化的教学内容和跨文化的交流活动来培养学生的国际视野和跨文化交际能力。例如，教师可以利用在线学习平台引入国际优质课程和资源，让学生接触和了解不同国家和地区的文化和知识；同时，教师还可以组织跨文化的交流和合作活动，让学生与来自不同国家和地区的学生进行互动和交流。这种国际化的教学模式将会使学生更加开放、包容、自信。

（四）质量与效果的提升

随着混合式教学的不断发展和完善，其教学质量和效果也将会得到不断提升。教师将会更加注重教学设计与实施的质量和效果评估，通过持续的教学反馈和调整来优化教学过程和提高教学效果。同时，学生也将会获得更加优质、高效的学习体验和成果。在这种趋势下，混合式教学将会成为一种主流的教学模式，被广泛应用于各个学科和领域。同时，随着教学效果和质量的不断提升，混合式教学的社会认可度和影响力也将会不断提高。这将为混合式教学的持续发展和推广奠定坚实的基础。

第六章　高校英语教学手段多元化

随着科技的飞速发展和教育信息化的推进，高校英语教学手段也日益呈现出多元化的趋势。多媒体教学技术作为其中的重要一环，以其直观、生动、交互性强的特点，在高校英语教学中发挥着越来越重要的作用。

第一节　多媒体教学技术的应用

一、多媒体技术在高校英语教学中的优势

（一）创设真实语境，提高学习兴趣

多媒体技术能够集文字、图像、声音、动画等信息于一体，为学生创设出更加真实、生动的语言学习环境。这种环境能够有效地激发学生的学习兴趣，使他们更加积极地参与到英语学习中。例如，通过多媒体展示与课文内容相关的图片、视频等，可以帮助学生更加直观地理解课文内容，同时提高他们的学习兴趣和积极性。

（二）丰富教学资源，拓展学习视野

多媒体技术可以打破时间和空间的限制，为学生提供更加丰富多样的教学资源。学生可以通过多媒体网络接触到各种地道的英语表达、文化背景知识等，从而拓展自己的学习视野，提高跨文化交际能力。此外，多媒体技术还可以为学生提供更多的自主学习机会，使他们能够根据自己的兴趣和需求进行选择性学习。

（三）强化交互功能，提升学习效果

多媒体技术具有强大的交互功能，可以为学生提供更加多样化的学习方式和手段。例如，通过多媒体课件进行互动式学习，利用在线测试系统进行自我检测等。这些交互式的学习方式不仅可以提高学生的学习效果，还可以培养学生的自主学习能力和问题解决能力。同时，教师也可以通过多媒体技术及时了解学生的学习情况和需求，从而进行更加有针对性的教学。

二、多媒体教学资源的选择与整合

（一）选择适合的教学资源

在选择多媒体教学资源时，教师应根据学生的实际水平和需求，选择适合的教学资源。例如，对于低年级的学生，可以选择一些图文并茂、生动有趣的多媒体教学资源，以激发他们的学习兴趣；对于高年级的学生，则可以选择一些更加深入、专业的多媒体教学资源，以满足他们的学习需求。

（二）整合多种教学资源

多媒体教学资源种类繁多，教师在使用时应注意对各种教学资源进行整合和优化。例如，可以将文字、图片、音频、视频等教学资源进行有机结合，形成一个完整、系统的教学方案。同时，教师还应注意对各种教学资源进行合理的安排和布局，使其能够更好地服务于教学目标和教学内容。

（三）注重教学资源的更新与维护

多媒体教学资源具有时效性和动态性的特点，因此教师在使用过程中应注重对其进行及时的更新和维护。例如，可以定期更新多媒体课件中的内容、增加新的教学案例等，以保持其时效性和新鲜感。同时，教师还应注意对多媒体教学设施进行定期的维护和保养，以确保其正常运行和使用流畅。

三、多媒体教学环境下的师生互动与教学策略

（一）利用多媒体技术加强师生互动

在多媒体教学环境下，教师应充分利用多媒体技术的交互功能，加强与学生之间的互动和交流。例如，可以通过多媒体课件进行互动式问答，利用在线测试系统进行实时反馈等。这些互动方式不仅可以提高学生的学习积极性，还可以帮助教师及时了解学生的学习情况和需求，从而开展更加有针对性的教学。

（二）采用多样化的教学策略

在多媒体教学环境下，教师应根据教学内容和学生的特点，采用多样化的教学策略。例如，可以采用任务型教学法、合作学习法、情境教学法等教学方法，以激发学生的学习兴趣和积极性。同时，教师还应注意对教学策略进行灵活调整和优化，以适应不同学生的学习需求和特点。

（三）注重培养学生的自主学习能力

在多媒体教学环境下，学生面临着更加多样化的学习资源和手段，因此教师应注重培养学生的自主学习能力。例如，可以引导学生利用多媒体课件进行自主学习，鼓励学

生在网络上寻找相关的学习资源等。通过这些方式，不仅可以提高学生的学习效果，还可以培养学生的终身学习能力和自主发展能力。

（四）关注多媒体技术的合理应用

虽然多媒体技术为高校英语教学带来了诸多便利和优势，但教师在使用过程中也应注意其合理应用。例如，应避免过度依赖多媒体技术而忽视传统教学手段的作用，注意控制多媒体课件的使用时间和频率等。同时，教师还应对多媒体技术进行持续的学习和研究，以更好地发挥其在教学中的作用。

第二节　在线教学平台的利用

一、在线教学平台的类型与特点

（一）类型

1.大型开放式网络课程

大型开放式网络课程是近年来迅速兴起的一种新型在线教育模式。它通过互联网平台，将全球优质教育资源进行共享，打破了传统教育的地域和时间限制，为广大学生提供了更为广阔和便捷的学习机会。在英语教学中，大型开放式网络课程的应用尤为广泛，许多世界知名高校和教育机构都纷纷开设了英语大型开放式网络课程。

这些英语大型开放式网络课程课程涵盖了从基础语法到高级写作、口语表达等各个方面，为学生提供了系统、全面的英语学习资源。同时，大型开放式网络课程课程通常采用多媒体教学方式，结合视频、音频、文字等形式，使学习内容更为生动有趣，有效激发了学生的学习兴趣和积极性。

此外，大型开放式网络课程还具有高度的灵活性和自主性。学生可以根据自己的时间安排和学习进度，随时随地进行学习，不受时间和地点的限制。同时，大型开放式网络课程还为学生提供了丰富的互动机会，如在线讨论、小组作业等，使学生在学习过程中能够与他人进行交流和合作，提高学习效果。

2.实时互动教学平台

实时互动教学平台是一种提供在线实时视频教学和互动功能的在线教育工具。通过这类平台，教师和学生可以在不同地点通过网络进行实时交流和互动，模拟真实的课堂教学环境。在英语教学中，实时互动教学平台的应用为学生提供了更为真实、生动的语言学习环境。

实时互动教学平台通常采用先进的视频编解码技术和网络传输技术,保证视频教学的流畅性和清晰度。同时,这类平台还提供了丰富的互动功能,如在线提问、实时回答、小组讨论等,使学生能够在学习过程中与教师和其他学生进行实时互动,提高学习的参与度和效果。

此外,实时互动教学平台还具有高度的灵活性和可扩展性。教师可以根据教学需求和学生特点,灵活设置教学内容和互动环节,使教学更具个性化和针对性的特点。同时,这类平台还支持多种教学模式和教学场景,如一对一辅导、小组讨论、在线演讲等,为英语教学提供了更为广阔的应用空间。

3.英语自主学习平台

英语自主学习平台是一种提供大量英语学习资源,供学生进行自主学习的在线教育平台。这类平台通常包含丰富的听力材料、阅读材料、练习题等,学生可以根据自己的需求和兴趣进行自主学习。常见的英语自主学习平台有多邻国(Duolingo)、如师通(Rosetta Stone)等。

英语自主学习平台为学生提供了个性化的学习路径和资源。学生可以根据自己的学习进度和能力,选择合适的学习内容和难度,进行有针对性的学习。同时,这类平台还采用了先进的学习算法和数据分析技术,对学生的学习情况进行实时监控和评估,为学生提供个性化的学习建议和反馈。

此外,英语自主学习平台还具有高度的自主性和灵活性。学生可以在任何时间、任何地点进行学习,不受时间和地点的限制。同时,这类平台还支持多种学习方式,兼容手机、平板、电脑等设备,使学生可以随时随地进行学习,提高学习的便捷性和效率。

(二)特点

1.跨时空性

在线教学平台具有跨时空性的特点。传统的课堂教学需要学生和教师在同一时间、同一地点进行,而在线教学平台则打破了这种限制。学生可以在任何时间、任何地点通过互联网接入平台进行学习,不受时间和地点的限制。这种跨时空性的特点使得在线教学平台能够满足不同学生的学习需求和节奏,提高了学习的灵活性和便利性。

2.资源丰富性

在线教学平台具有资源丰富性的特点。这类平台通常整合了大量的优质教育资源,包括课程视频、教学课件、习题库等。这些资源涵盖了各个学科领域和知识点,能够满足不同学生的学习需求和兴趣。同时,在线教学平台还支持多种媒体形式的教学资源,如视频、音频、图片等,使学习内容更为生动有趣。

3.交互性

在线教学平台具有交互性的特点。传统的课堂教学往往以教师为中心,学生处于被动接受的状态。而在线教学平台则提供了丰富的互动功能,如在线讨论、实时问答、小组协作等。这些功能使得学生能够在学习过程中与教师和其他学生进行交流和互动,提高了学习的参与度和效果。

4.个性化学习

在线教学平台具有个性化学习的特点。这类平台通常采用了先进的学习算法和数据分析技术,对学生的学习情况进行实时监控和评估。根据学生的学习进度和能力,平台能够为学生提供个性化的学习路径和资源推荐,帮助学生实现个性化学习。这种个性化学习的特点使得在线教学平台能够满足不同学生的学习需求和特点,提高了学习的针对性和效果。

二、在线教学平台在高校英语教学中的应用模式

(一)翻转课堂模式

翻转课堂模式是一种将传统课堂教学与在线教学相结合的教学模式。在这种模式下,教师事先将教学视频、课件等学习资源上传到在线教学平台,供学生在课前自主学习。这种课前自主学习的方式有效地利用了学生的课余时间,提高了学习效率。

在课堂上,教师则主要组织学生进行讨论、答疑等互动活动。由于学生在课前已经对学习内容有了一定的了解和掌握,因此课堂上的互动活动可以更加深入和有针对性。教师可以根据学生的自主学习情况,设计具有挑战性和探究性的讨论话题和问题,引导学生进行深入的思考和交流。同时,教师还可以利用课堂时间对学生进行个性化的辅导和指导,帮助学生解决在自主学习过程中遇到的问题和困难。

翻转课堂模式的应用有效地提高了学生的自主学习能力和课堂参与度。通过课前自主学习和课堂互动活动的结合,学生可以更加深入地理解和掌握学习内容,提高学习效果。同时,这种教学模式还培养了学生的自主学习习惯和能力,为其未来的学习和发展打下了坚实的基础。

(二)混合式教学模式

混合式教学模式是将在线教学与面授教学相结合的一种教学模式。在这种模式下,教师既可以利用在线教学平台提供的教学资源进行远程教学,也可以在课堂上进行面对面的教学和辅导。这种教学模式充分发挥了在线教学和面授教学的优势,提高了教学效

果和学生的学习体验。

在混合式教学模式中，教师可以根据教学需求和学生特点，灵活选择在线教学和面授教学的比例和方式。例如，对于一些基础性的知识点和理论讲解，教师可以利用在线教学平台进行教学视频的录制和上传，供学生进行自主学习；而对于一些实践性的操作和技能训练，教师则可以在课堂上进行面对面的演示和指导。

同时，混合式教学模式还注重学生的个性化学习和差异化教学。教师可以根据学生的学习进度和能力，为其提供个性化的学习路径和进行资源推荐。在课堂上，教师还可以根据学生的实际情况进行分组教学和个性化辅导，帮助学生实现个性化学习和发展。

（三）协作式学习模式

协作式学习模式是一种基于在线教学平台的团队合作学习模式。在这种模式下，学生被分成若干小组，每个小组通过在线教学平台进行协作学习和完成任务。这种教学模式能够有效地培养学生的团队协作能力和沟通能力，提高学习效果。

在协作式学习模式中，教师需要事先为学生设计具有挑战性和探究性的学习任务和项目。学生则需要在小组内进行分工协作，共同完成学习任务和项目。在这个过程中，学生需要利用在线教学平台提供的各种工具和功能进行实时的交流和协作，如在线讨论、文件共享、协同编辑等。

教师则作为指导者和促进者，协助学生解决问题和提高学习效果。教师可以利用在线教学平台对学生的学习情况进行实时监控和评估，为学生提供个性化的指导和反馈。同时，教师还可以组织学生进行小组展示和成果分享，激发学生的学习积极性和创造性。

三、在线教学平台的优势与挑战

随着信息技术的迅猛发展，在线教学平台已成为高校英语教学的重要组成部分。这种新型的教学模式不仅为学生提供了更加便捷、灵活的学习方式，还为教师带来了更多的教学可能性。然而，与此同时，在线教学平台也面临着一些挑战。

（一）优势

在线教学平台显著提高了教学效率和效果。传统的高校英语教学往往受到时间和空间的限制，而在线教学平台则能够打破这些限制，让学生随时随地进行学习。此外，在线教学平台还能够整合优质的教学资源，为学生提供更加丰富多样的学习内容，从而激发学生的学习兴趣和动力。通过在线教学平台，教师可以利用多媒体技术、网络资源等手段，创设出更加生动、真实的语言学习环境，帮助学生更好地理解和掌握英语知识。

在线教学平台还能够促进学生的个性化学习。在传统的高校英语教学中，教师往往难以兼顾每个学生的学习需求和能力差异状况。而在线教学平台则可以通过数据分析、智能推荐等技术,根据学生的学习进度和能力提供个性化的学习路径和资源。这种个性化的学习方式不仅能够提高学生的学习效果,还能够培养学生的自主学习能力和问题解决能力。

另外,增强教学互动性也是在线教学平台的一大优势。许多在线教学平台都提供了实时互动功能,如在线聊天、小组讨论、语音视频通话等。这些功能可以让学生与教师和其他学生进行更加便捷、高效的交流和讨论,从而提高学生的学习参与度和效果。通过在线互动,教师可以及时了解学生的学习情况和需求,进行更加有针对性的教学;学生也可以得到更加及时、准确的反馈和帮助,从而更好地掌握英语知识和技能。

(二)挑战

尽管在线教学平台具有诸多优势,但在实际应用中也面临着一些挑战。首先,技术问题是在线教学平台面临的一大挑战。在线教学需要稳定的网络环境和先进的教学平台支持,而一些学生和教师可能面临网络不稳定、平台操作不熟练等技术问题。这些问题不仅会影响教学效果和学习体验,还可能导致学生和教师产生挫败感和抵触情绪。

其次,学生自律性问题也是在线教学平台面临的一个重要挑战。在线教学需要学生具备一定的自律性和自主学习能力,而一些学生可能缺乏这些能力,导致学习效果不佳。例如,一些学生可能会在学习过程中出现分心、拖延或者抄袭作业等行为,这些行为都会影响学生的学习效果和学习体验。

最后,教学评估问题也是在线教学平台需要面对的一个重要问题。传统的高校英语教学评估往往采用考试、作业等方式进行,而在线教学则需要更加灵活、多样的评估方式。然而,如何有效地评估学生的学习效果和教师的教学质量是在线教学面临的一个重要挑战。一些在线教学平台可能会采用数据分析、学习轨迹等方式进行评估,但这些方式往往难以全面、准确地反映学生的学习情况和教师的教学效果。

四、提升在线教学平台使用效果的策略

为了充分发挥在线教学平台的优势并应对挑战,高校和教师需要采取一系列策略来提升其使用效果。

(一)加强技术培训和支持

高校应该加强对教师和学生的技术培训和支持,帮助他们熟悉和掌握在线教学平台的使用方法和技巧。这包括提供详细的操作指南、视频教程等教学资源,以及组织定期的技术培训和交流会等活动。通过这些培训和支持,教师和学生可以更加熟练地操作在

线教学平台，从而提高教学效果和学习体验。

同时，高校还应该提供必要的技术支持和维护服务，确保在线教学的顺利进行。这包括提供24小时在线客服、技术故障应急处理等服务，以及定期对在线教学平台进行更新和优化等措施。通过这些支持和维护服务，可以确保在线教学平台的稳定性和可靠性，为教师和学生提供良好的教学环境和学习体验。

（二）完善教学设计和资源建设

教师应该根据在线教学的特点和学生的学习需求，完善教学设计和资源建设。首先，教师可以利用在线教学平台提供丰富多样的学习资源和学习方式，如多媒体课件、网络课程、在线测试等。这些资源可以激发学生的学习兴趣和动力，帮助他们更好地理解和掌握英语知识。

其次，教师还应该设计合理的学习任务和互动环节，提高学生的学习参与度和效果。例如，教师可以设置在线小组讨论、角色扮演等互动环节，让学生积极参与其中并发表自己的观点和见解。通过这些互动环节，可以培养学生的协作能力和沟通能力等非技术性能力。

此外，教师还应该注重对学习资源的更新和维护。在线教学平台上的学习资源应该保持时效性和新鲜感，以满足学生的学习需求。教师可以采取定期更新课程内容、添加新的教学案例和素材等措施来确保学习资源的及时性和有效性。

（三）加强教学监督和评估

高校应该建立完善的教学监督和评估机制，对在线教学的教学效果和教学质量进行监督和评估。首先，高校可以通过学生反馈、教师互评等方式收集教学信息，及时发现和解决问题。例如，高校可以定期组织学生进行在线问卷调查或者开设反馈渠道，让学生对教师的教学质量和在线教学平台的使用体验进行评价和建议。通过这些反馈信息，高校可以及时了解学生和教师的需求和意见，并进行相应的改进和优化。

其次，高校还应该定期对在线教学进行评估和总结。这包括对教学目标的达成情况、学生的学习效果、教师的教学质量等方面进行评估和分析。通过这些评估和总结，高校可以了解在线教学的实际效果和存在的问题，并为后续的教学改进提供有力的依据和支持。

（四）培养学生的自主学习能力和自律性

高校应该通过课程设置、教学引导等方式培养学生的自主学习能力和自律性。首先，高校可以开设专门的自主学习课程或者将自主学习内容融入专业课程中。这些课程可以教授学生自主学习的方法和技巧，帮助他们掌握如何制定学习计划、如何查找和筛选学习资源、如何进行有效的学习反思等技能。

其次，教师在教学过程中也应该注重引导学生树立正确的学习态度和价值观。例如，教师可以鼓励学生积极参与在线讨论、按时完成作业，并自觉遵守学术诚信等行为规范。通过这些引导和激励措施，可以帮助学生养成良好的学习习惯和自律性品质。

总之，提升在线教学平台使用效果需要高校、教师和学生的共同努力。通过加强技术培训和支持、完善教学设计和资源建设、加强教学监督和评估以及培养学生的自主学习能力和自律性等策略的实施，可以充分发挥在线教学平台的优势并应对挑战，为高校英语教学质量的提升提供有力的支持。

第三节 移动学习工具的开发与应用

随着科技的迅猛发展和智能手机的普及，移动学习工具已经成为高校英语教学中不可或缺的一部分。它们为学生提供了更加便捷、灵活的学习方式，极大地丰富了教学手段，促进了教学效果的提升。

一、移动学习工具的类型与功能

（一）类型

移动学习工具主要包括手机应用程序、在线学习平台和电子词典等。手机应用程序，如有道词典、扇贝单词等，具有便携性、实时性等特点，可以随时随地帮助学生查询单词、练习听力和口语等。在线学习平台，如中国大学慕课（MOOC），课程时代（Coursera）等，则提供了海量的英语课程资源，让学生能够自主选择感兴趣的课程进行学习。电子词典则以其丰富的词汇量和便捷的查询方式，成为学生学习英语的重要辅助工具。

（二）功能

移动学习工具的功能十分丰富，主要包括以下几个方面。

词汇查询：学生可以通过移动学习工具快速查询生词、短语的含义和用法，提高学习效率。

听力练习：许多移动学习工具都提供了大量的英语听力材料，如新闻、演讲、电影片段等，帮助学生提高听力水平。

口语练习：通过语音识别、智能对话等功能，移动学习工具可以帮助学生练习口语表达，提高口语水平。

阅读理解：学生可以通过阅读英文文章、小说等，提高阅读速度和理解能力。

写作辅助：一些移动学习工具提供了写作模板、语法检查等功能，帮助学生提高写作水平。

二、移动学习工具在高校英语教学中的辅助作用

（一）增强学生的学习自主性

移动学习工具打破了时间和空间的限制，使学生能够在任何时间、任何地点进行学习。这种灵活的学习方式增强了学生的学习自主性，使他们能够根据自己的需求和进度安排学习，提高了学习效率。

（二）丰富教学手段和资源

移动学习工具为高校英语教师提供了更加丰富的教学手段和资源。教师可以利用这些工具设计多样化的教学活动，如在线讨论、小组协作、角色扮演等，激发学生的学习兴趣和积极性。同时，海量的网络资源也为教师提供了更多的教学素材和灵感。

（三）促进学生之间的交流与合作

移动学习工具具有社交功能，可以促进学生之间的交流与合作。学生可以通过在线学习平台进行讨论，分享学习心得和经验，相互帮助和鼓励。这种交流与合作不仅有助于提高学生的英语水平，还有助于培养他们的团队协作能力和沟通能力。

（四）提升教学效果和质量

移动学习工具在高校英语教学中的应用，极大地提升了教学效果和质量。通过实时反馈、个性化学习等功能，教师可以及时了解学生的学习情况和需求，调整教学策略和方法，提高教学效果。同时，移动学习工具还提供了大量的练习和测试题目，帮助学生巩固和拓展知识，提高教学质量。

三、移动学习工具的使用现状与问题

（一）使用现状

随着科技的飞速发展和智能手机的普及，移动学习工具在高校英语教学中的应用已经呈现出爆炸式的增长。如今，无论是在课堂上还是课外，移动学习工具都扮演着举足轻重的角色。许多高校为了顺应这一趋势，纷纷建立了自己的在线学习平台，这些平台不仅提供了丰富多样的英语课程资源，还为学生提供了便捷的学习途径。学生只需通过智能手机或平板电脑等移动设备，便可随时随地访问这些平台，进行课程学习、作业提交、在线测试等学习活动。

除了在线学习平台，手机应用程序和电子词典等移动学习工具也受到了广大学生的热烈欢迎。这些工具不仅具有便携性、实时性等特点，还为学生提供了个性化的学习体验。例如，手机应用程序可以根据学生的学习进度和兴趣爱好，推荐合适的英语学习内容；电子词典则可以为学生提供精准的单词释义和例句，帮助他们更好地掌握英语词汇。

移动学习工具的应用不仅改变了学生的学习方式，也对高校英语教学产生了深远的影响。传统的教学模式往往以教师为中心，学生处于被动接受的状态。而移动学习工具的应用则使学生成为了学习的主体，他们可以根据自己的需求和兴趣主动选择学习内容和学习方式。这种转变不仅提高了学生的学习积极性，也促进了教学效果的提升。

（二）存在问题

尽管移动学习工具在高校英语教学中的应用取得了显著的成效，但在实际使用过程中也暴露出一些问题，需要引起我们的重视。

首先，技术问题是制约移动学习工具应用的主要障碍之一。一些学生对移动学习工具的使用不够熟练，甚至存在操作困难的情况。这不仅影响了他们的学习效果，也挫伤了他们的学习积极性。同时，网络不稳定、设备故障等技术问题也会对学生的学习体验产生不良影响。例如，在进行在线测试时，如果网络突然中断或设备出现故障，学生可能会因此失去测试机会或导致测试成绩不准确。

其次，资源问题也是移动学习工具应用中需要关注的重要方面。虽然移动学习工具提供了海量的学习资源，但这些资源的质量却参差不齐。一些资源存在版权问题、内容过时或与实际教学需求不符等问题。这不仅浪费了学生的学习时间，还可能对他们的学习效果产生负面影响。因此，教师需要对这些资源进行筛选和整合，为学生提供优质、有用的学习资源。

此外，依赖性问题也是移动学习工具应用中需要警惕的潜在风险。一些学生过于依赖移动学习工具，忽视了传统的学习方式和方法。他们可能会沉迷于手机应用程序或在线学习平台中的虚拟世界，而忽视了现实生活中的学习和交流。长期下来，这种依赖性可能会影响他们的独立思考能力和创新能力的发展。

最后，互动问题也是移动学习工具应用中需要关注的问题之一。虽然移动学习工具具有社交功能，可以促进学生之间的交流与合作，但一些学生却缺乏面对面的交流和互动。他们可能更愿意通过文字或语音进行交流，而忽视了情感交流的重要性。这种缺乏情感交流的学习方式可能会影响学生的学习效果和心理健康。

四、优化移动学习工具应用的建议与措施

为了充分发挥移动学习工具在高校英语教学中的优势和作用，我们需要采取一系列措施来优化其应用。以下是一些具体的建议与措施。

（一）加强技术培训和指导

高校应该加强对学生的技术培训和指导，帮助他们熟练掌握移动学习工具的使用方法和技巧。这可以通过开设相关课程、举办讲座或提供在线教程等方式来实现。同时，学校还应该提供稳定、高效的网络环境和设备支持，保障学生的学习体验。例如，学校可以加强校园网络建设，提高网络覆盖率和稳定性；还可以为学生提供一定数量的移动设备，如智能手机、平板电脑等，以满足他们的学习需求。

此外，教师还可以在课堂上进行实际操作演示，引导学生正确使用移动学习工具。通过具体的案例分析和实践操作，学生可以更好地掌握移动学习工具的使用方法和技巧，提高学习效果。

（二）整合优质资源

教师应该对移动学习工具中的资源进行筛选和整合，为学生提供优质、有用的学习资源。这可以通过建立资源库、制定资源评价标准或与其他教师共享资源等方式来实现。同时，教师还可以利用自己的专业知识和经验，开发符合学生需求的课程资源。例如，教师可以结合学生的实际需求和兴趣爱好，设计具有针对性的英语听说读写训练内容；还可以利用多媒体技术制作生动有趣的课件和视频教程，激发学生的学习兴趣和积极性。

此外，教师还可以鼓励学生参与资源的建设和分享。通过建立学生资源库或开设学生作品展示区等方式，学生可以分享自己的学习成果和经验，促进彼此之间的交流与合作。这种参与式的学习方式不仅可以提高学生的学习效果，还可以培养他们的团队协作能力和创新能力。

（三）引导学生正确使用移动学习工具

教师应该引导学生正确使用移动学习工具，避免过度依赖和滥用。这可以通过制定明确的使用规定、设置合理的使用时间限制或开展相关的教育活动等方式来实现。例如，教师可以规定学生在课堂上不得使用手机等移动设备进行与学习无关的活动；还可以设置每天使用移动学习工具的时间上限，以避免学生长时间沉迷于虚拟世界。

同时，教师还应该鼓励学生进行独立思考和创新实践。通过布置开放性的作业任务、开展探究性的学习活动或组织创新性的比赛等方式，教师可以激发学生的学习兴趣和动力，培养他们的综合素质和能力。这种以学生为主体的教学方式不仅可以提高教学效果，

还可以促进学生的全面发展。

（四）加强师生之间的互动与交流

虽然移动学习工具具有社交功能，但面对面的交流和互动仍然不可替代。因此，教师应该加强与学生之间的互动与交流，了解他们的学习情况和需求，及时调整教学策略和方法。这可以通过增加课堂互动环节、开设在线答疑区或定期与学生进行面对面的座谈等方式来实现。

同时，教师还可以组织一些线下活动，如小组讨论、角色扮演、英语角等，增进师生之间的感情交流。这些活动不仅可以提高学生的学习效果，还可以培养他们的团队协作能力和社交能力。通过这种线上与线下相结合的方式，教师可以更好地了解学生的学习情况和需求，为他们提供个性化的教学支持和帮助。

第七章　高校英语教学评价多元化

随着教育理念的不断更新与发展，高校英语教学评价也面临着从传统到现代的转变。传统的高校英语教学评价方式往往存在着一些局限，这些局限不仅影响了评价的准确性和公正性，还制约了学生的全面发展。因此，构建多元化的高校英语教学评价体系显得尤为重要。

第一节　传统评价方式的局限

一、重结果轻过程的倾向

（一）过分强调考试成绩

在传统的高校英语教学评价中，考试成绩往往被赋予了过高的重要性，几乎成为了评价学生学习效果的唯一标准。这种做法导致了一种现象：学生过分关注分数，将其视为学习的终极目标，而忽视了对英语语言知识本身的深入掌握和理解。他们可能会采取应试策略，机械地记忆知识点和题型，以求在考试中取得高分。然而，这种学习方式往往缺乏深度和广度，无法真正提高学生的英语水平和综合应用能力。

此外，过分强调考试成绩还可能引发学生的焦虑和压力。他们可能会因为担心分数不佳而紧张不安，甚至产生厌学情绪。这种心理状态不利于学生的身心健康和全面发展。

（二）缺乏对学习过程的关注

传统的高校英语教学评价通常只关注学生的学习结果，即考试成绩，而对学生在学习过程中付出的努力、采用的学习方法以及遇到的困难等缺乏足够的关注。这种评价方式无法全面反映学生的学习状况，也无法为学生提供有针对性的指导。

实际上，学习过程对于学生的学习效果至关重要。学生在学习过程中采用的方法、策略以及付出的努力都会直接影响其学习成果。如果评价只关注结果而忽视过程，那么学生可能会因为缺乏有效的学习方法和策略而事倍功半，甚至产生挫败感。同时，教师也无法准确地了解学生的学习状况，无法为其提供有针对性的指导和帮助。

（三）评价结果的片面性

由于过分强调结果，传统的高校英语教学评价往往只能提供学生在某个时点的学习状况，而无法反映学生的进步和成长过程。这种片面性的评价结果可能会打击学生的学习积极性，甚至导致学生对英语学习产生厌倦情绪。

实际上，学生的学习是一个动态的过程，他们在学习过程中会不断进步和成长。如果评价只关注某个时点的学习状况，那么学生可能会因为一时的成绩不佳而对自己的学习能力产生怀疑，甚至放弃学习。同时，教师也无法准确地了解学生的学习进步和成长情况，无法为其提供及时有效的反馈和指导。

为了避免这种片面性的评价结果带来的负面影响，我们需要构建一种能够全面反映学生学习过程和进步的评价体系。这种评价体系应该关注学生在学习过程中的表现、努力以及进步情况，而不仅仅是某个时点的成绩。同时，教师也应该为学生提供及时有效的反馈和指导，帮助他们更好地掌握英语知识和技能。

二、评价标准单一与僵化

（一）评价标准缺乏多样性

在传统的高校英语教学评价中，通常采用统一的评价标准来衡量所有学生的表现。例如，统一的考试大纲、统一的考试题型、统一的评分标准等。这种单一的评价标准无法适应不同学生的学习需求和特点，也无法全面评价学生的英语能力。

首先，学生的学习需求和特点是多样化的。不同的学生有不同的学习背景、学习风格、兴趣爱好和优势领域。他们可能会在不同的方面表现出色，例如口语、阅读、写作或翻译等。如果采用单一的评价标准来衡量所有学生的表现，那么一些学生的优势和特长可能会被忽视或低估。这不仅会影响他们的学习积极性，也会限制他们的全面发展。

其次，英语能力是一个多维度的概念，包括听、说、读、写、译等方面。这些方面相互联系、相互促进，共同构成了学生的综合英语能力。如果采用单一的评价标准来衡量学生的英语能力，那么一些重要的能力维度可能会被忽视或低估。例如，传统的笔试考试可能无法准确评估学生的口语和听力能力，而这些能力对于英语学习和应用至关重要。

（二）评价标准过于僵化

传统的高校英语教学评价中的评价标准往往过于死板，缺乏灵活性和变通性。这主要表现在以下几个方面：首先，评价标准通常由教师或教育机构单方面制定，学生没有参与制定评价标准的机会。这导致评价标准可能无法充分反映学生的实际需求和期望，也无法激发学生的积极性和主动性。其次，评价标准往往过于注重知识的记忆和重复，而忽视了学生的创新能力和批判性思维的培养。这使得学生在面对新的问题和挑战时可能缺乏灵活性和应变能力。最后，评价标准通常只关注学生的学习成果，而忽视了学生的学习过程和努力程度。这可能导致评价结果的片面性和不公正性，也可能打击学生的学习积极性和自信心。

为了解决这些问题，我们需要建立更加灵活和多样化的评价标准。首先，评价标准应该由教师、学生和其他利益相关者共同参与制定，以确保其能够充分反映学生的实际需求和期望。其次，评价标准应该注重学生的创新能力和批判性思维的培养，鼓励学生积极探索新的问题及其解决方案。最后，评价标准应该关注学生的学习过程和努力程度，以全面、客观地评价学生的表现。

（三）忽视非智力因素的评价

在传统的高校英语教学评价中，通常只关注学生的智力因素，如语言知识、语言技能等，而忽视了学生的非智力因素，如学习态度、学习动机、合作精神等。这些非智力因素对学生的学习效果同样具有重要影响，但在传统评价方式中往往被忽视。

首先，学习态度是影响学生学习效果的重要因素之一。积极向上的学习态度可以激发学生的学习热情和动力，使他们更加专注地投入到学习中。相反，如果学生对学习持消极态度，那么他们可能会对学习产生厌倦和抵触情绪，从而影响学习效果。因此，在评价学生的英语学习效果时，我们应该考虑他们的学习态度，鼓励他们树立积极向上的学习观念。

其次，学习动机也是影响学生学习效果的重要因素之一。不同的学生有不同的学习动机，例如兴趣、目标、责任感等。这些动机可以激发学生的学习积极性和主动性，使他们更加努力地追求学习目标。因此，在评价学生的英语学习效果时，我们应该了解他们的学习动机，并尽可能满足他们的需求和期望。这样可以激发学生的学习潜力，提高他们的学习效果。

最后，合作精神也是现代社会所倡导的重要品质之一。在英语学习中，合作精神可以促进学生之间的交流与合作，提高他们的口语和交际能力。同时，合作精神还可以培养学生的团队协作意识和集体荣誉感，有利于他们的全面发展。因此，在评价学生的英语学习效果时，我们应该注重考查他们的合作精神，鼓励他们在学习中积极参与团队活动和交流。

三、忽视学生个体差异与全面发展

在传统的教学评价体系中，我们往往可以发现一些固有的问题，这些问题在很大程度上限制了学生的个体发展和全面进步。以下将详细探讨这些问题及其影响。

（一）忽视学生的个体差异

每个学生都是独一无二的，他们拥有不同的生活背景、学习经历、兴趣爱好和天赋才能。这些差异使得每个学生在面对相同的学习任务时，可能会展现出截然不同的学习方式和效果。然而，在传统的教学评价体系中，这些个体差异往往被忽视。

传统的教学评价通常采用标准化的测试或考试来评定学生的学习成果，这种方式强调的是统一性和可比性。虽然这种方式在一定程度上能够保证评价的公正性和客观性，但同时也抹杀了学生的个性差异和特长。在这种评价体系下，一些学生可能会因为不符合评价标准而被贴上"差生"的标签，从而打击了他们的学习积极性和自信心。

事实上，学生的个体差异是一种宝贵的资源，它为学生提供了多样化的学习方式和视角。忽视这种差异不仅限制了学生的个体发展，也阻碍了教学的创新和进步。因此，在教学评价中，我们应该充分尊重学生的个体差异，采用多元化的评价方式和手段来全面、真实地反映学生的学习成果和能力。

（二）不利于学生的全面发展

传统的教学评价体系通常只关注学生的语言知识和技能，而忽视了学生的其他能力。这种评价方式使得学生在学习过程中只注重语言知识的输入和输出，而忽视了其他能力的培养和发展。

然而，在现代社会中，仅仅掌握语言知识和技能是远远不够的。学生还需要具备跨文化交际能力、批判性思维能力、创新能力等能力才能适应社会的需求和挑战。这些能力不仅能够帮助学生更好地理解和运用语言知识，还能够提高他们的综合素质和竞争力。

因此，在教学评价中，我们应该注重学生的全面发展，将各种能力的培养纳入评价体系中。通过多元化的评价方式和手段来全面、真实地反映学生的各种能力和素质，从而促进学生的全面发展和进步。

（三）评价结果失真

由于传统的教学评价体系忽视了学生的个体差异和全面发展，因此往往只能提供片面、失真的评价结果。这种结果可能会误导学生对自己的认识，也会影响教师的教学决策。

首先，片面的评价结果可能会让学生对自己的学习能力产生错误的判断。一些学生可能会因为不符合评价标准而认为自己没有学习能力或天赋,从而放弃努力和学习。而另一些学生则可能会因为符合评价标准而过于自信,忽视了自己的不足和需要改进的地方。

其次,失真的评价结果也会影响教师的教学决策。如果教师只关注学生的考试成绩而忽视了学生的其他能力和表现,那么他们可能会做出错误的教学决策。例如,他们可能会过于注重应试技巧的训练而忽视了学生的实际需求和兴趣爱好;或者他们可能会对一些"差生"产生偏见和歧视,从而影响了教学的公正性和有效性。

因此,在教学评价中,我们应该注重评价结果的全面性和真实性。通过多元化的评价方式和手段来收集学生的学习信息和表现,从而得出更加全面、真实的评价结果。同时,我们也应该鼓励学生积极参与评价过程,让他们了解自己的不足之处并寻求改进的方法和途径。

四、反馈机制存在不足与延时性

教学评价的另一个重要方面是反馈机制。有效的反馈可以为学生提供有价值的信息和指导,帮助他们改进学习方法、提高学习效果。然而,传统的教学评价体系在反馈机制方面存在一些问题,以下将详细探讨这些问题及其影响。

(一)反馈信息缺乏针对性

在传统的教学评价体系中,反馈信息通常只提供简单的分数或等级作为评价结果。这种反馈方式缺乏对学生学习状况的详细分析和建议,使得学生无法了解自己的不足之处也无法得到有效的学习指导。

有效的反馈应该具有针对性,即针对学生的学习表现和结果提供具体、详细的信息和建议。例如,教师可以针对学生的作业或测试结果提供具体的改进意见和建议;或者他们可以与学生进行面对面的交流,了解学生的学习困难和需求,并提供相应的帮助和支持。

因此,在教学评价中,我们应该注重反馈信息的针对性。通过提供具体、详细的反馈信息和建议来帮助学生了解自己的不足之处并寻求改进的方法和途径。同时,我们也应该鼓励学生积极参与反馈过程,让他们成为自己学习的主人。

(二)反馈机制的延时性

在传统的教学评价体系中,反馈往往是在考试结束后才进行的。这种延时性的反馈使得学生无法及时了解自己的学习状况,也无法及时调整自己的学习策略。

及时的反馈可以帮助学生及时发现和纠正学习中的问题,避免问题的积累和恶化。

同时，及时的反馈也可以为学生提供持续的学习动力和支持，鼓励他们继续努力和学习。

因此，在教学评价中，我们应该注重反馈的及时性。通过提供及时的反馈信息和建议来帮助学生及时了解自己的学习状况并调整学习策略。同时，我们也应该建立持续性的反馈机制，为学生提供持续的支持和监督。

（三）缺乏持续性的反馈机制

传统的教学评价方式通常只在特定的时间点进行评价和反馈，如期中考试、期末考试等。这种缺乏持续性的反馈机制无法为学生的学习提供持续的支持和监督。

持续性的反馈机制可以为学生提供持续的学习动力和支持。通过定期的评价和反馈，学生可以及时了解自己的学习进步和不足之处，从而调整学习策略、提高学习效果。同时，持续性的反馈机制也可以为教师提供持续的教学信息和反馈，帮助他们及时了解学生的学习状况和需求，从而调整教学方法和策略。

因此，在教学评价中，我们应该建立持续性的反馈机制。通过定期的评价和反馈来为学生提供持续的支持和监督，通过持续的教学信息和反馈来帮助教师及时调整教学方法和策略。同时，我们也应该注重反馈的质量和效果，确保反馈能够为学生的学习和教师的教学提供有价值的信息和指导。

第二节 形成性评价与终结性评价的结合

随着高校英语教学改革的不断深入，教学评价作为教学过程中的重要环节，其重要性日益凸显。传统的教学评价往往以终结性评价为主，即在学期末或课程结束时进行一次性的测试或考试，以此来评定学生的学习成果。然而，这种评价方式存在诸多局限性，如忽视学习过程、缺乏及时反馈、难以全面评价学生的能力等。因此，将形成性评价与终结性评价相结合，构建多元化的教学评价体系，已成为当前高校英语教学改革的重要趋势。

一、形成性评价的理念与实施要点

（一）理念

形成性评价，又称为过程性评价，是一种在学生学习过程中进行的评价方式，旨在通过提供及时反馈来改进教学和学习方式。它强调对学生的学习过程进行全面、深入的了解和评估，而不仅仅关注最终的学习成果。这种评价方式重视学生的主体地位，鼓励学生积极参与评价过程,以实现自我监控、自我调节和自我发展。

在形成性评价的理念中,学生的学习过程被视为一个动态、复杂的过程,需要不断地进行反馈和调整。评价的目的不是为了给学生贴上标签或进行简单的优劣区分,而是为了帮助学生更好地了解自己的学习过程,发现学习中的问题和困难,并及时采取措施进行改进。同时,形成性评价也强调教师的角色转变,从传统的知识传授者转变为学生学习过程的引导者和促进者。

(二)实施要点

1.明确评价目标

在实施形成性评价时,教师应首先明确评价目标,即希望通过评价达到什么样的效果。评价目标应具有针对性和可操作性,能够指导学生的学习和教师的教学。例如,在英语阅读教学中,评价目标可以设定为提高学生的阅读理解能力、批判性思维能力等。

2.设计评价工具

形成性评价需要借助一定的评价工具来收集学生的学习信息。教师可以根据教学内容和学生的实际情况,设计多种形式的评价工具。例如,在英语写作教学中,可以设计写作任务清单、自我评价表、同伴评价表等工具来收集学生的写作过程信息。这些工具可以帮助学生更好地了解自己的写作过程,发现写作中的问题并进行改进。

3.及时反馈与指导

形成性评价的核心在于及时反馈和指导。教师应根据学生的学习表现和评价结果,及时给予学生反馈和指导。反馈应具有针对性和具体性,能够帮助学生发现问题、分析原因并提出改进建议。同时,教师还应鼓励学生进行自我反思和自我评价,培养他们的自我评价能力和批判性思维能力。

4.调整教学策略

通过形成性评价,教师可以了解学生的学习情况和需求,从而及时调整教学策略以满足学生的学习需求和提高教学效果。例如,在英语听力教学中,如果发现学生的听力理解能力较差,教师可以及时调整听力材料的选择和听力任务的难度,以帮助学生逐步提高听力理解能力。

(三)注意事项

在实施形成性评价时,教师需要注意以下几点。

尊重学生的个性差异和主体地位。每个学生都是独特的个体,具有不同的学习风格和需求。教师应尊重学生的个性差异,避免用统一的标准来评价所有学生。同时,还应注重学生的主体地位,鼓励学生积极参与评价过程。

注重评价的客观性和公正性。评价应基于客观、真实的学习表现和证据，避免主观臆断和偏见。教师应确保评价标准的明确性和一致性，以便学生能够了解并理解评价的要求和期望。

处理好评价与教学的关系。评价是教学的重要组成部分，但评价并不是教学的全部。教师应确保评价为教学服务，而不是为了评价而评价。评价应与教学目标和内容相一致，能够促进学生的学习和发展。

二、终结性评价的作用与局限性分析

（一）作用

终结性评价作为传统的教学评价方式，在高校英语教学中仍然具有一定的作用。

1.学习成果的量化与标准化评定

终结性评价通常在教学活动结束后进行，以考试成绩、作品质量等为依据，对学生的学习成果进行量化和标准化的评定。这种评价方式便于教师对学生进行横向和纵向的比较，了解学生在班级或年级中的相对位置，从而为奖学金评定、优秀评选等提供依据。

2.提供学习动力和压力

终结性评价的结果往往与学生的学业成绩、毕业要求等紧密相关，因此它可以为学生提供一定的学习动力和压力。在这种评价方式的驱使下，学生通常会努力学习以取得好成绩，从而满足毕业要求或获得更好的升学和就业机会。

3.提供教学反馈信息

终结性评价的结果不仅可以反映学生的学习成果，还可以为教师提供教学反馈信息。通过对学生考试成绩、作品质量等的分析，教师可以了解教学效果和存在的问题，从而调整教学策略、改进教学方法以提高教学质量。

（二）局限性

终结性评价也存在诸多局限性，主要表现在以下几个方面。

1.忽视学习过程

终结性评价过于强调学习结果而忽视学习过程。它只关注学生在特定时间点上的表现，而无法全面评价学生在整个学习过程中的表现、进步和努力。这种评价方式容易导致学生只关注考试成绩而忽视平时的学习积累和能力培养。

2.缺乏及时反馈和指导

终结性评价通常在教学活动结束后进行，因此它无法为学生提供及时的反馈和指导。学生在学习过程中遇到的问题和困难无法得到及时的解决，这不利于学生及时发现和纠正学习中的问题,也不利于他们及时调整学习策略以提高学习效果。

3.应试教育和功利化倾向

终结性评价容易导致应试教育和功利化倾向。在这种评价方式的驱使下,教师可能会过分强调考试内容和考试技巧的训练而忽视对学生综合素质和能力的培养。同时,学生也可能会为了应付考试而采取死记硬背等低效的学习方式,从而不利于培养他们的自主学习能力和创新精神。

（三）与形成性评价的比较

与形成性评价相比,终结性评价在评价目的、评价方式和评价效果等方面存在显著差异。

评价目的不同：形成性评价注重过程,旨在通过及时反馈和指导帮助学生改进学习方法、提高学习效果；而终结性评价注重结果,旨在对学生的学习成果进行量化和标准化的评定。

评价方式不同：形成性评价采用多种形式的评价工具和方法来收集学生的学习信息、分析学习需求并提供及时反馈；而终结性评价通常采用考试、测验等单一的评价方式来评定学生的学习成果。

评价效果不同：形成性评价能够及时发现和解决学习中的问题、调整教学策略以满足学生的学习需求并提高教学效果；而终结性评价则可能导致应试教育和功利化倾向,不利于培养学生的自主学习能力和创新精神。

（四）改进方向

为了克服终结性评价的局限性,可以从以下几个方面进行改进。

1.增加过程性考核的比重

在终结性评价中增加过程性考核的比重,关注学生的学习过程而不仅仅是学习结果。例如,在英语课程中可以采用平时成绩、课堂表现、作业完成情况等过程性考核指标来评定学生的最终成绩。这样可以更全面地评价学生的表现和努力程度,减少应试教育和功利化倾向的影响。

2.引入多元化的评价方式和手段

除了传统的考试和测验外,还可以引入其他多元化的评价方式和手段来评定学生的学习成果,如表现性评价、作品展示、口头报告等。这些评价方式可以为学生提供更多的展示自己才能和成果的机会,同时也能更全面地评价学生的综合素质和能力。

3.加强及时反馈和指导

在终结性评价中加强及时反馈和指导的环节,帮助学生及时发现问题并改进学习方法。例如，在考试后及时进行试卷分析和成绩反馈，针对学生的错误和不足提供具体的改进建议和指导。这样可以帮助学生更好地了解自己的学习情况并进行有针对性的改进。

三、两者结合的必要性及实施策略

（一）必要性

形成性评价与终结性评价各有其优势和局限性。将两者相结合可以构建一个更为完善、全面的教学评价体系。这种多元化的评价体系既可以关注学生的学习过程又可以评定学生的学习成果，既可以提供及时的反馈和指导又可以进行量化的评定，既可以发挥学生的主体地位又可以满足教师的教学需求。因此，将形成性评价与终结性评价相结合是当前高校英语教学评价改革的重要方向。

（二）实施策略

制定明确的评价方案：在实施两者结合的评价体系时，教师应首先制定明确的评价方案，包括评价目标、评价内容、评价方式、评价标准等。评价方案应具有可操作性和可实施性，能够指导学生的学习和教师的教学。

合理分配权重：在将形成性评价与终结性评价相结合时，需要合理分配两者的权重。一般来说，形成性评价的比重应适当增加，以体现对学生学习过程的重视；而终结性评价的比重也不应过低，以保证评价的客观性和公正性。

采用多元化的评价方式和手段：为了全面评价学生的能力和素质，教师可以采用多元化的评价方式和手段。例如，可以采用观察记录、学习日志、课堂表现评价等形成性评价方式，同时也可以采用笔试、口试、作品展示等终结性评价方式。

加强及时反馈和指导：无论是形成性评价还是终结性评价，都需要加强及时反馈和指导。教师应根据学生的学习表现和评价结果，及时给予学生反馈和指导，帮助学生发现问题、分析原因并提出改进建议。同时，教师也应鼓励学生积极参与评价活动，进行自我监控、自我调节和自我发展。

（三）注意事项

在实施两者结合的评价体系时，教师需要注意以下几点：首先，要尊重学生的个性差异和主体地位；其次，要注重评价的客观性和公正性；最后，要处理好评价与教学的关系。

四、案例分析：形成性评价与终结性评价的有机融合

（一）案例背景

某高校英语教师在一门英语课程中尝试将形成性评价与终结性评价相结合。该课程

的目标是培养学生的英语听说读写能力以及自主学习能力。为了全面评价学生的能力和素质，教师设计了一个多元化的教学评价体系。

（二）评价方案

该评价方案包括以下几个方面：首先，明确评价目标，即培养学生的英语听说读写能力和自主学习能力；其次，设计多元化的评价方式和手段，包括课堂表现评价、作业评价、单元测试、期中考试和期末考试等；最后，合理分配权重，其中形成性评价（包括课堂表现评价和作业评价）占40%，终结性评价（包括单元测试、期中考试和期末考试）占60%。

（三）实施效果

通过实施该评价方案，教师发现学生的学习积极性和参与度明显提高。学生更加关注自己的学习过程和学习成果，积极参与课堂讨论和小组活动。同时，教师也能够及时了解学生的学习情况和需求，从而调整教学策略以满足学生的学习需求。最终，该课程的教学效果得到了显著提升。

（四）经验与启示

通过该案例分析，我们可以得出以下几点经验与启示：首先，将形成性评价与终结性评价相结合可以构建一个更为完善、全面的教学评价体系；其次，多元化的评价方式和手段可以全面评价学生的能力和素质；最后，加强及时反馈和指导可以帮助学生发现问题并改进学习方法。同时，我们也需要注意处理好评价与教学的关系以及尊重学生的个性差异和主体地位。

第三节　学生自评与互评机制的建立

在现代教育评价理念中，学生的自评与互评被视为促进学习、提升教学效果的重要手段。高校英语教学作为培养学生语言综合运用能力的重要环节，更应积极探索和实践学生自评与互评的评价机制。这种机制不仅能够帮助学生更好地认识自我、提升自我，还能促进同学之间的交流与合作，共同提高英语水平。

一、学生自评的意义与操作方法

（一）学生自评的意义

学生自评是指学生在学习过程中对自己的学习行为、学习策略、学习成果等进行反思和评价的过程。在高校英语教学中，学生自评的意义主要体现在以下几个方面。

增强学习自主性：通过自评，学生可以更加主动地参与到学习过程中，对自己的学习负责，从而提高学习的自主性和积极性。

促进自我反思：自评要求学生对自己的学习行为进行深入的思考和分析，这有助于他们发现自己的优点和不足，为今后的学习提供方向。

提升自我评价能力：自评能够培养学生的自我评价能力，使他们能够客观地看待自己的学习成绩和进步，形成正确的自我认知。

（二）学生自评的操作方法

设定明确的评价标准：在进行自评前，教师应向学生明确介绍评价标准，包括语言知识、语言技能、学习策略等方面的要求，以便学生能够有针对性地进行自我评价。

提供自评工具：教师可以设计自评表格、自评问卷等工具，引导学生对自己的学习情况进行全面的反思和评价。

鼓励自我反思和总结：在自评过程中，教师应鼓励学生诚实地反映自己的学习情况，对自己的优点和不足进行客观的分析和总结。

（三）学生自评的实践建议

为了使学生自评更加有效，教师可以采取以下措施。

定期进行自评：教师可以安排学生在每个学习阶段结束后进行自评，以便及时了解自己的学习情况和调整学习策略。

提供反馈和指导：在学生完成自评后，教师应及时给予反馈和指导，帮助学生分析自评结果，提出改进建议。

鼓励正面激励：教师应关注学生的进步和成就，通过正面激励增强学生的自信心和学习动力。

二、学生互评的价值与实施难点

（一）学生互评的价值

学生互评是指学生在学习过程中对其他同学的学习成果、学习表现等进行评价的过程。在高校英语教学中，学生互评的价值主要体现在以下几个方面。

促进交流与合作：互评要求学生之间相互交流、相互评价，这有助于增进同学之间的友谊和合作，形成良好的学习氛围。

拓展评价视角：互评可以从多个角度对学生的学习成果进行评价，使评价更加全面和客观。

培养批判性思维能力：互评要求学生具备一定的批判性思维能力，能够对他人的学习成果进行客观的分析和评价，这有助于培养学生的批判性思维能力。

（二）学生互评的实施难点

评价标准的统一：由于学生的知识水平和评价能力存在差异，如何确保评价标准的统一是实施互评的难点之一。

评价过程的监控：互评过程中可能会出现评价不公正、不客观的情况，如何对评价过程进行有效的监控和管理是另一个难点。

评价结果的反馈：如何向学生有效地反馈互评结果，使他们能够从中受益并改进自己的学习状况是实施互评的关键环节。

（三）学生互评的实践策略

为了克服上述难点，教师可以采取以下策略：

明确评价标准和要求：在进行互评前，教师应向学生明确介绍评价标准和要求，确保学生能够按照统一的标准进行评价。

提供评价培训和指导：教师可以对学生进行评价培训，提高他们的评价能力和水平；同时，在互评过程中给予必要的指导和帮助。

加强评价过程的监控和管理：教师可以通过抽查、巡视等方式对互评过程进行监控和管理，确保评价的公正性和客观性。

及时反馈评价结果：在互评结束后，教师应及时向学生反馈评价结果，引导他们分析评价结果并提出改进建议。

三、自评与互评相结合的模式探索

（一）自评与互评相结合的意义

自评与互评相结合是指将学生的自我评价和同学之间的相互评价有机地结合起来，共同构成对学生学习的全面评价。这种评价模式能够充分发挥学生的主体作用，促进他们更加积极地参与到学习过程中。同时，通过多角度、多层次的评价，评价可向更加全面、客观和公正的方向发展。

（二）自评与互评相结合的实施步骤

设定综合评价标准：在制定综合评价标准时，既要考虑学生的自我评价意见，也要参考同学之间的相互评价意见，确保评价标准的全面性和科学性。

开展自评和互评活动：在教师的指导下，学生先进行自我评价，然后进行同学之间的相互评价。这两个过程可以交替进行，以便学生更好地了解自己的学习情况和他人的评价意见。

整合评价结果：在自评和互评结束后，教师需要对评价结果进行整合和分析，形成对学生的综合评价意见。这个意见应包括学生的优点、不足以及改进建议等内容。

（三）自评与互评相结合的实践案例

在高校英语教学中，许多教师已经开始尝试将自评与互评相结合的评价模式应用于实践。例如，在英语写作课程中，教师可以先让学生对自己的作文进行自我评价，然后组织同学之间相互交换作文进行评价。最后，教师根据学生的自评和互评结果对作文进行综合评价，并给出修改建议。这种评价方式不仅能够帮助学生发现自己的写作问题并加以改进，还能促进同学之间的交流与合作，共同提高写作水平。

四、实践案例：学生自评与互评在英语教学中的应用

（一）案例背景

某高校英语教师为了提高学生的口语表达能力，决定在英语口语课程中引入学生自评与互评的评价机制。教师希望通过这种评价方式激发学生的学习积极性，提高他们的口语水平和批判性思维能力。

（二）实施过程

教师首先向学生介绍了口语评价标准，包括语音、语调、流畅度、准确性等方面的要求，并提供了自评和互评的工具和表格。

学生按照教师的要求进行了自我介绍和话题陈述的口语练习，并对自己的表现进行了自我评价。在自评过程中，学生需要对自己的语音、语调、流畅度等方面进行反思和评价。

教师组织学生进行互评活动。学生被分成若干小组，每个小组内的成员相互交换口语练习录音进行评价。在互评过程中，学生需要按照评价标准对他人的口语表现进行客观的分析和评价，并填写互评表格。

教师对学生的自评和互评结果进行了整合和分析，形成了对学生的综合评价意见，并给出了改进建议。同时，教师还组织了口语反馈会议，向学生反馈了评价结果，并引导他们分析自己的优点和不足以及如何改进口语表达。

（三）实施效果

通过引入学生自评与互评的评价机制，该英语口语课程取得了显著的效果。首先，学生的学习积极性得到了极大的提高，他们更加主动地参与到口语练习中；其次，学生的口语水平和批判性思维能力得到了明显的提升；最后，同学之间的交流与合作也得到

了增进，形成了良好的学习氛围。

（四）经验总结

在实施学生自评与互评的评价机制时，教师需要注意以下几点：首先，要明确评价标准和要求，确保学生能够按照统一的标准进行评价；其次，要提供必要的培训和指导，提高学生的评价能力和水平；最后，要加强评价过程的监控和管理，确保评价的公正性和客观性。同时，教师还应根据学生的实际情况灵活调整评价机制，使其更加符合学生的学习需求和发展目标。

第八章 高校英语教师角色多元化

第一节 教师作为引导者的角色

在高等教育体系中，英语教师的角色已经逐渐从单纯的知识传授者转变为多元化的角色，其中最为核心的就是作为引导者的角色。作为引导者，教师需要帮助学生明确学习目标与方向激发学习兴趣与动力，培养自主学习能力与习惯，并提供个性化的学习指导与支持。以下将详细阐述这些方面。

一、引导学生明确学习目标与方向

在英语教学中，教师不仅是知识的传递者，更是学生心灵的引导者。他们帮助学生打开知识的大门，但更重要的是，他们引导学生找到前进的方向和目标。这是每位英语教师在教育过程中都应当肩负起的神圣使命。

（一）设定清晰的学习目标

英语学习的旅程往往漫长而复杂，如同在茫茫大海中航行，没有明确的航标，很容易迷失方向。许多学生在刚开始接触英语时，往往不知道为何要学、如何学，更不知道学到何种程度才算达标。此时，教师的首要任务就是帮助学生拨开迷雾，设定清晰、具体的学习目标。

这些目标可以是短期的，如掌握某个具体的语法点、通过某个具体的英语考试或增加词汇量等。这些短期目标如同航程中的小岛屿，让学生在学习过程中不断获得成就感，激发他们的学习动力。也可以是长期的，如提高听力水平、达到一定的口语交流水平或能够无障碍阅读英文原著等。长期目标如同远方的灯塔，指引着学生不断前进，追求更高的境界。

设定目标的过程并非单向的命令或规定，而是教师与学生共同参与的互动过程。教师需要充分了解学生的实际情况、兴趣爱好和职业规划，与学生进行深入的沟通和交流，引导他们根据自己的实际情况设定切实可行的目标。同时，教师还需要帮助学生将抽象的目标具体化、量化，让他们能够明确知道自己需要做什么、达到什么标准才算完成目标。

通过设定清晰的学习目标,学生可以更加有针对性地规划自己的学习内容和方法,避免盲目跟风和浪费时间。同时,目标的存在也可以激发学生的学习动力和自信心,让他们在面对困难和挑战时能够坚持不懈、勇往直前。

(二)明确学习方向

英语是一门涉及听、说、读、写多个方面的综合性语言课程,每个方面都有其独特的学习方法和技巧。然而,在实际学习过程中,许多学生往往"眉毛胡子一把抓",没有明确的学习方向,导致学习效果不佳。因此,教师需要引导学生根据自己的兴趣、需求和目标,明确自己的学习方向。

对于希望将来从事国际贸易或外交工作的学生,教师可以重点引导他们加强商务英语或外交英语方面的学习,如商务谈判技巧、外贸函电写作、国际会议交流等。这些实用技能将为他们未来的职业发展打下坚实的基础。对于对文学或文化感兴趣的学生,教师则可以引导他们多阅读英文原著、了解英语国家的文化背景和历史传统等。通过阅读经典文学作品和了解异国文化,这些学生可以培养自己的跨文化交际能力和人文素养。

明确学习方向并不意味着对其他方面的忽视或放弃,而是让学生在学习过程中有所侧重、有所取舍。通过集中精力攻克自己感兴趣或擅长的领域,学生可以更快地取得进步和突破,从而增强自信心和学习动力。同时,明确学习方向也有助于学生更好地规划自己的时间和资源,避免在不必要的领域浪费精力。

(三)制定合适的学习计划

目标设定后,接下来就是如何实现这些目标。许多学生在设定了目标后往往束之高阁、不了了之,很重要的一个原因就是缺乏具体可行的实施计划。因此,教师需要帮助学生制定合适的学习计划,确保他们的目标能够得到有效落实。

学习计划应该包括每天、每周、每月的学习任务和时间安排。这些任务应该围绕学生的学习目标展开,涵盖听、说、读、写各个方面。例如,为了提高听力水平,学生可以每天安排一定的时间进行听力训练;为了增加词汇量,学生可以每周背诵一定数量的单词并进行复习;为了提高口语交流能力,学生可以每月参加一次英语角或找外教进行对话练习等。

同时,教师还需要引导学生对自己的学习效果进行定期评估和调整。评估可以通过自我测试、与同学交流、向老师请教等方式进行。通过评估,学生可以及时了解自己的学习进度和存在的问题,从而有针对性地调整学习策略和方法。例如,如果发现自己的听力水平没有明显提高,可以尝试增加听力训练的时间和难度;如果发现自己的口语表达能力有限，可以多找机会进行口语练习等。

制定合适的学习计划不仅可以让学生更加有条理地进行学习、避免盲目行动和浪费时间，还可以培养他们的自律性和责任感。通过按时完成学习任务、不断调整优化学习计划，学生可以逐渐养成良好的学习习惯和自主管理能力，为未来的学习和生活打下坚实的基础。

二、激发学生的学习兴趣与动力

在英语学习过程中，激发学生的学习兴趣与动力至关重要。只有当学生真正对英语产生浓厚的兴趣并持续保持学习动力时，他们才能全身心地投入到学习中去并取得良好的学习效果。因此，教师需要采取多种措施来激发学生的学习兴趣与动力。

（一）创设生动的学习情境

为了让学生更好地理解和运用英语知识，教师需要创设生动、有趣的学习情境。这些情境可以与学生的日常生活紧密相连，也可以涉及他们感兴趣的话题或领域。例如，在教授购物相关的词汇和句型时，教师可以模拟一个真实的购物场景，让学生扮演顾客和售货员进行对话练习；在介绍某个英语国家的文化时，教师可以通过展示该国的风景图片、播放民族音乐或视频片段等方式来营造文化氛围。

此外，教师还可以利用角色扮演、小组讨论、演讲等形式来丰富学习情境。通过让学生扮演不同的角色参与讨论或演讲，他们可以更加深入地了解不同人物的观点和立场，从而提高自己的语言表达和思维能力。同时，这些活动也可以增强学生的参与感和合作精神，让他们在轻松愉快的氛围中学习英语。

（二）引入多样化的学习资源

除了传统的课本和教材外，还有许多其他丰富多样的学习资源可以供学生使用。这些资源不仅可以为学生提供更加真实、生动的语言材料，还可以激发他们的学习兴趣和好奇心。

例如，英文电影、音乐和新闻都是非常好的学习资源。通过观看英文电影，学生可以接触到地道的英语口语表达方式，同时可以了解不同国家的文化和生活方式；通过听英文音乐，学生可以培养自己的语感和节奏感，同时可以学习一些常用的词汇和句型；通过阅读英文新闻，学生可以了解国际时事和热点问题，同时可以提高自己的阅读能力和词汇量。

此外，教师还可以引导学生利用互联网资源进行自主学习。例如，可以推荐一些优秀的英语学习网站、在线课程或学习社区给学生，让他们根据自己的需求和兴趣进行选择性学习。这些资源往往具有更新快、内容丰富、互动性强等特点，能够满足不同学生的学习需求。

（三）鼓励学生的探索与创新

在英语学习中，单纯地掌握知识和技能是远远不够的。教师还需要鼓励学生积极探索新的知识和技能，培养他们的创新能力和批判性思维。只有这样，学生才能真正成为学习的主人和未来社会的有用之才。

为了培养学生的探索与创新能力，教师可以组织学生进行课题研究或项目实践。这些课题或项目可以围绕某个具体的主题或问题展开，如环保问题、文化交流等。通过让学生自主选题、制定研究计划、收集资料、分析数据并撰写报告等过程，他们可以更加深入地了解某个领域的知识和技能，同时提高自己解决问题的能力和团队合作精神。

此外，教师还可以鼓励学生在课堂上发表自己的观点和看法、提出疑问或建议。通过与其他同学和老师的交流和讨论，学生可以不断拓展自己的思路和视野，培养自己的批判性思维和创新能力。同时，这种开放式的课堂氛围也有助于增强学生的自信心和表达能力。

（四）建立积极的反馈机制

为了保持学生的学习动力并促进他们的持续进步，教师需要建立积极的反馈机制。这意味着教师需要及时肯定学生的进步和成绩、提供具体的改进建议，并为他们设定具有挑战性的新目标。

首先，教师要关注学生的点滴进步并及时给予肯定和鼓励。无论是学生在课堂上的积极表现还是课后的努力付出，都应该得到教师的认可和赞赏。这种正面的反馈可以让学生感受到自己的价值和成就感，从而更加自信地面对学习中的困难和挑战。

其次，教师还需要为学生提供具体的改进建议和指导。当学生在学习中遇到问题时或表现不佳时，教师不应该只是简单地批评或指责，而应该与他们一起分析原因、寻找解决办法并制定改进计划。通过持续的指导和帮助，学生可以逐步克服自己的弱点并取得更好的成绩。

最后，教师还需要为学生设定具有挑战性的新目标。这些目标应该既符合学生的实际情况又具有一定的难度和挑战性，以激发他们的学习潜力和动力。通过不断追求更高的目标并实现自我超越，学生可以逐渐培养起自己的自主学习能力和终身学习意识。

三、培养学生的自主学习能力与习惯

自主学习是现代教育理念中极为重要的一环，它强调学生在学习过程中的主体性和主动性。对于高校英语教师而言，培养学生的自主学习能力与习惯不仅有助于提高学生的英语学习效果，更有助于他们未来的职业发展和终身学习。

（一）教授有效的学习方法

自主学习能力的培养首先需要教师向学生传授一套行之有效的学习方法。在英语学习中，记忆单词、理解语法、提高阅读速度和理解能力等都是学生必须面对的挑战。教师可以通过课堂教学、专题讲座、学习小组等形式，向学生介绍并演示各种高效的英语学习方法，如联想记忆法、词根词缀法、上下文猜词法等。同时，教师还可以鼓励学生在学习过程中不断尝试、总结和完善适合自己的学习方法，从而形成个性化的学习策略。

此外，教师还可以引导学生利用现代科技手段辅助学习，如使用在线词典、语法解析、学习软件等。这些工具不仅可以提供便捷的学习资源，还可以帮助学生随时随地进行学习，提高学习效率。

（二）培养学生的自我监控能力

自主学习的另一个关键要素是学生的自我监控能力。教师需要帮助学生建立明确的学习目标，并制定切实可行的学习计划。在此基础上，教师需要引导学生对自己的学习过程进行持续的监控和调整，确保学习计划的顺利执行。

为了培养学生的自我监控能力，教师可以采用多种手段进行引导和激励。例如，可以要求学生定期提交学习报告，汇报自己的学习进度和成果；可以组织学习小组进行互相监督和评价；还可以设置一定的奖励机制，对表现突出的学生给予表彰和奖励。通过这些措施，教师可以帮助学生逐步建立起自我监控的学习习惯，提高自主学习能力。

（三）鼓励学生的合作学习与分享

自主学习并不意味着孤立地学习。相反，合作学习与分享是自主学习过程中不可或缺的一部分。教师需要鼓励学生积极参与小组讨论、互助学习等合作学习活动，与同伴共同解决学习问题，分享学习经验和资源。

在合作学习中，学生可以互相学习、互相启发，共同提高英语水平。同时，合作学习还有助于培养学生的团队协作精神和沟通能力，为未来的职业发展打下良好的基础。为了促进合作学习与分享，教师可以设置一定的合作学习任务和挑战，引导学生积极参与并展示自己的学习成果。此外，教师还可以利用网络平台或社交媒体等工具，为学生搭建一个更加广阔的合作学习与分享平台。

（四）培养学生的终身学习意识

英语学习的目标不仅仅是应付考试或完成课程任务，更重要的是培养学生的终身学习意识。教师需要向学生强调英语学习的重要性和长期性，引导他们认识到英语学习是一个持续不断的过程,需要不断地更新知识和技能。

为了培养学生的终身学习意识,教师可以采取多种措施进行引导和激励。例如,可以定期举办英语学习讲座或研讨会,邀请行业专家或优秀校友分享英语学习经验和职业发展心得;可以鼓励学生参加各类英语竞赛或实践活动,拓展英语应用范围,提高英语实际应用能力;还可以引导学生利用课余时间进行课外阅读和自学,培养自我提高和自我完善的学习习惯。通过这些措施,教师可以帮助学生逐步建立起终身学习的意识和习惯,为未来的职业发展奠定坚实的基础。

四、提供个性化的学习指导与支持

每个学生都是独特的个体,具有不同的学习风格和需求。为了更好地支持学生的英语学习和发展,高校英语教师需要提供个性化的学习指导与支持。

(一)了解学生的个性差异和需求

了解学生的个性差异和需求是提供个性化学习指导的前提。教师需要通过观察、交流、测试等手段,全面了解学生的学习风格、兴趣爱好、学习动机、学习困难等方面的信息。例如,有的学生可能更善于通过视觉进行学习,喜欢通过图片和视频来学习新知识;而有的学生则更善于通过听觉进行学习,喜欢通过听讲座或音频资料来学习。此外,学生的学习动机和需求也各不相同,有的学生可能更注重实际应用能力的提高,而有的学生则更注重理论知识的深入学习。

在了解学生的个性差异和需求后,教师需要对学生的情况进行分类和归纳,为后续的个性化学习指导提供支持。例如,可以将学生分为不同的学习类型或层次,针对不同类型或层次的学生提供不同的教学策略和资源支持。

(二)提供定制化的学习资源与策略

根据学生的个性差异和需求,教师需要为学生提供定制化的学习资源与策略。这包括为学生提供适合其学习风格和需求的教材、课件、视频、音频等学习资源,为学生提供个性化的学习策略和方法指导,以及为学生提供针对性的学习辅导和练习等。

例如,对于视觉学习者,教师可以为其提供丰富的图片、图表和视频资料,帮助其更好地理解和记忆新知识;对于听觉学习者,教师则可以为其提供音频资料或朗读练习,帮助其提高听力和口语能力。此外,教师还可以根据学生的学习进度和需求,为其提供额外的辅导和练习,帮助其解决学习中的难点和问题。

(三)关注学生的情感需求与心理健康

在英语学习过程中,学生可能会遇到各种情感和心理问题,如焦虑、挫败感、自卑等。这些问题不仅会影响学生的学习效果，还可能对其身心健康造成不良影响。因此，教师需要关注学生的情感需求与心理健康，为他们提供情感支持和心理辅导。

为了关注学生的情感需求与心理健康，教师首先需要与学生建立良好的师生关系，通过课堂互动、课后交流等方式增进彼此的了解和信任。在此基础上，教师需要关注学生的情绪变化和心理状态，及时发现并解决学生可能存在的情感和心理问题。例如，可以定期与学生进行个别谈话或心理咨询，了解学生的学习情况和心理状态；可以组织一些有益的课外活动或团体辅导，帮助学生缓解学习压力和焦虑情绪；还可以鼓励学生参与一些自我提升和自我展示的活动，增强学生的自信心和成就感。

（四）建立长期的学习伙伴关系

为了提供持续的学习支持，教师需要与学生建立长期的学习伙伴关系。这包括定期与学生进行沟通和交流，为他们提供持续的学习资源和指导，鼓励他们参与课外活动和英语角等实践机会等。通过建立长期的学习伙伴关系，教师可以更好地了解学生的学习情况和需求变化，为学生提供更加精准和有效的学习支持。

为了建立长期的学习伙伴关系，教师首先需要保持与学生的定期联系和沟通。例如，可以每周或每月安排一次固定的交流时间，与学生进行面对面的谈话或在线交流；可以定期向学生发送学习资料或学习建议，帮助他们更好地规划和管理自己的学习过程；还可以鼓励学生随时向教师提问或寻求帮助，确保学生在学习过程中得到及时的指导和支持。此外，教师还需要积极参与和组织一些课外活动或英语角等实践机会，为学生提供一个更加广阔的英语学习和交流平台。通过这些措施，教师可以与学生建立起一种互相信任、互相支持的学习伙伴关系，共同促进学生的英语学习和发展。

第二节 教师作为合作者的角色

在现代高等教育体系中，英语教师的角色已经远远超出了传统的知识传授者的范畴。他们不仅是学生的引导者，更是学生的合作者。这种合作不仅体现在课堂教学上，还贯穿于课程设计、实施以及学生的团队协作等方面。以下将详细探讨高校英语教师在这些方面所扮演的合作者角色。

一、与学生建立平等的合作关系

在现代教育理念中，学生不再是被动的知识接受者，而是教育过程中的主体。高校英语教师作为教育者的角色也随之发生了转变,从单纯的知识传授者变成了学生学习的引导者和合作者。与学生建立平等的合作关系,不仅有助于激发学生的学习兴趣和主动性,更是提高教学质量和效果的关键。

(一)尊重学生的主体地位

尊重学生的主体地位是建立平等合作关系的基础。高校英语教师首先要转变观念,从传统的以教师为中心的教学模式中解放出来,真正认识到学生是学习的主体。在教学过程中,教师应该尊重学生的个性差异、学习方式和思维特点,给予他们充分的自主权和选择权。例如,在设计教学任务和活动时,可以考虑学生的兴趣和需求,让他们参与到决策过程中来,这样不仅能增强学生的学习动机,还能培养他们的责任感和自主性。

尊重学生的主体地位还意味着教师要鼓励学生发表自己的观点和看法。在传统的教学模式中,教师往往扮演着"权威"的角色,学生的观点和看法往往被忽视或压制。然而,在平等的合作关系中,教师应该尊重学生的话语权,鼓励他们提出不同的见解和解决问题的方法。这样不仅能够营造开放、包容的学习氛围,还能培养学生的批判性思维和创新能力。

(二)倾听学生的声音

倾听是一种重要的沟通技巧,也是建立平等合作关系的关键。高校英语教师应该学会倾听学生的声音,了解他们的内心世界和学习需求。在教学过程中,教师应该给予学生充分的时间和机会来表达自己的观点和感受,而不是一味地灌输知识。通过倾听,教师能够更好地理解学生的学习难点和困惑,从而提供更具针对性和有效性的教学支持。

倾听学生的声音还意味着教师要对学生的反馈和建议给予积极的回应。在教学过程中,学生的反馈和建议是宝贵的教学资源,能够帮助教师不断改进教学方法和手段。教师应该以开放、包容的心态接受学生的反馈和建议,及时调整教学策略,以满足学生的学习需求。这样不仅能够提高教学效果和满意度,还能增强学生的归属感和参与感。

(三)创设民主的学习氛围

民主的学习氛围是建立平等合作关系的必要条件。高校英语教师应该努力创设一个开放、包容、自由的学习环境,让学生敢于表达、敢于质疑、敢于创新。在这样的氛围中,学生不仅能够获得知识和技能的提升,还能培养起独立思考和解决问题的能力。

要创设民主的学习氛围,教师首先要摒弃"一言堂"的教学模式,鼓励学生参与到教学过程中来。例如,可以采用小组讨论、角色扮演、辩论等多样化的教学方式,让学生有机会发表自己的观点和看法。同时,教师还应该尊重学生的不同意见和观点,不轻易否定或批评学生的想法。这样能够营造宽松、和谐的学习氛围,让学生更加积极地参与到教学活动中。

二、促进学生的团队协作与交流

在当今社会,团队协作能力已经成为一种重要的职业素养。高校英语教师应该通过各种教学手段和活动,促进学生的团队协作与交流,培养他们的团队精神和沟通能力。

(一)分组教学与项目式学习

分组教学与项目式学习是促进学生团队协作与交流的有效方式之一。在这种教学模式下,学生被分成若干个小组,每个小组承担一定的学习任务或项目。为了完成任务或项目,小组成员需要相互协作、共同交流。这样不仅能够提高学生的团队协作能力,还能培养他们的沟通技巧和问题解决能力。

在分组教学与项目式学习中,教师应该根据学生的兴趣、能力和性格等特点进行合理分组,确保每个小组都能够有效地开展工作。同时,教师还应该明确学习任务和目标,提供必要的资源和指导,让学生能够在小组内充分发挥自己的优势和特长。通过小组内的协作与交流,学生能够更好地理解和掌握知识,提高学习效果和满意度。

(二)鼓励多元观点与讨论

在团队协作与交流的过程中,高校英语教师应该鼓励多元观点的存在和讨论。不同的学生有不同的背景和经历,他们对同一问题可能有不同的看法和解决方案。教师应该尊重这种差异,并引导学生通过讨论和交流来寻找最佳答案。这样不仅能够拓宽学生的视野,还能培养他们的批判性思维能力。

为了鼓励多元观点与讨论,教师可以采用开放式的问题和任务,让学生有机会从不同的角度思考和解决问题。同时,教师还应该营造宽松、自由的讨论氛围,让学生敢于表达自己的观点和看法。在讨论过程中,教师应该给予积极的反馈和引导,帮助学生深入理解问题本质和解决方法。通过多元观点与讨论,学生能够更加全面地了解问题,提高思维能力和判断力。

(三)提供适时的指导与支持

虽然团队协作与交流强调的是学生的自主性,但高校英语教师的指导作用仍然不可忽视。教师应该在学生遇到困难或问题时,提供适时的指导和支持。这种指导可以是方向性的引导,也可以是具体方法的传授。通过教师的指导,学生能够更快地找到解决问题的途径,从而提高团队协作与交流的效率。

在提供指导与支持时,教师应该根据学生的实际情况和需求进行个性化辅导。例如,对于基础较差的学生,可以从基础知识入手进行辅导;对于思维活跃的学生,可以引导他们进行深入的思考和探讨。同时，教师还应该注重培养学生的自主学习能力和问题解决能力，让他们能够在未来的学习和工作中独立应对各种挑战。

（四）培养学生的跨文化交际能力

在全球化的背景下，跨文化交际能力已经成为高校英语教育的重要目标之一。高校英语教师不仅要传授语言知识，更要培养学生的跨文化意识和交际能力。这样才能让学生在未来的国际交流中更好地理解和尊重不同文化背景的人，有效地进行跨文化沟通。

为了培养学生的跨文化交际能力，教师可以组织各种跨文化交流活动，如模拟联合国、国际文化节等。这些活动可以让学生亲身体验不同文化的魅力，增强他们的跨文化意识和兴趣。同时，教师还可以通过文化对比、文化讲座等方式，引导学生深入了解不同文化的特点和差异，培养他们的跨文化敏感性和适应性。此外，教师还可以利用多媒体和网络资源为学生提供丰富的跨文化学习材料和实践机会，如观看外国电影、与外国友人在线交流等。这些实践活动能够帮助学生将所学知识应用到实际交流中，提高他们的跨文化交际能力和自信心。

三、共同参与课程设计与实施

在现代教育理念中，学生不再是被动接受知识的容器，而是教育过程中的主体和参与者。因此，高校英语教师在课程设计与实施过程中，应积极邀请学生共同参与，充分发挥他们的主观能动性和创造性，从而提高教学效果和学习体验。

（一）邀请学生参与课程设计

课程设计是一个复杂而系统的过程，需要充分考虑学生的实际情况、兴趣爱好和学习需求。为了确保课程更加符合学生的实际需求和兴趣爱好，高校英语教师可以积极邀请学生参与到课程设计的过程中。

通过问卷调查、小组讨论、个别访谈等方式，教师可以广泛收集学生对课程的意见和建议，了解他们对课程内容、教学方法、评价方式等方面的需求和期望。这些宝贵的第一手资料，将为教师提供重要的参考依据，使课程设计更加贴近学生的实际需求和兴趣爱好。

在收集到学生的意见和建议后，教师应认真整理和分析，将其纳入课程设计的考量因素中。例如，可以根据学生的需求调整课程内容的重点和难点，增加学生感兴趣的话题和案例；可以根据学生的学习风格和习惯选择合适的教学方法和手段，提高教学效果和学习体验；可以根据学生的反馈和评价调整课程进度和难度，确保课程目标的实现。

（二）实施以学生为中心的教学方法

传统的以教师为中心的教学方法往往忽视了学生的主体地位和学习需求，容易导致学生学习兴趣不高、参与度不足等问题。为了解决这些问题，高校英语教师应该摒弃传统的教学模式，转而实施以学生为中心的教学方法。

以学生为中心的教学方法强调以学生为中心，以学生的学习需求和发展为目标进行教学设计。在这种教学模式下，教师需要关注学生的个体差异和学习需求，采用多样化的教学手段和策略来激发学生的学习兴趣和积极性。例如，可以采用翻转课堂的教学模式，让学生在课前自主学习相关知识，课堂上则通过小组讨论、案例分析等方式进行深入探究和实践；可以采用项目式学习的教学方法，让学生以小组为单位完成实际项目或任务，培养他们的团队协作和问题解决能力。

通过实施以学生为中心的教学方法，教师可以有效地提高学生的学习积极性和参与度。学生在这种教学模式下将不再是被动的接受者，而是成为积极的参与者和探索者。他们将有更多的机会发挥自己的主观能动性和创造性，从而更好地理解和掌握英语知识。

（三）注重形成性评价与反馈

形成性评价是一种关注学生学习过程的评价方式，它能够为教师提供及时的教学反馈和学生的学习情况。与传统的终结性评价相比，形成性评价更加注重对学生学习过程的观察和记录，能够及时发现和解决学生在学习过程中遇到的问题和困难。

高校英语教师应该注重形成性评价的运用。通过观察、记录和分析学生在学习过程中的表现和问题，教师可以及时调整教学策略和方法，确保教学目标的实现。例如，可以通过课堂观察、作业批改、小组讨论等方式收集学生的学习情况和反馈意见，及时发现问题并进行针对性的指导和帮助。

同时，教师也应该将评价结果及时反馈给学生。通过反馈，学生可以了解自己的学习状况并调整学习策略，从而更好地掌握英语知识和技能。反馈应该具体、明确、及时，并且要针对学生的个体差异进行个性化的指导和帮助。

（四）共同反思与持续改进

课程设计与实施是一个动态的过程，需要不断地进行反思和改进。高校英语教师应该与学生一起对课程设计和实施过程进行反思，总结经验教训并提出改进建议。

通过反思，教师可以深入了解自己在教学过程中的优点和不足，发现潜在的问题和挑战。同时，学生也可以对自己的学习过程和成果进行反思和总结，明确自己的进步和需要改进的地方。

在反思的基础上，教师应该及时提出改进建议并付诸实践。这些建议可以包括调整课程内容和难度、改进教学方法和手段、完善评价方式和标准等方面。通过持续改进，教师可以不断完善课程设计和实施过程，提高教学效果和学习体验。

四、分享教学资源与经验，促进共同成长

在信息化时代，教学资源和经验的分享已经成为促进教育公平和提高教育质量的重要手段。高校英语教师应该积极开放自己的教学资源与平台，与学生分享优质的教学资源和经验，促进共同成长和进步。

（一）开放教学资源与平台

高校英语教师通常拥有丰富的教学资源和经验，这些资源和经验对于学生的学习和成长具有重要的价值。为了充分发挥这些资源和经验的作用，教师应该积极开放自己的教学资源与平台，与学生分享优质的教学资源和经验。

例如，可以将自己的课件、教案、教学视频等上传到网络平台上供学生下载和学习。这些资源可以帮助学生更好地理解和掌握英语知识，提高学习效果和学习效率。同时，教师还可以推荐一些优秀的学习资源给学生，帮助他们拓宽学习渠道和视野。这些资源可以包括优秀的英语教材、在线课程、学习网站等。

通过开放教学资源与平台，教师可以为学生提供更加丰富多样的学习资源和经验，促进他们的全面发展和进步。同时，这种分享和交流也有助于增进师生之间的感情和信任，为教育教学的顺利开展创造良好的氛围和条件。

（二）鼓励学生分享学习成果与经验

学生也是教学资源的重要提供者。他们在学习过程中积累的经验和成果对于其他同学的学习和成长具有重要的借鉴意义。因此，高校英语教师应该鼓励学生分享自己的学习成果和经验。

例如，可以组织学生进行优秀作文展示、独特解题思路分享、有效学习方法交流等活动。这些活动可以为学生提供展示自己才华和成果的机会，同时也可以帮助他们相互学习、相互借鉴，实现共同成长和进步。

在鼓励学生分享学习成果与经验的过程中，教师需要注意以下几点：首先，要尊重学生的个体差异和独特性，鼓励每个学生都积极参与分享和交流；其次，要注重对分享内容的引导和评价，确保分享的内容具有积极的意义和价值；最后，要营造开放、包容、互助的分享氛围，让每个学生都能够感受到分享的乐趣和收获。

（三）建立互动式的学习环境

互动式的学习环境能够促进师生之间的交流和合作，提高教学效果和学习体验。高

校英语教师应该利用现代信息技术手段建立互动式的学习环境。

例如,可以利用社交媒体、在线论坛等工具与学生进行实时交流和互动。这些工具可以为学生提供更加便捷、灵活的交流方式,让他们能够随时随地向教师提问、寻求帮助或分享经验。同时,教师还可以利用这些工具发布课程通知、作业要求、学习资源等信息,方便学生及时获取和了解。

通过建立互动式的学习环境,教师可以及时解决学生的学习问题,增进师生之间的感情和信任。同时,这种互动式的交流也有助于激发学生的学习兴趣和积极性,提高他们的自主学习能力和问题解决能力。

(四)共同开展学术研究与实践活动

高校英语教师还可以与学生共同开展学术研究和实践活动。这些活动可以为学生提供更加深入、系统的学习体验,培养他们的学术研究能力和实践能力。

例如,可以指导学生参与课题研究、撰写学术论文、参加学术会议等。通过这些活动,学生可以深入了解某个领域的研究现状和发展趋势,掌握相关的研究方法和技能,培养自己的创新思维和解决问题的能力。同时,教师还可以在与学生的合作过程中不断更新自己的知识和技能,实现自身的专业成长和发展。

共同开展学术研究与实践活动有助于增进师生之间的合作和互信。在这种合作模式下,教师不再是单纯的知识传授者,而是成为学生的合作者和指导者;学生也不再是被动的接受者,而是成为积极的参与者和探索者。这种合作模式将有助于培养学生的自主学习能力和创新精神,为他们的未来发展奠定坚实的基础。

第三节 教师作为研究者的角色

在现代高校教育体系中,英语教师的角色已经不再局限于传统的知识传授者,而是逐渐向多元化发展。其中,教师作为研究者的角色尤为重要。这一角色要求教师不仅深入掌握英语教学理论和实践,还要积极探索创新的教学方法与手段,并通过教学实验和行动研究不断检验和提升教学效果。

一、深入研究英语教学理论与实践

(一)掌握前沿教学理论

高校英语教师在提升教学质量的过程中,首要任务就是不断学习和掌握前沿的英语教学理论。这包括但不限于二语习得理论、各种先进的教学法以及课程设计理论等。这些理论不仅为教师提供了教学的指导思想，还为教师提供了丰富的教学方法和策略。

为了保持对英语教学领域前沿动态的敏锐洞察，教师可以通过多种途径进行学习和研究。例如，阅读国内外的专业文献，了解最新的教学理论和研究成果；参加学术研讨会，与同行进行深入的交流和讨论；还可以通过网络学习平台，获取最新的教学资源和信息。

掌握前沿教学理论对于高校英语教师来说具有重要的意义。一方面，它可以帮助教师更好地理解英语教学的本质和规律，提高教师的教学水平和能力；另一方面，它还可以为教师提供科学的教学方法和策略，指导教师的教学实践，提高教学效果和学生的学习效果。

（二）研究学生学习需求与特点

学生是教学的主体，了解学生的学习需求和特点是提高教学效果的关键。高校英语教师需要通过多种途径深入研究学生的学习动机、学习策略和学习风格等。

首先，教师可以通过问卷调查、访谈等方式，了解学生的学习需求和目标。例如，学生对于英语学习的期望是什么？他们希望通过英语学习获得哪些方面的能力和素质？这些信息可以帮助教师更好地调整教学内容和方法，满足学生的学习需求。

其次，教师还可以通过观察和分析学生的学习行为，了解学生的学习策略和学习风格。例如，有的学生善于通过记忆和模仿来学习，而有的学生则善于通过分析和推理来学习。了解这些特点可以帮助教师更好地因材施教，提高教学效果。

此外，教师还需要关注学生的学习动机。学习动机是影响学生学习效果的重要因素之一。教师可以通过激发学生的学习兴趣和内在动机，提高学生的学习积极性和主动性。例如，可以设计有趣的教学活动，提供具有挑战性的学习任务，让学生在学习过程中体验到成功和快乐。

（三）分析教材与教学资源

教材是教学的重要载体，高校英语教师需要对所使用的教材进行深入的分析和评价。这包括了解教材的编写理念、结构特点、内容选择以及适用对象等。通过对教材的分析和评价，教师可以更好地把握教材的重点和难点，为教学设计提供有力的支持。

同时，教师还应积极开发和利用各类教学资源。随着信息技术的发展，教学资源越来越丰富多样。例如，多媒体课件、网络资源、教学软件等都可以为英语教学提供有力的支持。教师可以根据教学需要和学生特点，选择合适的教学资源进行辅助教学。这不仅可以丰富教学手段，还可以提高学生的学习兴趣和效果。

在分析教材与教学资源的过程中，教师还需要关注资源的有效性和适用性。不同的教学资源具有不同的特点和适用范围，教师需要根据实际情况进行选择和应用。同时，教师还需要关注资源的更新和维护，确保资源的可持续利用效果。

二、探索创新的教学方法与手段

（一）尝试多样化的教学模式

传统的教学模式往往以教师为中心，注重知识的灌输，而忽视了学生的主体性和实践性。这种教学模式已经无法满足现代教育的需求。因此，高校英语教师需要积极尝试多样化的教学模式，以适应学生的学习需求和发展特点。

例如，翻转课堂是一种以学生为中心的教学模式。在这种模式下，学生可以在课前通过自主学习掌握基础知识，而课堂时间主要用于学生的讨论、交流和实践活动。这种教学模式可以充分发挥学生的主体性，提高学生的学习兴趣和积极性。

混合式教学是另一种创新的教学模式。它将在线学习和面对面教学相结合，充分发挥两种教学方式的优势。在线学习可以为学生提供丰富的学习资源和自主学习机会，而面对面教学则可以为学生提供及时的指导和反馈。这种教学模式可以提高学生的自主学习能力和学习效果。

项目式教学是一种以项目为导向的教学模式。在这种模式下，学生需要通过小组合作完成一个具体的项目任务。这种教学模式可以培养学生的团队合作精神和实践能力，提高学生的综合素质和创新能力。

（二）运用现代教学技术

随着信息技术的发展，现代教学技术为英语教学提供了更多的可能性。高校英语教师需要熟练掌握和运用多媒体技术、网络技术等现代教学技术，将其有效地融入课堂教学中。

多媒体技术可以为英语教学提供生动形象的教学内容。例如，利用图片、音频、视频等多媒体元素可以呈现真实的语言环境和文化背景，帮助学生更好地理解和掌握英语知识。同时，多媒体技术还可以为英语教学提供丰富的教学手段和策略。例如，利用多媒体教学课件可以设计有趣的教学活动，提高学生的学习兴趣和积极性。

网络技术可以为英语教学提供便捷的学习和交流平台。例如，利用网络平台可以开展在线学习、互动交流、作业提交等活动，延伸课堂教学的时间和空间。同时，网络技术还可以为英语教学提供丰富的学习资源和信息。例如，利用网络资源可以获取最新的英语新闻、文化资讯、学习资料等，帮助学生更好地了解英语国家的文化和社会。

(三）关注学生情感与人文素养的培养

英语教学不仅是语言知识的传授，更是情感交流和人文素养培养的过程。高校英语教师需要关注学生的情感需求，营造宽松、和谐的教学氛围。这可以帮助学生减轻学习压力，增强学习自信心和归属感。同时，教师还需要通过文学作品、文化背景等教学内容培养学生的跨文化意识、审美情趣和人文素养。这可以帮助学生更好地了解英语国家的文化和社会，提高学生的综合素质和跨文化交际能力。

为了关注学生的情感与人文素养的培养，教师需要在教学过程中注重与学生的情感交流。例如，可以通过课堂互动、小组讨论等方式增进师生之间的了解和信任，可以通过鼓励、表扬等方式激发学生的学习兴趣和自信心，还可以通过分享个人经历、感受等方式引导学生关注自己的内心世界和人文素养的培养。

（四）创新评价机制

评价是教学的重要环节，对于学生的学习动机和学习效果有着直接的影响。高校英语教师需要创新评价机制，采用多元化的评价方式和方法。这可以帮助学生更全面地了解自己的学习情况和进步程度，激发学生的学习动力和自信心。

例如，可以采用形成性评价与终结性评价相结合的方式。形成性评价注重对学生学习过程的评价，可以帮助学生及时发现和解决学习中的问题；终结性评价则注重对学生学习结果的评价，可以帮助学生了解自己的学习效果和水平。同时，还可以采用自评与他评相结合的方式。自评可以帮助学生反思自己的学习过程和方法，提高自我认知和自我管理能力；他评则可以帮助学生了解他人对自己的看法和建议，促进自我改进和提高。

在创新评价机制的过程中，教师还需要注重评价内容的全面性和科学性。评价内容不仅包括学生的语言知识掌握情况，还应包括学生的语言技能、学习策略、情感态度等方面的发展情况。这样可以更全面地反映学生的学习成果和进步程度，为学生的全面发展提供有力的支持。

三、开展教学实验与行动研究

（一）设计科学的教学实验

教学实验作为检验教学方法和手段有效性的重要手段，对于提高教学效果、优化教学过程具有重要意义。高校英语教师应充分认识到教学实验的重要性，积极投身于教学实验的设计与实施中。

在设计教学实验时，教师首先要明确实验目的，即希望通过实验验证什么假设或解决什么问题。实验目的应具体、明确，具有针对性和可操作性。其次，教师要选择合适的实验对象，确保实验样本的代表性和可比性。同时，教师还要根据实验目的和对象选择合适的实验方法，如对比实验、随机实验等。实验步骤应详细、具体，便于操作和重复。最后，教师应预测实验可能的结果，并制定相应的数据收集和分析计划。

通过科学的教学实验，教师可以收集到客观、准确的数据，进而对不同教学方法和手段的效果进行定量和定性评估。这样，教师可以更加科学地了解各种教学方法和手段的优缺点，为今后的教学提供更加有力的依据和支持。

（二）开展系统的行动研究

行动研究是一种以解决实际问题为目标的研究方法，强调在实践中进行研究，将研究结果应用于实践，并不断反思和总结。高校英语教师可以通过行动研究来解决自己在教学实践中遇到的问题，提高教学效果和质量。

开展行动研究时，教师首先要对问题进行诊断，明确问题的性质、原因和影响。然后，制定详细的行动计划，包括研究目标、研究方法、实施步骤和预期结果等。接下来，教师要按照计划实施行动，并密切观察行动过程和结果。最后，教师要对行动进行反思和总结，分析行动的成功之处和不足之处，并提出改进的策略和措施。

通过行动研究，教师不仅可以解决实际问题，还可以提高自己的研究能力和专业素养。同时，行动研究还有助于教师形成批判性思维和创新能力，推动教学实践的不断改进和发展。

（三）与同行合作与交流

教学实验和行动研究往往需要团队合作和跨学科交流。高校英语教师应积极与同行合作与交流，共同开展教学实验和行动研究项目。通过合作与交流，教师可以相互学习、相互启发，共同提高教学效果和研究水平。

与同行合作与交流的方式多种多样，如参加学术会议、加入教学团队、参与课题研究等。在合作与交流过程中，教师要注重倾听他人的意见和建议，尊重他人的观点和成果。同时，教师还要勇于表达自己的观点和看法，积极参与讨论和争辩。通过合作与交流，教师可以不断拓展自己的视野和思路，提高自己的教学水平和研究能力。

四、总结教学经验，持续提升教学质量

（一）及时总结教学经验

教学经验是教师宝贵的教学财富。高校英语教师在长期的教学过程中积累了丰富的经验，包括成功的教学案例、有效的教学方法、学生的学习反馈等。这些经验对于提高教学效果、优化教学过程具有重要意义。因此，教师应及时总结自己的教学经验，为今

后的教学提供借鉴和参考。

在总结教学经验时，教师要注重客观性和全面性，既要总结成功的经验，也要总结失败的教训；既要看到自己的优点和长处，也要看到自己的不足和短处。同时，教师还要注重经验的可操作性和可推广性。要将经验转化为具体的教学策略和措施，便于在今后的教学中应用和推广。

（二）深入反思教学问题

教学反思是教师专业发展的重要途径。高校英语教师在教学实践中难免会遇到各种问题和挑战。面对这些问题和挑战，教师应进行深入的反思和分析，找出问题的根源和解决方法。通过反思教学问题，教师可以不断优化自己的教学过程和方法，提高教学效果和质量。

在反思教学问题时，教师要注重批判性和创新性。要以批判的眼光看待自己的教学实践，敢于质疑和挑战传统的教学观念和方法。同时，教师还要注重创新性和实践性。要积极探索和创新教学方法与手段，将反思的结果应用于实践中进行检验和改进。

（三）积极参加专业培训与学术研讨

专业培训和学术研讨是提升教师专业素养的重要途径。随着教育改革的不断深入和科学技术的飞速发展，高校英语教师面临着越来越多的挑战和要求。为了适应这些挑战和要求，教师应积极参加各类专业培训和学术研讨活动，了解最新的教学理论和实践动态，学习先进的教学方法和手段。

通过专业培训与学术研讨，教师可以不断更新自己的教育观念和知识结构，提高自己的教学水平和研究能力。同时，教师还可以结识更多的同行和专家，拓展自己的人脉和交流渠道。这对于教师的个人发展和职业发展都具有重要意义。

（四）持续开展教学研究

教学研究是教师专业发展的重要组成部分。高校英语教师作为教学一线的实践者，具有丰富的教学实践经验和独特的教学视角。因此，教师应将教学研究贯穿于自己的整个职业生涯中，不断探索和创新教学方法与手段，分析教材与教学资源，关注学生的学习需求与特点等。

通过持续开展教学研究，教师可以不断提升自己的专业素养和教学能力。同时，教学研究还有助于教师形成自己的教学风格和特色，提高教学的吸引力和感染力。这对于培养高素质的英语人才、推动英语教育的改革与发展都具有重要意义。

第九章 学生学习策略多元化

第一节 学习策略概述

在当今的教育环境中,学生学习策略的多元化显得尤为重要。不同的学生有着不同的学习风格和习惯,因此,了解和掌握多种学习策略对于提高学生的学习效果至关重要。本节将对学习策略进行概述,包括其定义、分类、重要性与作用,以及高校英语学习策略的特点。

一、学习策略的定义与分类

（一）学习策略的定义

学习策略,这是一个在教育学、心理学等领域都备受关注的概念。简而言之,学习策略是指学生在学习过程中,为了达到更好的学习效果而采取的一系列有计划、有意识的方法和技巧。这些方法和技巧并非随意而为,而是经过深思熟虑、根据学习目标和内容精心选择的。它们可以帮助学生更有效地获取、存储、吸收和运用知识,从而提高他们的学习效率和成绩。

进一步说,学习策略是学习者在学习过程中为了促进其信息处理过程而采取的行为或形成的思想观念。它不仅仅是简单的学习方法或技能,更是一种综合性的、高层次的能力。这种能力需要学生在学习过程中不断培养、锻炼和提高。通过运用合适的学习策略,学生可以更好地理解和掌握所学知识,形成自己的知识体系和认知结构,从而为未来的学习和生活打下坚实的基础。

同时,学习策略的运用也是学生自我意识和自我监控的体现。它要求学生在学习过程中保持清醒的头脑,明确自己的学习目标和需求,根据实际情况灵活调整学习方法和策略。这种自我意识和自我监控能力的培养,不仅有助于提高学生的当前学习成绩,更对其未来的发展和成长具有深远的意义。

（二）学习策略的分类

学习策略的分类是一个复杂而又多样的话题。根据不同的标准和应用场景,学习策略可以被分为多种类型。这些分类方法各有侧重,但都是为了更好地理解和应用学习策略,提高学生的学习效果。

1. 认知策略

这是学习策略中最基础、最核心的部分。它主要涉及对信息的直接加工和处理,包括记忆、理解、应用等方面的技巧。例如,学生在记忆单词时可以采用各种记忆术,如联想记忆、构词记忆等;在理解课文时可以利用概念地图、思维导图等工具来梳理知识点;在应用所学知识时可以通过案例分析、问题解决等方式来加深理解和运用。

认知策略的运用需要学生具备一定的认知能力和思维技巧。它要求学生能够主动地、有目的地对信息进行加工和处理,而不是被动地接受和记忆。通过运用认知策略,学生可以更好地理解和掌握所学知识,提高学习效率和成绩。

2. 元认知策略

元认知策略是一种更高级别的学习策略,它主要涉及对认知过程的监控和调节。简单来说,元认知策略就是关于"如何思考"的策略。它包括计划、监控、评估等方面的技巧。例如,学生在开始学习前可以制定详细的学习计划,明确学习目标和时间安排;在学习过程中可以监控自己的学习进度和效果,及时调整学习方法和策略;在学习结束后可以对自己的学习成果进行评估和反思,总结经验教训,为未来的学习提供参考。

元认知策略的运用需要学生具备一定的自我意识和自我监控能力。它要求学生能够清晰地认识自己的学习过程和认知方式,根据实际情况灵活调整学习方法和策略。通过运用元认知策略,学生可以更好地规划和监控自己的学习过程,提高学习自主性和自我管理能力。

3. 资源管理策略

资源管理策略主要涉及对学习资源和环境的管理和利用。它包括时间管理、学习环境选择、努力管理等方面的技巧。例如,学生可以合理安排学习时间,避免拖延和浪费时间;可以选择安静、舒适的学习环境,减少干扰和分心;可以保持积极的学习态度,努力克服学习中的困难和挑战。

资源管理策略的运用需要学生具备一定的自我调控和自我管理能力。它要求学生能够主动地、有计划地管理和利用各种学习资源和环境,为学习创造良好的外部条件。通过运用资源管理策略,学生可以更好地利用和管理各种学习资源,提高学习效率和效果。

4. 情感策略

情感策略主要涉及对情感和动机的调节和控制。它包括自信心培养、焦虑管理等方面的技巧。例如,学生可以通过自我激励来提高自信心,相信自己能够克服困难、取得好成绩；可以通过深呼吸、放松训练等方法来缓解焦虑情绪，保持平静和冷静的心态。

情感策略的运用需要学生具备一定的情感调控能力。它要求学生能够正确地认识和处理学习中的情感问题，保持积极、稳定的心态。通过运用情感策略，学生可以更好地调节和控制自己的情感状态，提高学习积极性和效果。

二、学习策略的重要性与作用

（一）提高学习效率

学习效率是衡量学生学习成果的重要指标之一。在相同的学习时间内，掌握更多、更扎实的知识是每个学生的追求。而学习策略正是提高学习效率的关键所在。通过采用合适的学习策略，学生可以更有效地获取、存储和处理知识，从而节省学习时间，提高学习效率。

例如，使用记忆术可以帮助学生在短时间内记住大量的信息。记忆术是一种利用联想、想象等心理机制来增强记忆的方法。通过将抽象、枯燥的信息与生动、有趣的形象或场景联系起来，学生可以在脑海中形成深刻的印象，从而更容易地记住这些信息。此外，利用概念地图也可以帮助学生快速梳理和掌握知识点之间的关系。概念地图是一种用图形、线条和文字来表示知识点之间联系的工具。通过绘制概念地图，学生可以将零散的知识点整合成一个有机的整体，从而更好地理解和掌握所学知识。

（二）增强学习自主性

学习自主性是指学生在学习过程中能够主动地、有计划地安排自己的学习活动，而不是被动地接受教师的安排和指导。增强学习自主性是现代教育的重要目标之一，也是培养学生终身学习能力的基础。而学习策略的运用正是增强学习自主性的有效途径之一。

通过制定学习计划，学生可以明确自己的学习目标和进度，从而更有针对性地进行学习。同时，监控学习进度也是增强学习自主性的重要手段之一。通过监控自己的学习进度和效果，学生可以及时发现自己的不足和问题，并采取相应的措施进行改进和调整。这种自我监控和自我调节的能力不仅可以帮助学生更好地完成当前的学习任务，还可以为他们未来的学习和生活提供有力的支持。

（三）培养终身学习能力

终身学习能力是指一个人在一生中能够持续不断地学习、适应和发展的能力。随着社会的不断发展和变化，终身学习能力已经成为现代人必备的素质之一。而学习策略的培养正是提高终身学习能力的重要途径之一。

通过掌握多种学习策略，学生可以在不同的学习环境和情境中灵活运用，不断适应新的学习需求和挑战。例如，在面对新的学科或领域时，学生可以利用已有的学习策略来快速掌握新的知识和技能；在遇到困难和挑战时，学生可以通过调整学习策略来克服障碍、取得进步。这种灵活运用学习策略的能力不仅可以帮助学生更好地应对当前的学习任务，还可以为他们未来的职业发展和社会适应提供有力的保障。

（四）提升学习体验与兴趣

学习体验和兴趣是影响学生学习效果的重要因素之一。一个愉快、有趣的学习过程可以激发学生的学习兴趣和积极性，提高他们的学习参与度和效果。而合适的学习策略正是提升学习体验和兴趣的关键所在。

例如，通过采用情境教学法或游戏化学习等策略，教师可以将抽象、枯燥的知识与生动、有趣的情境或游戏结合起来，从而激发学生的学习兴趣和积极性。在这种有趣的学习环境中，学生可以更轻松地掌握所学知识，同时也可以培养他们的创造力和想象力。此外，通过合作学习或小组讨论等策略，教师可以增进学生之间的交流和合作，提高他们的学习参与度和团队协作能力。在这种互动的学习氛围中，学生可以相互启发、相互帮助，共同解决问题和完成任务，从而增强他们的学习成就感和自信心。

三、高校英语学习策略的特点

（一）注重语言技能的综合运用

高校英语学习不再局限于简单的语言知识点掌握，而是更加注重学生能否在实际交流中灵活运用所学知识。因此，学习策略多元化中的首要一点就是注重语言技能的综合运用。这包括听、说、读、写四个方面，它们相互关联、相互促进，共同构成了英语学习的完整体系。

在听力方面，学生需要通过大量的听力训练来提高自己的听力理解能力。这不仅仅是要听懂单词和句子，更重要的是要理解对话或文章的整体意思和深层含义。为此，学生可以选择适合自己的听力材料，如英语新闻、电影、电视剧、演讲等，通过精听和泛听相结合的方式来提高自己的听力水平。

在口语方面，学生需要积极参与口语练习，提高自己的口语表达能力。这可以通过参加英语角、与外教或同学进行对话、模仿英语母语者的发音和语调等方式来实现。口语练习不仅可以帮助学生更好地掌握语音、语调等基本知识，还可以培养他们的英语思维能力和快速反应能力。

在阅读方面，学生需要通过大量的阅读训练来提高自己的阅读理解能力。这包括阅读各种不同类型的文章，如新闻报道、科技文章、文学作品等。通过阅读，学生可以扩大词汇量、提高阅读速度和理解能力，同时还可以了解不同领域的知识和文化背景。

在写作方面，学生需要通过写作练习来提高自己的写作能力。这包括写各种不同类型的文章，如日记、故事、散文、论文等。通过写作，学生可以巩固所学知识，提高语言表达的准确性和流畅性，同时还可以培养自己的逻辑思维能力和创新能力。

（二）强调自主学习与合作学习相结合

高校英语学习强调学生的自主性，但这并不意味着学生应该完全独立地学习。相反，自主学习与合作学习相结合是一种更为有效的学习策略。

自主学习是指学生在教师的指导下，根据自己的学习基础和特点，选择适合自己的学习方法和策略，独立完成学习任务的过程。自主学习可以培养学生的独立思考和解决问题的能力，提高他们的学习积极性和主动性。为了实现自主学习，学生需要制定明确的学习计划和目标，合理安排时间，选择适合自己的学习材料和方法，监控自己的学习进度和效果，并及时调整学习策略和方法。

合作学习是指学生在小组或团队中共同完成任务，通过互相交流、讨论和协作来解决问题的过程。合作学习可以增进学生之间的交流和合作，提高他们的团队协作能力和社交技能。在合作学习中，学生需要积极参与讨论和交流，发表自己的观点和见解，倾听他人的意见和建议，共同解决问题和完成任务。同时，学生还需要学会如何与他人沟通和协作，如何处理不同意见和冲突，以及如何分配任务和责任等。

自主学习与合作学习相结合可以充分发挥两种学习方式的优势，达到更好的学习效果。在自主学习中，学生可以独立思考和解决问题，培养自己的自主学习能力和创新意识；在合作学习中，学生可以与他人交流和合作，提高自己的团队协作能力和社交技能。这种学习方式不仅可以帮助学生更好地掌握英语知识和技能，还可以培养他们的综合素质和能力，为未来的学习和工作打下坚实的基础。

（三）重视元认知策略的培养与运用

元认知策略是指学生对自己学习过程进行监控、调节和评估的能力，是高校英语学习中的重要策略之一。通过培养元认知策略，学生可以更好地规划和监控自己的学习过程，提高学习效率和质量。

首先，学生需要制定明确的学习计划和目标以指导自己的学习。制定学习计划可以帮助学生更好地规划自己的学习时间和任务，避免盲目学习和浪费时间。同时，制定明确的学习目标可以使学生更加明确自己的学习方向和目标，增强学习的目的性和动力。

其次，学生需要监控自己的学习进度和效果以及时调整学习方法和策略。在学习过程中，学生需要时刻关注自己的学习进度和效果，及时发现并解决问题。如果发现自己的学习方法或策略不合适或效果不佳，应及时进行调整和改进以提高学习效率和质量。

最后，学生需要评估自己的学习效果以总结经验教训并改进学习方法。在学习结束后，学生需要对自己的学习效果进行评估和总结以了解自己的学习成果和不足之处。通过评估和总结可以帮助学生更好地认识自己的学习特点和需求，为下一阶段的学习提供有益的参考和依据。同时还可以总结经验教训并改进学习方法，以提高未来的学习效果和质量。

为了培养学生的元认知策略教师可以采取以下措施：一是引导学生制定明确的学习计划和目标，二是教授学生如何监控自己的学习进度和效果，三是鼓励学生进行自我评估和总结以发现自己的不足之处并加以改进，四是提供适当的反馈和建议以帮助学生更好地调整自己的学习方法和策略。

（四）关注情感策略的运用与调整

情感因素在高校英语学习中扮演着重要的角色。积极的学习态度和情感可以激发学生的学习兴趣和动力，提高学习效果；而消极的学习态度和情感则会抑制学生的学习效果，甚至导致学习失败。因此，关注情感策略的运用与调整是高校英语学习中的重要一环。

为了保持积极的学习态度和情感，学生需要掌握一些有效的情感策略。首先，自我激励是一种重要的情感策略。学生可以通过设定明确的学习目标、奖励自己等方式来激发自己的学习动力和自信心。当遇到困难或挫折时，学生应该学会鼓励自己，相信自己有能力克服困难并取得成功。

其次，与他人交流也是缓解焦虑情绪和压力的有效途径。学生可以与同学、老师或家人交流自己的学习感受和困惑，寻求他们的帮助和支持。通过交流，学生可以更好地了解自己的学习情况和问题所在，并得到及时的解决和建议。同时，与他人交流还可以增进彼此之间的了解和友谊，为学习创造更加良好的氛围和环境。

除了以上两种情感策略外，学生还需要注意调整自己的情感状态以保持良好的学习心态。例如，当遇到学习困难或挫折时，学生应该学会保持冷静，分析问题并寻找解决方法；当取得学习成果或进步时，学生应该学会珍惜自己的成果并继续努力提高自己的水平。

第二节 多元化学习策略的培养

在英语教学过程中,培养学生的学习策略是至关重要的一环。多元化学习策略的培养不仅有助于提高学生的英语学习效果,还能够培养学生的学习能力和自主性。下面将从认知策略、元认知策略、社交/情感策略以及资源管理策略四个方面,详细探讨多元化学习策略的培养方法。

一、认知策略的培养与应用

认知策略在学生学习过程中扮演着至关重要的角色,它是学生处理信息的工具和方法,直接影响着学习效率和深度。在英语教学中,注重认知策略的培养与应用,对于提升学生的英语综合能力具有显著意义。

(一)注重词汇教学策略

词汇是语言学习的基础,英语词汇的掌握程度直接关系到学生的听说读写能力。然而,词汇学习并非简单的死记硬背,而是需要运用一定的策略和方法。教师可以通过以下途径帮助学生有效地扩大词汇量并提高其运用能力。

教授词汇记忆方法:如联想记忆法、词根词缀法等,这些方法可以帮助学生将新词汇与已知词汇联系起来,形成词汇网络,从而提高记忆效果。

构词法教学:通过讲解英语构词法,如合成、派生、转化等,引导学生理解词汇的构成规律,从而能够推测出未知词汇的含义。

上下文猜词策略:培养学生利用上下文线索猜测词义的能力,这不仅可以提高阅读速度和理解能力,还有助于增强学生的语言感知能力。

为了巩固学生的词汇记忆并提高运用能力,教师还可以鼓励学生积极开展课外阅读和写作活动。通过广泛的阅读,学生可以接触到更多的词汇和表达方式,从而丰富自己的语言库。而写作活动则可以促使学生主动运用所学词汇进行表达,进一步加深记忆和理解。

(二)强化语法规则训练

语法是语言的骨架,掌握基本的语法规则对于提高学生的英语准确性和流畅性至关重要。教师可以通过以下方式强化学生的语法规则训练。

系统的语法讲解:对英语的语法体系进行全面、系统的讲解,帮助学生建立起完整的语法知识体系。

句型操练：通过大量的句型操练，学生可以熟练掌握各种句型结构和表达方式。

对比分析：引导学生对英语和母语的语法规则进行对比分析，找出异同点，从而避免母语的负迁移现象。

归纳总结：鼓励学生在学习过程中对所学语法规则进行归纳总结，形成自己的语法笔记或思维导图，以便于复习和记忆。

通过这样的训练方式，学生不仅能够掌握基本的语法规则，还能够培养起自主发现语法规律并应用于实际交流中的能力。这种能力将使学生在未来的英语学习中更加得心应手，能够自如地运用英语进行各种交流活动。

（三）培养听力和阅读技巧

听力和阅读是获取语言输入的主要途径，也是提高学生英语综合能力的关键环节。教师可以通过以下途径培养学生的听力和阅读技巧。

教授听力预测技巧：引导学生在听前根据题干、选项等线索对听力内容进行预测，从而提高听力的针对性和准确性。

进行听力笔记训练：教授学生如何在听力过程中快速记录关键信息，如时间、地点、人物等，以便于在听后对听力内容进行回顾和总结。

讲授阅读理解技巧：教授学生略读、寻读、细读等阅读技巧，使学生能够在有限的时间内快速准确地获取文章的主旨大意和细节信息。

提高学生语篇分析能力：引导学生对文章进行深层次的分析和理解，如作者的写作意图、文章的结构布局等，从而提高学生的阅读鉴赏能力和批判性思维能力。

此外，教师还可以鼓励学生通过多听、多读、多模仿等方式培养语感并提高语言流畅性。这些技巧的培养不仅能够提高学生的英语输入效率，还能够为口语和写作输出提供有力的支持。

二、元认知策略的指导与实践

元认知策略是指学生对自己学习过程进行监控、调节和评估的能力。这种能力对于提高学生的自主学习能力和终身学习意识具有重要意义。在英语教学中，教师可以通过以下方式指导学生的元认知策略。

（一）设定明确的学习目标

明确的学习目标是学生进行有效学习的前提和基础。只有目标明确，学生才能够有针对性地进行学习和训练，从而提高学习效率和质量。教师可以通过以下方式帮助学生设定明确的学习目标。

与学生共同制定学习目标：教师根据学生的实际情况和学习需求，与学生共同制定具体、可衡量的学习目标。这样的目标既符合学生的实际情况，又能够激发学生的学习动力。

鼓励学生将目标细化：教师可以引导学生将总体目标细化为具体的子目标，以便于更好地实施和监控。例如，将提高英语阅读能力这一目标细化为每周阅读一篇英文文章，每天背诵一定数量的单词等具体的子目标。

定期回顾和调整目标：随着学习的深入和进步，学生的学习需求和目标也会发生变化。因此，教师需要定期与学生回顾和调整学习目标，以保持学习的持续性和动力。

（二）监控学习过程

监控学习过程是元认知策略的核心内容之一。它要求学生能够对自己的学习过程进行实时的监控和调节，确保学习按照既定的计划和目标进行。教师可以通过以下几点教授学生如何监控自己的学习过程。

注意力分配：引导学生合理分配注意力资源，确保重点内容和难点内容得到足够的关注和处理。例如，在阅读过程中，对于重要的信息点可以进行标记或做笔记，以便于后续的回顾和复习。

时间管理：教授学生如何合理安排学习时间，确保各项学习任务能够在规定的时间内完成。例如，可以制定详细的学习计划表或时间管理表，将每天的学习任务和时间安排清晰地列出来。

任务完成度：鼓励学生定期检查自己的学习任务完成情况，对于未完成的任务要及时分析原因并采取补救措施。例如，可以设置专门的学习进度表或任务清单来跟踪和管理自己的学习任务。

通过监控学习过程，学生可以及时发现并纠正学习中的偏差和不足，保持学习的正确方向。同时，这种监控过程也有助于培养学生的自律性和责任感，使其能够更加主动地投入到学习中去。

（三）评估学习效果

评估学习效果是元认知策略的另一个重要环节。它要求学生能够对自己的学习效果进行客观的评价和反思，以便于了解自己的学习进度和成果，并为下一阶段的学习提供有益的参考和依据。教师可以通过以下方式鼓励学生评估自己的学习效果。

自我测试：引导学生定期进行自我测试或模拟考试等活动来检验自己的学习成果。这种测试既可以帮助学生了解自己的掌握情况，也可以为后续的复习和巩固提供方向。

同学互评：鼓励学生之间进行相互评价和反馈活动来发现自己的优点和不足。通过互评活动，学生可以更加全面地了解自己的学习状况，并从他人的评价中获得新的启示和灵感。

教师反馈：及时给予学生反馈意见和建议来帮助他们调整学习策略和方法。教师的反馈可以为学生提供专业的指导和支持，使其能够更加有效地进行学习和训练。

通过评估学习效果，学生可以增强学习自信心和动力，同时也可以为下一阶段的学习提供有益的参考和依据。这种评估过程还有助于培养学生的批判性思维和自我反思能力，使其能够更加客观地看待自己的学习和进步。

（四）培养自我反思习惯

自我反思是元认知策略的重要组成部分。它要求学生在学习结束后对自己的学习过程进行回顾和总结，分析学习困难，提出改进措施。通过自我反思，学生可以深化对学习过程的理解和认识，提高自我认知和自我管理能力。教师可以通过以下方式引导学生培养自我反思习惯。

提供反思模板：为学生提供一些反思模板或问题列表来引导他们进行有针对性的反思活动。例如，可以设计一些关于学习目标、学习策略、时间安排等方面的反思问题供学生思考和回答。

鼓励写学习日记：鼓励学生写学习日记来记录自己的学习过程、感受和思考等内容。通过写日记的方式，学生可以更加深入地了解自己的内心世界和学习需求，从而更好地调整自己的学习策略和方法。

定期组织分享会：定期组织学生进行学习分享会来交流各自的学习经验和反思成果。通过分享会的方式，学生可以相互学习和借鉴他人的经验和教训，从而不断完善自己的学习和反思能力。

通过以上方式的引导和培养，学生可以逐渐养成自我反思的习惯，并在反思过程中不断提高自己的元认知能力和自主学习能力。这种能力的培养将对学生的未来学习和职业发展产生深远的影响和意义。

三、社交/情感策略的巩固与发展

社交/情感策略在学生的学习和成长中扮演着至关重要的角色。它涉及学生与他人之间的交流和合作，以及对自己情感的管理和调节。在英语教学过程中，教师可以通过多种方式支持学生的社交/情感策略发展，从而帮助学生更好地适应学习环境，提高学习效果，并促进他们的全面发展。

（一）创建积极的课堂氛围

积极的课堂氛围是培养学生社交/情感策略的基础。一个宽松、和谐、民主的课堂氛围能够让学生感到放松和自在，从而更愿意参与课堂活动，发表自己的观点和见解。为了营造这样的课堂氛围，教师应该尊重每个学生的个性和特点，鼓励他们发表不同的意见和看法，并提供充分的表达和交流机会。

同时，教师还应该关注学生的情感需求和心理状态。在学习过程中，学生可能会遇到各种困难和挫折，产生焦虑、沮丧等负面情绪。这时，教师应该及时给予关心和支持，帮助学生缓解压力、调整心态。通过倾听学生的心声、理解他们的感受，教师可以建立起与学生之间的信任和情感联系，从而更好地支持学生的社交/情感策略发展。

（二）开展小组合作活动

小组合作活动是培养学生社交/情感策略的有效途径之一。在小组合作中，学生需要与他人共同完成任务、解决问题，这要求他们学会与他人沟通、协作和分享。通过小组合作活动，学生可以锻炼自己的团队协作能力、沟通能力和领导能力，培养团队精神和合作意识。

为了有效地开展小组合作活动，教师应该根据学生的实际情况和兴趣爱好进行合理分组，并明确每个小组成员的角色和责任。同时，教师还应该为小组活动提供必要的指导和支持，帮助学生解决合作过程中遇到的问题和困难。在小组合作活动结束后，教师还应该组织学生进行总结和反思，让他们分享自己的经验和收获，从而进一步巩固和发展社交/情感策略。

（三）关注学生的个性差异

每个学生都有自己的个性特点和学习方式。在社交/情感策略的培养过程中，教师应该关注学生的个性差异，尊重学生的个性发展。对于内向、害羞的学生，教师应该给予更多的鼓励和支持，帮助他们克服心理障碍，勇敢地与他人交流；对于外向、活跃的学生，教师应该引导他们学会倾听和尊重他人的意见，培养他们的合作意识和团队精神。

同时，教师还可以通过个别辅导、心理咨询等方式帮助学生解决学习中的情感问题和心理困扰。例如，对于学习焦虑的学生，教师可以教给他们一些放松和调节情绪的方法；对于缺乏自信的学生，教师可以通过鼓励和肯定来增强他们的自信心。通过关注学生的个性差异并提供个性化的学习支持和情感关怀，教师可以更好地促进学生的社交/情感策略发展。

（四）培养跨文化意识

英语教学不仅是语言知识的传授过程，也是文化交流和传播的过程。在跨文化交流中，学生需要了解并尊重不同文化之间的差异和共性，学会用恰当的方式与他人交流。因此，培养学生的跨文化意识也是社交/情感策略的重要组成部分。

为了培养学生的跨文化意识，教师应该注重介绍英语国家的文化背景、风俗习惯等内容，让学生了解英语国家的文化特点和交流方式。同时，教师还可以通过组织文化交流活动、模拟跨文化场景等方式让学生在实践中体验和学习跨文化交流。通过培养跨文化意识，教师可以帮助学生更好地理解和运用英语进行跨文化交流，从而提高他们的社交能力和综合素质。

四、资源管理策略的教育与运用

资源管理策略是指学生在学习过程中有效管理和利用学习资源的能力。在英语教学过程中，教师应该教育学生运用资源管理策略，帮助他们更好地管理学习资源，提高学习效率。

（一）合理利用教材资源

教材是英语教学的主要资源之一。为了合理利用教材资源，教师应该根据学生的实际情况和教学目标进行选择和使用。首先，教师应该选择符合学生认知水平和兴趣爱好的教材，以激发学生的学习兴趣和积极性。其次，教师应该充分挖掘教材中的知识点和练习题目，帮助学生巩固和拓展所学知识。同时，教师还可以鼓励学生通过课外阅读、网络学习等方式拓展教材资源，丰富学习内容。

在利用教材资源的过程中，教师还应该注重培养学生的自主学习能力和探究学习能力。通过引导学生自主阅读教材、独立思考问题、主动寻求答案等方式，教师可以帮助学生逐渐摆脱对教师的依赖，培养起自主学习和探究学习的习惯和能力。

（二）开发多媒体教学资源

随着信息技术的发展，多媒体教学资源在英语教学中的应用越来越广泛。多媒体教学资源具有直观、生动、形象等特点，能够为学生提供更加丰富和多样的学习体验。因此，教师应该积极开发多媒体教学资源，如课件、视频、音频等，为学生提供更加生动和有趣的学习内容。

在开发多媒体教学资源的过程中，教师需要注意以下几点：首先，多媒体教学资源应该与教学目标和内容相匹配，避免出现形式与内容脱节的情况；其次，多媒体教学资源应该注重学生的参与和互动，避免成为单向灌输的工具；最后，多媒体教学资源应该注重培养学生的思维能力和创新能力，避免简单地呈现知识和答案。

同时，教师还应该指导学生如何有效地利用多媒体教学资源进行自主学习和探究学习。例如，教师可以引导学生利用网络资源进行搜索和整理资料、利用在线学习平台进行自主学习和测试等。通过有效地利用多媒体教学资源进行学习，学生可以更好地理解和掌握所学知识，提高学习效率和效果。

（三）利用网络资源进行学习

网络资源是英语学习的重要补充和扩展。随着互联网的普及和发展，越来越多的英语学习资源可以在网络上找到。为了帮助学生更好地利用网络资源进行学习，教师应该鼓励学生利用网络资源进行学习，如在线词典、英语学习网站、社交媒体等。

在利用网络资源进行学习的过程中，教师需要注意以下几点：首先，网络资源虽然丰富但并非都是可信的，教师应该引导学生注意网络资源的真实性和可靠性；其次，网络资源的学习需要有一定的自律性和自主性，教师应该帮助学生建立起良好的自主学习习惯和能力；最后，网络资源的学习也需要与课堂教学相结合，教师应该引导学生将网络资源与课堂教学内容进行整合和拓展。

同时，教师还应该教授学生一些网络搜索技巧和信息筛选方法，帮助他们更高效地获取有用的学习资料和信息。通过利用网络资源进行学习，学生可以接触到更广泛的知识领域，了解更多的文化背景和社会现象，从而拓展视野、提高综合素质。

（四）培养时间管理能力

时间管理是资源管理策略的重要组成部分。在学习过程中，学生需要合理安排时间进行学习、休息和娱乐等活动。为了帮助学生培养时间管理能力，教师应该首先帮助学生认识到时间管理的重要性，并教授他们如何合理安排时间进行学习。

具体来说，教师可以通过制定学习计划、设置时间限制等方式来帮助学生更好地掌控自己的学习时间。例如，教师可以引导学生制定每天或每周的学习计划，明确学习任务和时间安排；同时还可以设置一定的时间限制来督促学生集中注意力，提高学习效率。通过合理安排时间进行学习，学生可以更好地掌握所学知识，提高学习质量。

同时，教师还应该鼓励学生养成良好的时间管理习惯。例如，做到按时完成作业、遵守课堂纪律、合理安排课余时间等。通过培养良好的时间管理习惯，学生可以逐渐形成自律性和自主性，为未来的学习和生活打下坚实的基础。此外，教师还可以通过分享一些时间管理技巧和方法来帮助学生更好地管理时间，提高学习效率。例如，教授学生如何制定优先级列表、如何利用番茄工作法等方法来提高工作效率和专注力。

第三节　学习策略与自主学习能力的关系

在当今的教育背景下，学习策略与自主学习能力已成为教育领域的热门话题。这两者之间存在着密切的联系，相互促进，共同构成了学生有效学习的基石。以下将详细探讨学习策略与自主学习能力之间的关系。

一、自主学习能力的定义与要素

（一）自主学习能力的定义

自主学习能力是指学生在无外界直接指导或干预的情况下，凭借自身的学习动力、学习策略和自我监控及学习评价等能力，主动地、有计划地、有效地进行学习的能力。这种能力体现了学生在学习过程中的主体性和独立性，要求他们不仅要掌握知识，更要懂得如何学习，如何根据自己的需求和目标调整学习策略，如何监控和评价自己的学习过程。自主学习能力是终身学习的基础，也是现代社会对人才的基本要求之一。

自主学习能力的核心在于学生的主动性。主动性是指学生在学习过程中能够自发地产生学习需求，明确学习目标，制定学习计划，并付诸实践。这种主动性来源于学生对知识的渴望和对自我发展的追求，是他们实现自我价值的内在动力。

（二）自主学习能力的要素

1.学习动机

学习动机是自主学习的原动力，它决定了学生是否愿意投入时间和精力进行学习。具有明确学习目标和强烈学习愿望的学生，往往能够保持对学习的持续兴趣和热情，即使在遇到困难时也能够坚持不懈。学习动机的来源多种多样，可能是对知识的兴趣、对未来的规划、对成就的追求等。教师应该通过多种方式激发学生的学习动机，使他们对学习充满热情和期待。

2.学习策略

学习策略是学生在自主学习过程中采用的一系列方法和技巧，它们旨在提高学习效率和质量。掌握有效的学习策略可以使学生更加高效地进行学习，避免走弯路和浪费时间。学习策略的选择和运用需要根据不同的学习任务和情境进行灵活调整。例如，在阅读时可以采用略读和寻读策略来快速获取信息，在记忆时可以采用联想记忆和重复策略来加深印象，在解决问题时可以采用分析和归纳策略来理清思路等。

3.自我监控

自我监控是学生在自主学习过程中对自己的学习行为、学习策略和学习效果进行实时的观察和调整的能力。通过自我监控，学生可以确保自己的学习按照既定的计划和目标进行，及时发现并纠正偏差。自我监控需要学生具备一定的元认知能力，即对自己的认知过程进行反思和调控的能力。例如，在学习过程中，学生可以通过自我提问、自我总结等方式来检验自己的理解程度；在遇到困难时，可以通过调整学习策略或寻求帮助来解决问题等。

4.学习评价

学习评价是学生在自主学习过程中对自己的学习效果进行客观的判断和评估的能力。通过学习评价，学生可以了解自己的进步和不足，及时调整学习策略和方法，以提高学习效率和质量。学习评价需要学生具备一定的批判性思维能力，即对自己的学习成果进行反思和批判的能力。例如，在完成一项学习任务后，学生可以通过自我评价表或与他人交流等方式来评估自己的学习效果；在发现不足时，可以通过制定改进计划或寻求反馈来完善自己的学习等。

二、学习策略在自主学习中的作用

（一）提高学习效率

学习策略对于提高学习效率具有显著的作用。首先，有效的学习策略可以帮助学生更加快速、准确地获取和处理信息，避免在信息海洋中迷失方向。例如，在阅读时采用略读和寻读策略可以快速找到关键信息，在记忆时采用联想记忆策略可以加深记忆印象等。其次，学习策略可以帮助学生更加系统地组织和整合知识，形成清晰的知识结构，便于记忆和提取。例如，在复习时采用概念图或思维导图等方式可以帮助学生梳理知识点之间的关系，在解决问题时采用分析和归纳策略可以帮助学生理清思路等。最后，学习策略还可以帮助学生更加高效地进行练习和反馈，及时发现并纠正错误，提高学习效果。例如，在做题时采用逐步逼近策略可以帮助学生逐步解决问题，在反馈时采用自我评价或他人评价等方式可以帮助学生了解自己的不足并制定改进计划等。

（二）增强学习动力

学习策略的运用不仅可以提高学习效率，还可以增强学生的学习动力。首先，掌握有效的学习策略可以使学生更加自信地面对学习任务和挑战，减少焦虑和恐惧情绪。当学生发现自己能够运用策略解决问题并取得进步时，他们会更加相信自己的能力和价值，从而增强学习动力。其次，学习策略的运用可以使学生更加积极地参与到学习过程中，体验到学习的乐趣和成就感。当学生发现自己能够通过努力和实践掌握新知识和技能时,他们会更加珍惜这个过程并愿意继续投入时间和精力进行学习。最后,学习策略的运用还可以培养学生的自主学习意识和习惯,使他们更加主动地寻求知识和发展机会,为终身学习打下坚实的基础。

（三）培养自主学习能力

学习策略的运用是培养学生自主学习能力的重要途径之一。首先,在学习策略的选择和运用过程中,学生需要具备一定的自我认知能力和批判性思维能力。通过不断地尝试、总结和调整学习策略,学生可以逐渐培养起这些能力并形成自己的学习风格和特色。其次,在学习策略的运用过程中,学生需要具备一定的自我监控能力和自我调节能力。通过实时地观察自己的学习行为和效果并作出相应的调整,学生可以逐渐培养起这些能力并形成自主学习的习惯和意识。最后,在学习策略的运用过程中,学生还需要具备一定的合作能力和交流能力。通过与他人合作和交流学习经验和策略,学生可以不断拓展自己的视野和思路并提高自己的学习效果和质量。

（四）促进创新思维发展

灵活运用学习策略可以帮助学生从不同的角度思考和解决问题,有利于培养学生的创新思维和发散性思维。首先,在学习策略的选择和运用过程中,学生需要打破常规思维和固定模式,尝试新的方法和途径来解决问题。这种尝试和探索的过程本身就是一种创新思维的表现和锻炼。其次,在学习策略的运用过程中,学生需要不断地反思和批判自己的学习成果和过程,寻找改进和创新的可能性。这种反思和批判的过程也是一种创新思维的表现和锻炼。最后,在学习策略的运用过程中,学生还需要与他人合作和交流学习经验和策略,借鉴他人的思路和想法并激发自己的灵感和创意。这种合作和交流的过程也是一种创新思维的表现和促进因素之一。

三、通过学习策略培养自主学习能力的方法

自主学习是当代教育的核心理念之一,它强调学生在学习过程中的主体地位和能动性。而学习策略则是自主学习的有力工具,它可以帮助学生更加有效地进行学习和探索。因此,通过学习策略来培养学生的自主学习能力具有重要的意义和价值。

（一）教授学习策略

教授学习策略是培养学生自主学习能力的第一步。教师可以通过多种途径向学生传授有效的学习策略和方法,从而提高他们的学习效率和质量。

首先，教师可以结合课堂教学内容，有针对性地介绍一些常用的学习策略。例如，在阅读教学中，教师可以向学生介绍如何运用略读、寻读等技巧来快速获取文章的主旨大意；在写作教学中，教师可以向学生介绍如何运用头脑风暴、列提纲等方法来拓展写作思路和整理文章结构。

其次，教师还可以通过专题讲座、工作坊等形式，向学生系统地介绍学习策略的理论知识和实践应用。这些活动可以帮助学生更加全面地了解学习策略的种类、特点和使用方法，从而为他们的自主学习提供有力的支持。

此外，教师还应该鼓励学生分享自己的学习心得和经验。通过分享交流，学生可以从他人的成功案例中汲取灵感和启示，从而不断完善自己的学习策略和方法。这种分享交流的过程也有助于培养学生的合作精神和团队意识。

（二）引导实践应用

实践是检验真理的唯一标准。只有将所学的学习策略应用到实际学习中去，才能真正发挥其作用和价值。因此，教师要鼓励学生积极地将所学策略运用到日常学习中去，并通过布置具有挑战性的学习任务来引导学生运用策略解决问题。

例如，教师可以设计一些开放性的研究课题或项目任务，要求学生运用所学策略进行自主探究和合作学习。这些任务既可以检验学生对策略的掌握情况，又可以锻炼他们的自主学习能力和问题解决能力。同时，教师还可以根据学生的实际情况和需求，为他们提供个性化的指导和支持，以确保每个学生都能够在实践中获得成长和进步。

（三）提供反馈指导

反馈是学生学习过程中的重要环节，它可以帮助学生了解自己的学习状况和进步情况，从而及时调整学习策略和方法。因此，教师要及时对学生的学习过程给予反馈和指导，以帮助他们更好地完善自己的学习策略和方法。

教师可以通过多种方式为学生提供反馈指导。例如，可以定期对学生的作业、测试等进行评价和点评，指出他们在策略运用上的不足之处，并提供改进建议；还可以组织学生进行小组讨论或个别辅导，针对他们在实践中遇到的问题和困难进行解答和引导。通过这些反馈指导活动，教师可以帮助学生更加全面地认识自己的学习状况和需求，从而为他们提供更加有针对性的支持和帮助。

（四）培养反思习惯

反思是学生自主学习的关键环节之一，它要求学生对自己的学习过程进行回顾和总结，分析策略运用的得失，以便在今后的学习中更好地调整和优化学习策略。因此，教师要引导学生养成反思的习惯，培养他们的元认知能力。

教师可以通过设置反思任务、提供反思模板等方式来引导学生进行反思活动。例如，可以要求学生在完成学习任务后对自己的学习过程进行回顾和总结，分析自己在策略运用上的成功经验和不足之处；还可以鼓励学生写学习日记或周记来记录自己的学习心得和感受。通过这些反思活动，学生可以更加深入地了解自己的学习过程和学习需求，从而为他们今后的自主学习提供更加明确的方向和目标。

四、学习策略与自主学习能力的相互促进

学习策略与自主学习能力之间存在着密切的联系和互动关系。它们相互促进、相互制约，共同影响着学生的学习效果和未来发展。

（一）学习策略提升自主学习能力

掌握有效的学习策略可以帮助学生更加高效地进行自主学习。通过运用策略，学生可以更好地规划和管理自己的学习时间、资源和环境，提高自主学习的效率和质量。同时，学习策略还可以帮助学生更加深入地理解和掌握知识内容，促进他们的思维发展和创新能力提升。

例如，掌握记忆策略可以帮助学生更加有效地记忆所学内容，掌握阅读策略可以帮助学生更加快速地获取文章信息，掌握问题解决策略可以帮助学生更加灵活地应对各种复杂问题。这些策略的运用不仅可以提高学生的自主学习效果，还可以培养他们的自主学习意识和能力。

（二）自主学习能力促进学习策略的运用

具备较强自主学习能力的学生更善于运用学习策略。他们能够根据自己的学习需求和目标，灵活地选择和调整学习策略，以实现最佳的学习效果。同时，他们还能够主动地探索和实践新的学习策略和方法，不断丰富和完善自己的学习策略体系。

自主学习能力的提升可以促进学生更加积极地运用学习策略。因为具备自主学习能力的学生通常具有较强的学习动力和自我监控能力，他们能够更加主动地规划和管理自己的学习过程。而学习策略的运用则需要学生具备一定的自我意识和自我调控能力，因此自主学习能力的提升可以为学生更好地运用学习策略提供有力保障。

（三）两者共同推动学生的全面发展

学习策略与自主学习能力的相互促进有利于学生的全面发展。通过培养学习策略和运用自主学习能力，学生可以更好地适应不断变化的学习任务和环境，提高自己的综合素质和竞争力。

在现代社会中,知识更新速度日益加快,学生需要不断地更新知识和技能以适应社会的发展和变化。而掌握有效的学习策略并具备较强的自主学习能力则是学生应对这种挑战的重要武器。通过学习策略的培养和自主学习能力的提升,学生可以更加灵活地应对各种学习任务和环境变化,提高自己的适应能力和创新能力。同时,这种全面发展还有助于培养学生的终身学习能力和自我发展意识,为他们的未来发展奠定坚实基础。

（四）两者为学生终身学习奠定基础

随着科技的不断进步和社会的快速发展,终身学习已经成为现代人生存和发展的必然要求。而学习策略与自主学习能力的培养则为学生实现终身学习提供了有力支持。

首先,学习策略可以帮助学生更加高效地进行学习和探索。在终身学习的过程中,学生需要不断地获取新的知识和技能以适应社会的发展和变化。而掌握有效的学习策略则可以帮助学生更加快速地掌握新知识和技能,提高他们的学习效率和质量。

其次,自主学习能力可以培养学生的自我发展意识和能力。在终身学习的过程中,学生需要具备一定的自我规划和管理能力以实现自我提升和进步。而具备较强的自主学习能力则可以帮助学生更好地规划和管理自己的学习,培养他们的自我发展意识和能力。

最后,学习策略与自主学习能力的相互促进可以为学生实现终身学习提供有力保障。通过不断地运用学习策略和提高自主学习能力,学生可以更好地适应不断变化的学习任务和环境,实现自我提升和进步。而这种相互促进的关系也将为学生的终身学习提供源源不断的动力和支持。

第十章　多元化教育环境下的高校英语听说教学

第一节　听说教学现状与挑战

一、当前高校英语听说教学的普遍状况

随着全球化的推进和英语作为国际通用语言的地位日益稳固，英语听说能力的重要性也日益凸显。然而，在我国高校的英语教学中，听说教学仍然存在着一些普遍的问题亟待解决。

（一）听说教学重视程度不足

尽管英语听说能力的重要性已经得到了广泛的认可，但在实际教学中，很多高校仍然存在着重视读写、轻视听说的现象。这主要表现在以下几个方面。

首先，在课程设置上，一些高校的英语课程仍然以读写为主，听说课程所占的比重较小。这导致学生在英语学习中缺乏足够的听说实践机会，无法有效地提高听说能力。

其次，在教学时间分配上，一些教师往往将大部分时间用于讲解语法、词汇等知识点，而留给听说教学的时间则相对较少。这使得学生无法在课堂上得到充分的听说训练，影响了听说能力的提高。

最后，在教学资源投入上，一些高校在听说教学方面的投入不足。例如，一些高校缺乏先进的语音实验室、多媒体教学设备等，无法满足听说教学的需要。同时，一些高校也缺乏足够的英语教师来承担听说教学任务，导致听说教学的质量无法得到保证。

（二）学生听说能力普遍较弱

由于我国长期使用应试教育模式，缺乏真实的语言环境，很多高校学生的英语听说能力普遍较弱。他们往往能够在考试中取得不错的成绩，但在实际交流中却难以运用自如。这不仅影响了他们的跨文化交际能力，也制约了他们在未来职业发展中竞争力的提升。

具体来说，学生在听力方面往往存在以下问题：一是听不懂快速、地道的英语，二是无法理解听力材料中的细节信息，三是无法根据听力材料进行推理和判断。在口语方面，学生往往存在以下问题，一是发音不准确，语调不自然；二是词汇量有限，无法准

确表达自己的意思，三是缺乏流利的口语表达能力，无法与他人进行顺畅的交流。

（三）教学方法与手段单一

很多高校的英语听说教学方法仍然停留在传统的以教师为中心的模式上，缺乏有效的教学方法和手段来激发学生的学习兴趣和积极性。在这种模式下，教师往往注重知识的灌输和讲解，而忽视了学生的主体地位和实践能力的培养。

同时，由于教学资源的限制，很多教师无法为学生提供足够的听说实践机会。例如，一些教师只能在课堂上进行简单的听力练习和口语对话，而无法为学生提供真实的语言环境或模拟场景来锻炼他们的听说能力。这导致学生的听说能力无法得到有效的提升，也影响了他们的学习积极性和自信心。

二、学生听说能力发展不均衡的问题

在高校英语听说教学中，学生听说能力发展不均衡的问题也日益凸显。这主要表现在以下几个方面。

（一）学生听说能力差异较大

由于学生的英语基础、学习背景、兴趣爱好等方面的差异，他们的听说能力也存在着较大的差异。一些基础较好的学生能够较快地适应听说教学，他们的听说能力较强，能够在课堂上积极参与讨论和交流，也能够较好地完成课后听说作业。而一些基础较差的学生则可能感到困难和挫败，他们在听说教学中往往处于被动地位，无法跟上教学进度，也无法有效地提高听说能力。

这种差异不仅影响了学生的学习效果和学习积极性，也给教师的教学带来了挑战。教师需要根据学生的实际情况进行个性化的教学设计和辅导，以满足不同学生的需求。然而，由于教学资源和时间的限制，教师往往难以做到这一点，导致一些学生的听说能力无法得到有效的提升。

（二）缺乏真实的语言环境

语言环境对于提高学生的英语听说能力至关重要。然而，很多高校学生缺乏真实的语言环境来锻炼他们的听说能力。虽然一些高校会组织英语角、国际交流等活动来为学生提供实践机会，但这些活动的参与度和覆盖面有限，无法满足所有学生的需求。

同时，由于高校扩招和师资力量的限制，一些高校的英语班级人数较多，教师无法为每个学生提供足够的听说实践机会。这使得一些学生在课堂上无法得到充分的听说训练，也无法及时纠正自己的发音、语法等错误。长期下来，他们的听说能力无法得到有效的提升，甚至可能出现下降的情况。

(三)学生缺乏自信心和积极性

由于长期以来的应试教育模式和真实语言环境的缺乏,很多高校学生对自己的英语听说能力缺乏自信心和积极性。他们往往害怕在公众场合发表自己的观点和见解,也不愿意主动与他人进行交流。这使得他们在听说教学中处于被动地位,无法充分发挥自己的主观能动性和创造力。

同时,一些学生在听说教学中遇到了困难和挫折后,往往会产生厌学、焦虑等消极情绪。这不仅影响了他们的学习效果和学习积极性,也给他们的心理健康带来了负面影响。因此,如何激发学生的自信心和积极性是当前高校英语听说教学面临的一个重要问题。

三、传统听说教学模式的局限性

(一)以教师为中心的教学模式

在传统的英语听说教学模式中,教师往往扮演着主导者的角色,而学生则处于被动接受的状态。课堂上,教师负责讲解语法规则、发音技巧等,而学生则通过听讲、记笔记等方式来接收信息。这种以教师为中心的教学模式限制了学生的主观能动性和参与度,导致学生的学习兴趣和积极性不高。

此外,这种教学模式还忽视了学生之间的差异性和个性化需求。不同学生在英语水平、学习风格、兴趣爱好等方面存在差异,而传统的教学模式往往采用"一刀切"的方式,无法满足学生的个性化需求,从而影响教学效果。

(二)缺乏真实性和交互性

传统的英语听说教学往往缺乏真实性和交互性。在课堂上,学生通常只能听到教师的讲解和示范,很少有机会接触到真实的语言环境。这种教学方式无法为学生提供真实的语言交际场景,导致学生难以将所学知识应用到实际交流中。

同时,传统的听说教学也缺乏足够的交互性。学生之间、师生之间的交流互动较少,学生往往只是机械地模仿和练习,而缺乏真正的语言交际实践。这种教学方式不利于培养学生的语言交际能力和创新思维能力。

(三)忽视文化差异和跨文化交际能力

传统的英语听说教学往往只注重语言知识的传授和技能的训练,而忽视文化差异和跨文化交际能力的培养。在教学中,教师往往只关注语言本身,而忽视语言背后的文化因素。这导致学生在实际交流中往往因为缺乏文化意识和跨文化交际能力而出现误解和冲突。

在全球化日益加剧的今天,跨文化交际能力已经成为英语听说能力的重要组成部分。因此,传统的听说教学模式需要进行改革和创新,注重培养学生的文化意识和跨文化交际能力。

四、多元化教育环境对听说教学的新要求

（一）注重学生的个性化发展

多元化教育环境强调学生的个性化发展,要求教学能够满足不同学生的需求。在英语听说教学中,教师需要关注学生的实际情况,根据学生的英语水平、学习风格、兴趣爱好等进行个性化的教学设计和辅导。同时,教师还需要采用多样化的教学方法和手段,如小组讨论、角色扮演、互动游戏等,来激发学生的学习兴趣和积极性。

个性化教学有助于提高学生的自信心和学习动力,促进学生的全面发展。在多元化教育环境下,英语听说教学需要更加注重学生的个性化发展,为每个学生提供适合他们的教学方案和学习资源。

（二）创造真实的语言环境

多元化教育环境要求学生具备更强的实践能力和创新能力,而真实的语言环境是提高学生实践能力和创新能力的重要途径。在英语听说教学中,教师需要创造真实的语言环境,为学生提供更多的语言实践机会。

教师可以通过组织英语角、国际交流等活动来为学生提供真实的语言环境,让学生在真实的场景中运用所学知识进行交流。同时,教师还可以利用现代技术手段(如虚拟现实、人工智能等)来模拟真实的语言环境,为学生提供更加逼真的语言交际体验。创造真实的语言环境有助于提高学生的听说能力和语言交际能力,为学生的未来发展打下坚实的基础。

（三）培养学生的自主学习能力和创新思维能力

多元化教育环境强调学生的自主学习能力和创新思维能力。在英语听说教学中,教师需要注重培养学生的自主学习能力和创新思维能力,引导学生自主探究、独立思考。

教师可以通过设置开放性问题、组织小组讨论等方式来引导学生自主探究,让学生在探究过程中发现问题、解决问题。同时,教师还需要鼓励学生发表自己的观点和见解,培养学生的批判性思维和创新思维能力。培养学生的自主学习能力和创新思维能力有助于提高学生的综合素质和竞争力,为学生的未来发展奠定坚实的基础。

（四）注重文化差异和跨文化交际能力的培养

多元化教育环境要求学生具备更强的跨文化交际能力。在英语听说教学中,教师需

要注重文化差异和跨文化交际能力的培养，帮助学生了解不同国家的文化背景、风俗习惯等，提高学生的跨文化意识。

教师可以通过介绍不同国家的文化背景、风俗习惯等内容来帮助学生了解文化差异，增强学生的跨文化意识。同时，教师还可以通过模拟跨文化场景、组织国际交流等活动来提高学生的跨文化交际能力，让学生在实际交流中学会尊重和理解不同文化背景下的观点和行为。注重文化差异和跨文化交际能力的培养有助于提高学生的综合素质和国际竞争力，为学生的未来发展打下坚实的基础。

第二节　多元化教学模式在听说教学中的应用

一、基于任务的听说教学模式

（一）任务设计与教学目标

在基于任务的听说教学模式中，任务设计被视为整个教学过程的灵魂。一个好的任务不仅能够激发学生的学习兴趣，还能使他们在完成任务的过程中自然地运用所学的语言知识和技能。因此，教师在设计任务时，应充分考虑学生的实际语言水平、学习需求和兴趣点，确保任务的难度适中、内容真实且具有挑战性。

任务的设计应紧紧围绕教学目标展开。在听说教学中，教学目标通常包括提高学生的听力理解能力、口语表达能力以及语言交际能力等。通过明确教学目标，教师可以更有针对性地设计任务，确保每一项任务都能为达成目标服务。

任务的类型可以多种多样，如信息差任务、解决问题任务、决策任务、创造性任务等。这些任务类型各有特点，能够满足不同教学目标的需求。例如，信息差任务可以锻炼学生的听力理解能力和信息获取能力，解决问题任务则可以培养学生的分析能力和口语表达能力。

在任务设计中，教师还应注重任务的连贯性和层次性。连贯性是指各个任务之间应有一定的逻辑联系，形成一个完整的教学链条；层次性则是指任务的难度应逐步递增，以满足学生不同阶段的学习需求。

通过精心设计的任务，学生能够在实际语境中运用所学知识，提高语言运用的准确性和流利性。同时，任务完成过程中的挑战和成功体验也有助于增强学生的自信心和学习动力。

（二）小组合作与互动

基于任务的听说教学鼓励学生通过小组合作的方式完成任务。这种教学方式不仅能够降低任务的难度，还能培养学生的团队协作能力和沟通能力。

在小组合作中，学生可以分工合作，共同解决问题。这种分工合作的方式能够使每个学生都有机会发挥自己的长处，同时也能从其他同学那里学习到新的知识和技能。通过不断的合作和互动，学生可以逐渐培养起相互信任、相互尊重的团队精神。

小组合作过程中的互动和讨论也是非常重要的。学生可以在小组内自由发表自己的观点和看法，与其他同学进行交流和讨论。这种互动和讨论有助于学生互相学习、互相启发，提高口语表达的自信心和准确性。同时，教师也应积极参与学生的互动和讨论，给予必要的指导和支持。

为了确保小组合作的有效性，教师应明确每个小组成员的角色和责任，制定合理的合作规则和评价机制。这样可以避免小组合作过程中出现"搭便车"现象，确保每个学生都能积极参与并从中受益。

（三）教师角色与反馈

在基于任务的听说教学中，教师的角色发生了显著的变化。他们不再是传统的知识传授者，而是成为了任务的设计者、组织者和指导者。

作为任务的设计者，教师需要根据学生的实际水平和需求设计合适的任务。这需要教师具备丰富的教学经验和敏锐的观察力，能够准确把握学生的学习需求和兴趣点。

作为任务的组织者，教师需要合理安排教学时间和教学资源，确保任务的顺利进行。这需要教师具备良好的组织能力和协调能力，能够有效地管理课堂和调动学生的积极性。

作为任务的指导者，教师需要在学生完成任务的过程中给予必要的指导和支持。这需要教师具备扎实的专业知识和灵活的教学技巧，能够根据学生的实际情况提供个性化的指导。

除了以上角色外，教师还需要给予学生及时、具体、有针对性的反馈。有效的反馈能够帮助学生认识到自己的不足并明确改进方向。同时，反馈也应以鼓励为主，以增强学生的自信心和学习动力。

（四）任务评估与反思

任务完成后，教师应引导学生进行任务评估和反思。评估的目的是为了全面反映学生的表现和进步情况，同时也是为了总结教学经验并为未来的教学提供借鉴。

评估可以包括自我评价、小组评价和教师评价等维度。自我评价能够帮助学生认识自己的优点和不足并明确改进方向，小组评价则能够反映学生在团队合作中的表现，教师评价则可以从专业的角度对学生的表现进行点评和指导。

在评估过程中，教师应注重评价的客观性和公正性。同时，评价也应以鼓励为主以增强学生的自信心和学习动力。除了对任务完成情况进行评估外，教师还应引导学生对任务完成过程中的经验教训进行总结和反思。通过反思，学生可以认识到自己在听说能力、团队协作、问题解决等方面的不足之处并明确改进方向。这种反思过程有助于培养学生的自主学习能力和批判性思维能力。

二、交互式听说教学模式

（一）交互环境的构建

交互式听说教学模式强调创设一个真实的、多元化的交互环境，以提高学生的听说能力和语言交际能力。为了实现这一目标，教师需要利用多种教学手段和技术来模拟真实语境。

首先，教师可以利用多媒体技术来展示与听说任务相关的图片、视频和音频等素材。这些素材能够为学生提供直观、生动的语言输入，激发他们的学习兴趣和动力。同时，多媒体技术还能够模拟真实场景中的声音和视觉效果，使学生仿佛身临其境般地进行听说练习。

其次，教师可以利用网络资源来拓展学生的语言输入渠道。例如，可以引导学生访问英语学习网站、在线新闻平台等获取最新的英语信息和听力材料。这些资源不仅丰富多样而且更新迅速，能够为学生提供源源不断的语言输入。

此外，教师还可以通过创设模拟场景、角色扮演等活动来增强交互环境的真实性。例如可以设置一个餐厅点餐的场景让学生分别扮演服务员和顾客进行对话练习。这样的活动能够使学生更加深入地理解语言在实际场景中的运用，提高他们的语言交际能力。

（二）师生互动与生生互动

在交互式听说教学模式中，师生互动和生生互动是非常重要的教学环节。通过互动学生能够更加积极地参与听说活动，提高他们的口语表达能力和语言交际能力。

师生互动可以通过多种方式实现。例如，教师可以通过提问引导学生思考并鼓励他们用自己的语言回答问题。这种方式能够锻炼学生的听力理解能力和口语表达能力。同时教师还可以通过讨论、角色扮演等活动与学生进行互动。这些活动能够使学生更加深入地理解语言知识并培养他们的语言交际能力。

生生互动也是交互式听说教学中不可或缺的一部分。学生之间的互动可以通过小组讨论、对话练习、即兴演讲等形式进行。这些活动能够为学生提供更多的语言实践机会使他们在互动中不断提高自己的听说能力。同时学生之间的互动还能够培养他们的团队协作能力和沟通技巧，为他们未来的职业发展打下基础。

为了确保互动的有效性，教师应注重以下几点：首先，教师应明确互动的目的和要求以确保学生能够明确自己的任务和目标；其次，教师应提供必要的语言输入和支持以帮助学生更好地进行互动；最后，教师应及时给予反馈和评价以鼓励学生的积极参与和进步。

（三）交互策略的培养

在交互式听说教学中培养学生的交互策略也是非常重要的。交互策略包括听力策略和口语策略两部分。

听力策略的培养主要包括预测、选择性注意、推断等技巧。预测是指根据已知信息对未知信息进行合理猜测，选择性注意是指有针对性地关注重要信息而忽略次要信息，推断则是指根据已知信息推断出未知信息。这些技巧能够帮助学生更加有效地获取和处理听力材料中的信息，提高他们的听力理解能力。

口语策略的培养则主要包括使用交际套语、自我修正等技巧。交际套语是指一些固定的、常用的表达方式，它们能够帮助学生更加流利地进行口语表达；自我修正则是指学生在表达过程中发现自己的错误并及时进行纠正。这些技巧能够帮助学生更加准确地表达自己的意思，提高他们的口语表达能力。

为了培养学生的交互策略，教师应注重以下几点：首先，教师应提供足够的语言输入和实践机会以帮助学生熟悉和掌握各种交互策略；其次，教师应注重策略的讲解和示范，使学生明确策略的使用方法和效果；最后，教师应鼓励学生在实际交流中积极运用所学策略，并对他们的表现给予及时反馈和评价。

（四）评价与反馈

在交互式听说教学模式中评价与反馈同样重要。有效的评价能够帮助学生了解自己的表现并明确改进方向；而及时的反馈则能够为学生提供具体的指导和建议，帮助他们更好地进行听说练习。

评价应包括多个维度，如准确性、流利性、交际效果等。准确性是指学生的发音、语法和词汇使用是否正确，流利性是指学生的口语表达是否流畅自然，交际效果则是指学生是否能够有效地运用语言进行交际。通过全面评价学生的表现，教师能够更加准确地了解他们的实际水平并为他们提供有针对性的指导。

反馈应及时、具体且有针对性。教师应在学生完成听说任务后立即给予反馈，以便他们及时纠正自己的错误并改进自己的表现。同时反馈也应具体到每个细节如发音、语调、词汇使用等，以便学生能够明确自己的问题所在并进行有针对性的改进。此外教师还应根据学生的实际情况提供个性化的反馈和建议，以帮助他们更好地发挥自己的优势并克服自己的不足。

三、混合式听说教学模式

混合式听说教学模式是近年来高校英语教学领域的一种创新尝试，它将线上学习与线下教学有机结合，旨在提高学生的英语听说能力以及自主学习能力。以下将从线上线下的融合、自主学习与协作学习、教师引导与支持以及评价与反思等方面对混合式听说教学模式进行详细阐述。

（一）线上线下的融合

混合式听说教学模式的核心在于线上学习与线下教学的有机融合。线上部分，教师可以利用网络平台提供丰富的听说资源，如英语新闻、电影片段、听力材料等，供学生进行自主学习。同时，线上平台还可以提供实时的语音评测、互动练习等功能，帮助学生及时纠正发音、语法等错误，提高听说能力。

线下部分，教师则注重面对面的教学和互动。在课堂上，教师可以组织小组讨论、角色扮演、即兴演讲等活动，让学生在真实的语境中锻炼听说能力。同时，教师还可以针对学生的疑难问题进行解答和辅导，确保学习的深度和效果。

这种线上线下的融合模式不仅打破了传统教学的时空限制，还为学生提供了更多的学习选择和自主权。学生可以根据自己的实际情况和需求，灵活安排学习时间和地点，实现个性化学习。

（二）自主学习与协作学习

在混合式教学模式中，学生既可以进行自主学习，也可以参与协作学习。自主学习部分要求学生利用线上资源独立完成听说练习。学生可以根据自己的学习进度和能力水平，自主选择适合自己的学习材料和练习方式。这种自主学习模式有利于培养学生的自主学习能力和独立思考能力。

协作学习部分则鼓励学生通过小组讨论、项目合作等方式共同解决问题。在协作学习中，学生可以互相分享学习经验和资源，互相纠正发音和语法错误，共同提高听说能力。这种协作学习模式有利于培养学生的团队协作精神和沟通能力。

（三）教师引导与支持

教师在混合式教学中发挥着重要的引导和支持作用。首先，教师应设计合理的教学计划，明确教学目标和教学任务，确保教学的有序进行。其次，教师应提供必要的学习资源和指导，帮助学生解决学习过程中的疑难问题。同时，教师还应监控学生的学习过程，及时发现和解决学生的学习困难。

此外，教师还应及时给予反馈和帮助。在线上部分，教师可以通过平台提供的数据分析工具了解学生的学习情况和学习进度，并给予针对性的反馈和指导。在线下部分，教师则可以通过面对面的交流和互动了解学生的学习需求和困难，并提供及时的帮助和支持。

（四）评价与反思

混合式听说教学模式同样需要有效的评价和反思机制。教师应结合线上数据分析和线下观察对学生的学习进行全面评价。线上数据分析可以提供学生的学习进度、学习成绩等方面的信息，线下观察则可以了解学生的学习态度、学习方法等方面的情况。通过这种综合评价方式，教师可以全面了解学生的学习情况并给予针对性的指导。

同时学生也应通过反思日志、同伴评价等方式对自己的学习过程进行反思和总结。反思日志可以帮助学生回顾自己的学习过程和学习成果，总结经验教训；同伴评价则可以让学生互相了解彼此的学习情况和优缺点，互相学习和借鉴。通过这种反思和总结方式，学生可以更好地认识自己的学习过程和学习成果，促进自我进步和提高。

四、个性化听说教学路径设计

个性化听说教学路径设计旨在根据学生的实际情况和需求量身定制合适的教学路径，以提高学生的英语听说能力。以下将从学生需求与水平分析、个性化教学资源的整合、动态调整与持续跟踪以及多元化评价与反思等方面对个性化听说教学路径设计进行详细阐述。

（一）学生需求与水平分析

个性化听说教学路径设计始于对学生的需求和水平进行深入分析。教师应了解学生的学习目标、兴趣、学习风格以及当前的语言水平等方面的信息。通过与学生进行面对面的交流、问卷调查等方式收集相关信息并进行整理和分析，以便为他们量身定制合适的教学路径。

例如，对于英语基础较差的学生，教师可以设计一些基础性的听力练习和口语表达任务，帮助他们打好语言基础；对于英语基础较好的学生，教师则可以设计一些更具挑战性的听说任务，如英语演讲、辩论等，提高他们的语言运用能力和思维能力。

（二）个性化教学资源的整合

基于学生的需求和水平分析，教师应整合个性化的教学资源以满足学生的个性化学习需求。这些资源可以包括针对性的听力材料、口语练习、文化背景知识等。教师可以通过网络平台、英语教材、多媒体资源等途径获取相关教学资源并进行整合和优化。

例如，对于英语基础较差的学生，教师可以提供一些简单易懂的听力材料和口语练习，帮助他们逐步提高听说能力；对于英语基础较好的学生，教师则可以提供一些更具挑战性的听力材料和口语练习，如英语新闻、电影片段等，提高他们的语言素养和跨文化交际能力。

（三）动态调整与持续跟踪

个性化教学路径设计不是一成不变的，教师应根据学生的进步和反馈动态调整教学路径，确保教学的有效性和针对性。在教学过程中，教师应密切关注学生的学习情况和学习进度，及时发现和解决学生的学习困难。同时教师还应鼓励学生积极参与教学过程并提供及时的反馈和建议，以便更好地调整教学路径。

例如，当发现某个学生在口语表达方面存在困难时，教师可以适当增加口语练习的任务量并提供更多的口语表达机会；当发现某个学生在听力理解方面有所提高时，教师则可以适当提高听力材料的难度以挑战学生的听力水平。

（四）多元化评价与反思

在个性化听说教学中，评价也应体现多元化和个性化的特点。教师应采用多种评价方式全面评估学生的学习成果，如形成性评价、终结性评价等。形成性评价注重对学生学习过程的评价，可以帮助学生及时纠正学习过程中的错误和不足；终结性评价则注重对学生学习成果的评价，可以检验学生的学习效果和教学质量。

同时学生也应通过自我评价和同伴评价等方式参与评价过程，促进自我反思和进步。自我评价可以帮助学生了解自己的学习过程和学习成果，总结经验教训；同伴评价则可以让学生互相了解彼此的学习情况和优缺点，互相学习和借鉴。通过这种多元化评价和反思方式，学生可以更好地了解自己的学习过程和学习成果，促进自我进步和提高；教师也可以更好地了解学生的学习情况并给予针对性的指导，提高教学效果和教学质量。

第三节 听说教学效果评估与改进

一、建立多元化的听说能力评估体系

在多元化教育环境下，高校英语听说教学的评估体系也必然走向多元化，这不仅是对传统教学模式的挑战,更是对学生全面能力培养的呼应。要全面、客观地反映学生的听说能力,就需从评估标准、评估工具、评估过程以及个体差异等方面入手,构建一个多维度、多层次的评估体系。

(一)设置多维度的评估标准

传统的听说能力评估往往只关注语音、语调的准确性以及表达的流利性,而忽视了学生在理解力、表达力、策略运用等方面的表现。这种单一的评估标准不仅无法全面反映学生的听说能力,还可能误导学生的学习方向。因此,我们需要设置多维度的评估标准,以更全面地评价学生的听说表现。

除了基本的语音、语调、语速等标准外,还应考虑学生在听力理解、口语表达、交际策略运用等方面的表现。例如,在听力理解方面,可以评估学生对听力材料的理解程度、信息捕捉能力以及推理判断能力;在口语表达方面,可以评估学生的表达清晰度、语言准确性、语言流畅性以及语言逻辑性;在交际策略运用方面,可以评估学生在交流过程中是否能够根据实际需要灵活运用各种交际策略,如请求澄清、自我修正等。

通过设置多维度的评估标准,我们可以更全面地了解学生在听说能力上的优势和不足,为后续的教学提供更有针对性的指导。

(二)引入多元化的评估工具

随着科技的发展,越来越多的技术手段被应用于教育领域,为听说能力的评估提供了更多可能性。除了传统的笔试和口试外,我们可以利用语音识别软件、在线评估平台等现代技术手段来提高学生的听说能力评估效率和准确性。

语音识别软件可以对学生的口语表达进行自动评分和反馈,帮助学生及时了解自己在发音、语调等方面的不足。在线评估平台则可以为学生提供更加真实、交互性更强的评估环境,让学生在模拟的真实场景中进行听说能力的自我评估和提升。这些现代化的评估工具不仅可以提高评估的效率和准确性,还可以为学生提供更加个性化、多样化的学习体验。

此外,我们还可以借鉴其他学科领域的评估工具和方法,如表现性评价、档案袋评价等,将其应用于英语听说能力的评估中。这些多元化的评估工具和方法可以为我们提供更加全面、客观的学生听说能力评价数据,为教学改进提供有力支持。

(三)重视过程性评估

过程性评估是对学生学习过程的持续观察和评价,它关注学生在各个阶段的学习表现和进步情况。在英语听说教学中,过程性评估尤为重要,因为它可以帮助教师及时了解学生的学习困难和需求,调整教学策略,提供个性化的指导和帮助。

教师可以通过课堂观察、作业分析、小组讨论等方式收集过程性数据。例如，在课堂观察中，教师可以关注学生的参与度、互动情况、听说表现等；在作业分析中，教师可以了解学生在听说练习中的错误类型、错误频率等；在小组讨论中，教师可以观察学生的交际策略运用、合作能力等。这些数据可以为教师提供宝贵的教学反馈，帮助教师更好地了解学生的学习情况，为后续的教学提供更有针对性的指导。

（四）考虑个体差异与背景因素

每个学生都是独一无二的个体，他们在听说能力上的表现受到个人背景、学习经历、兴趣爱好等因素的影响。因此，在评估学生的听说能力时，我们必须充分考虑这些因素，为每个学生提供个性化的评估和指导。

例如，对于来自不同文化背景的学生，我们可以采用文化敏感的评估方法，尊重他们的文化背景和语言习惯；对于学习风格不同的学生，我们可以提供多样化的评估任务和学习资源，以满足他们的不同需求；对于听说能力较弱的学生，我们可以提供更多的支持和帮助，鼓励他们积极参与听说活动，逐步提高他们的听说自信心和能力。

通过考虑个体差异与背景因素，我们可以更加公平、客观地评估学生的听说能力，为每个学生提供适合他们的教学方案和学习资源。这不仅有助于提高学生的听说能力，还有助于培养学生的自主学习能力和跨文化交际能力。

二、形成性评估与终结性评估的结合

形成性评估与终结性评估各有优势，二者相结合能够更全面地评价学生的听说能力。形成性评估关注学生的学习过程，旨在诊断学生的学习问题，提供及时的反馈和指导；而终结性评估则关注学生的学习结果，用于总结一个阶段的学习成果，评定学生的最终成绩。在教学过程中，将这两种评估方式相结合，可以确保学生的学习过程和学习成果得到全面、准确的评价。

（一）明确两种评估的目的和比重

首先，教师需要明确形成性评估和终结性评估的目的和比重。形成性评估的主要目的是诊断学生的学习问题，提供及时的反馈和指导，帮助学生改进学习方法，提高学习效率。因此，在教学过程中，教师应注重收集学生的学习数据，分析学生的学习困难，为学生提供有针对性的指导和帮助。而终结性评估的主要目的是总结一个阶段的学习成果，评定学生的最终成绩，为学生提供一个明确的学习目标。因此，在学期末或课程结束时，教师应组织终结性评估，全面评价学生的听说能力。

在明确两种评估的目的后，教师还需要合理分配两种评估的比重。一般来说，形成性评估的比重应大于终结性评估的比重，因为形成性评估更注重学生的学习过程和学习进步情况。但是，终结性评估也是必不可少的，它可以为学生提供一个明确的学习目标和动力来源。因此，在实际教学中，教师应根据教学目标和学生需求合理分配两种评估的比重。

（二）确保评估的连续性和一致性

为了确保评估的连续性和一致性，教师需要将形成性评估贯穿于整个教学过程，与终结性评估保持连续性和一致性。具体来说，教师应在每个教学阶段都进行形成性评估，收集学生的学习数据，分析学生的学习情况，为学生提供及时的反馈和指导。同时，教师还需要确保每个教学阶段的评估标准和方法保持一致，以便对学生的学习进步情况进行比较和分析。

在保持连续性和一致性的同时，教师还需要注重评估的灵活性和多样性。因为学生的学习需求和困难是不断变化的，所以教师需要根据实际情况调整评估策略和方法。例如，在发现某个学生在某个方面存在严重问题时，教师可以增加对该学生的关注和帮助；在发现某个评估方法不够有效时，教师可以尝试使用其他评估方法。

（三）利用评估结果指导教学

评估的目的是为了改进教学和提高学生的学习效果。因此，教师需要定期分析评估结果，找出学生在听说能力上的薄弱环节和普遍问题，调整教学策略和方法，提供针对性的指导和帮助。

首先，教师需要对形成性评估的结果进行深入分析。通过分析学生的学习数据和学习表现，教师可以了解学生在听说能力上的优势和不足以及学习需求和困难。然后，教师可以根据这些信息调整教学内容和教学方法以满足学生的实际需求。例如，在发现某个学生在听力理解方面存在困难时，教师可以为该学生提供更多的听力练习材料；在发现某个学生在口语表达方面缺乏自信时，教师可以鼓励该学生多参与课堂讨论和小组活动。

其次，教师还需要对终结性评估的结果进行总结和反思。通过总结学生的最终成绩和表现，教师可以了解整个班级在听说能力上的整体水平和分布情况。然后教师可以根据这些信息反思自己的教学效果和教学方法是否达到了预期的目标。如果发现存在问题或不足之处，教师应及时进行调整和改进以提高教学质量和效果。

三、学生自评与互评机制的引入

在现代教育理念中，学生自评与互评被视为一种重要的评估方式，它能够显著增强学生的参与感和自主性，提高评估的有效性和准确性。在传统的教学模式下，教师通常是唯一的评估者，但这种方式往往存在主观性和片面性。通过引入学生自评与互评机制，我们可以从多个角度全面、客观地评价学生的学习成果，同时促进学生的自我反思和同伴学习。

（一）培养学生自评与互评的能力

要有效实施学生自评与互评，首先需要培养学生的相关能力。教师可以通过示范、讲解、练习等方式，帮助学生了解评估标准和方法。例如，在制定评估标准时，教师可以邀请学生共同参与，让他们明确什么是好的表现，什么是需要改进的地方。在示范评估过程中，教师可以展示如何根据标准进行评价，并提供具体的反馈和建议。通过这样的训练，学生可以逐渐掌握评估的技巧和方法，提高他们的自评与互评能力。

培养学生的自评与互评能力不仅有助于他们更加客观地认识自己的听说水平，发现自身的不足，还能培养他们的批判性思维和沟通能力。在自评过程中，学生需要对自己的表现进行深入的反思和分析，这有助于他们发现自己的优点和不足，并明确改进方向。在互评过程中，学生需要学会倾听他人的意见，理解他人的观点，并与他人进行有效的沟通和交流。这种能力对他们的未来发展具有重要意义。

（二）设计有效的自评与互评活动

为了确保学生自评与互评的有效性，教师需要精心设计相关的活动。这些活动应紧扣教学目标和评估标准，具有明确的任务和要求。例如，在听说教学中，教师可以组织学生进行小组讨论、角色扮演、演讲等听说活动，并要求他们根据评估标准对自己和同伴的表现进行评价。

在设计活动时，教师还需要考虑学生的年龄、认知水平、兴趣爱好等因素，确保活动能够激发学生的学习兴趣和积极性。同时，教师还应为学生提供必要的支持和指导，帮助他们顺利完成活动任务。例如，在小组讨论中，教师可以充当引导者的角色，引导学生围绕主题展开讨论，并鼓励他们发表自己的观点和看法。在角色扮演中，教师可以为学生提供相关的背景和角色信息，帮助他们更好地理解角色并投入表演。

（三）合理利用自评与互评结果

学生自评与互评的结果是一种宝贵的教学资源，教师应合理利用这些结果来改进教学和指导学生的学习。首先，教师需要收集和分析学生的自评与互评结果，了解他们的学习需求和困难。通过分析这些数据，教师可以发现学生在听说能力、学习态度、合作精神等方面的问题和不足，为个别指导和集体教学提供依据。

其次，教师应鼓励学生根据评估结果进行自我反思和改进。学生可以结合自己的表现和同伴的评价，总结自己的优点和不足，并制定具体的改进计划。教师也可以为学生提供一些改进的建议和指导，帮助他们更好地实现自我提升。

最后，教师还应将学生的自评与互评结果与教学过程相结合，不断调整教学策略，以满足学生的学习需求。例如，如果发现学生在某个方面存在普遍的问题，教师可以针对这个问题进行重点讲解和练习，帮助学生掌握相关的知识和技能。

（四）建立积极的激励机制

为了鼓励学生积极参与自评与互评，教师可以建立一些激励机制来提高他们的积极性。例如，可以评选"最佳评委""进步之星"等荣誉称号，对表现突出的学生进行表彰和奖励。这些荣誉称号不仅可以激发学生的学习动力，还能营造积极向上的学习氛围。

除了荣誉称号外，教师还可以采用其他激励方式，如增加平时成绩、提供额外的学习资源等。这些激励方式可以根据学生的实际情况和需求进行灵活调整，以确保其有效性和吸引力。

同时，教师还应关注学生的心理需求和情感体验，为他们提供情感支持和鼓励。在自评与互评过程中，学生可能会遇到一些困难和挫折，产生消极情绪和心态。这时，教师需要及时发现并提供帮助和支持，帮助学生克服困难和挫折，保持积极向上的心态。

四、基于反馈的教学效果持续改进策略

教学效果的持续改进是现代教育理念中的重要组成部分。有效的反馈是教学改进的关键，它能够帮助教师及时了解学生的学习情况和需求，调整教学策略，提高教学质量。

（一）建立畅通的反馈渠道

要确保学生能够及时、准确地提供反馈意见，教师需要建立畅通的反馈渠道。这些渠道可以包括问卷调查、个别访谈、小组讨论等方式。通过问卷调查，教师可以收集到大量学生的反馈数据，了解他们对教学内容、教学方法、教学态度等方面的意见和建议。个别访谈则可以针对个别学生进行深入的了解和指导，帮助他们解决学习中的问题和困难。小组讨论则可以为学生提供一个交流和分享的平台，让他们表达自己的观点和看法，并从同伴那里获得启发和帮助。

除了以上传统的反馈渠道外，教师还可以利用网络平台建立在线反馈系统。在线反馈系统具有方便快捷、实时互动等优点，能够让学生随时随地提出意见和建议。同时，

教师还可以利用在线反馈系统进行数据分析和挖掘，更加全面地了解学生的学习需求和困难。

（二）定期分析反馈数据

收集到学生的反馈数据后，教师需要定期进行分析和整理。这可以帮助教师找出教学中的问题和不足，为教学改进提供依据。在分析数据时，教师可以采用定量和定性相结合的方法。定量分析主要是对数据进行统计和描述，了解学生在各个方面的表现和分布情况；定性分析则是对数据进行深入的解释和理解，探究学生的真实想法和需求。

通过定期分析反馈数据，教师可以更加全面地了解学生的学习需求和困难。例如，如果发现大部分学生对某个教学内容或教学方法存在不满或困惑，教师就需要重新审视这个问题并进行相应的调整和改进。同时，教师还可以根据学生的反馈意见优化教学设计和策略，提高教学效果和学生的学习体验。

（三）制定并实施改进方案

根据反馈数据分析结果，教师需要制定具体的改进方案并付诸实施。改进方案应针对教学中的问题和不足进行具体、可操作的措施设计。例如，如果发现学生在掌握某个教学内容方面存在困难，教师可以增加相关的辅助材料或进行额外的讲解和练习；如果发现学生对某个教学方法不适应，教师可以尝试采用其他的教学方法或调整教学步骤和节奏。

在实施改进方案的过程中，教师还应密切关注学生的反应和变化。这可以帮助教师及时了解改进方案的效果并进行必要的调整。同时，教师还应鼓励学生积极参与改进过程并提供反馈意见。这不仅可以增强学生的参与感和自主性，还能提高改进方案的有效性和针对性。

（四）评估改进效果并持续改进

在实施改进方案后，教师需要再次收集学生的反馈意见并评估改进效果。这可以帮助教师了解改进方案是否有效并确定是否需要进一步的调整和改进。如果效果不理想，教师需要重新审视问题所在并制定新的改进方案。这样循环往复的过程有助于实现教学效果的持续改进和提升。

在评估改进效果时，教师可以采用多种评估方式相结合的方法。例如，可以采用问卷调查、测试成绩、学生作品等方式来评估学生的学习效果和进步情况。同时教师还可以邀请同行或专家对教学过程和效果进行评价和指导以便更好地发现问题和不足并进行改进。

除了对改进方案进行评估外，教师还应保持持续的学习和研究态度，不断更新自己的教学理念和方法，以适应不断变化的教育环境和学生需求。通过参加培训、研讨会、阅读专业文献等方式，教师可以不断提升自己的专业素养和教学能力，为实现教学效果的持续改进提供有力保障。

第十一章　多元化教育环境下的高校英语阅读教学

第一节　阅读教学现状与挑战

随着全球化进程的加速和信息技术的发展，英语已成为国际交流的重要工具。在这样的背景下，高校英语阅读教学也面临着前所未有的挑战和机遇。为了更好地适应多元化教育环境的需求，提高学生的阅读能力和跨文化交际能力，高校英语阅读教学亟待进行改革和创新。

一、当前高校英语阅读教学的现状

（一）教学内容单一，缺乏多样性

目前，许多高校英语阅读教学的内容相对单一，仍然停留在传统的课文讲解和语法分析层面。这种教学方式往往只关注文章的语言形式和结构，而忽视了对文章深层含义和文化背景的挖掘。由于缺乏多样性的教学内容，学生的阅读视野受到限制，难以接触到不同领域、不同文体的阅读材料，从而无法全面提高自己的阅读能力和素养。

此外，这种以语言形式为中心的教学方式也容易导致学生对阅读产生厌倦情绪。他们可能会觉得阅读课程枯燥无味，无法从中获得乐趣和启发。因此，高校英语阅读教学需要更加注重内容的多样性和趣味性，以激发学生的学习兴趣和积极性。

（二）教学方法陈旧，缺乏互动性

在教学方法上，许多教师仍然采用"满堂灌"的讲解方式，缺乏与学生的互动和交流。这种教学方式忽视了学生在阅读过程中的主体地位，使他们只能被动地接受知识，而无法主动地参与到阅读活动中。由于缺乏互动和交流，学生的思维能力和创新能力无法得到有效的锻炼和提高。

同时，这种陈旧的教学方法也无法适应多元化教育环境的需求。在多元化教育环境下，学生需要更多的机会来表达自己的观点和想法，需要更多的实践机会来培养自己的阅读能力和素养。因此，高校英语阅读教学需要更加注重教学方法的创新和互动性，以提高学生的参与度和学习效果。

(三)教学资源有限,缺乏更新

在教学资源方面,许多高校英语阅读课程仍然依赖于传统的纸质教材,缺乏多媒体和网络教学资源的支持。这些纸质教材往往更新速度较慢,无法及时反映时代的变化和发展的需求。同时,由于缺乏多媒体和网络教学资源的支持,学生的阅读体验也相对单调和乏味。

此外,由于教学资源的有限性,学生的阅读训练也受到一定的限制。他们可能无法接触到足够多的阅读材料,无法进行有效的阅读训练和实践。因此,高校英语阅读教学需要更加注重教学资源的更新和拓展,以满足学生的阅读需求和训练要求。

二、阅读教学中存在的主要问题

(一)学生阅读兴趣不高,缺乏动力

由于教学内容和方法的单一性,许多学生对英语阅读课程失去了兴趣,缺乏学习的动力。他们往往只是为了应付考试而被动地学习,没有真正体会到阅读的乐趣和价值。这种被动的学习态度不仅会影响学生的学习效果,也会使他们对阅读产生厌倦和抵触情绪。

为了提高学生的阅读兴趣和动力,教师需要更加注重教学内容的趣味性和实用性。他们可以选择一些与学生生活密切相关、具有时代特色的阅读材料,以激发学生的学习兴趣和好奇心。同时,教师还可以通过组织丰富多样的阅读活动,如读书会、阅读分享等,来提高学生的参与度和积极性。

(二)学生阅读理解能力有限,难以应对复杂文本

由于缺乏有效的阅读训练和指导,许多学生的阅读理解能力有限,难以应对复杂文本。他们在阅读过程中往往只关注文章的表面信息,而忽视了对文章深层含义的理解和分析。这种浅层次的阅读方式不仅会影响学生对文章的整体理解,也会使他们无法领略到阅读的真正魅力。

为了提高学生的阅读理解能力,教师需要加强阅读训练和指导。他们可以通过布置一些具有挑战性的阅读材料,引导学生进行深入的分析和思考。同时,教师还可以通过讲解阅读技巧和方法,帮助学生掌握有效的阅读策略,提高他们的阅读效率和理解能力。

(三)学生跨文化交际能力不足,难以适应国际化需求

在全球化背景下,跨文化交际能力已成为英语人才的重要素质之一。然而,由于教学内容和方法的局限性,许多学生的跨文化交际能力不足,难以适应国际化需求。他们在与外国人交流时往往存在语言障碍和文化误解等问题。这种跨文化交际能力的不足不

仅会影响学生的职业发展，也会使他们在国际竞争中处于不利地位。

为了提高学生的跨文化交际能力，教师需要在阅读教学中注重文化背景的引入和讲解。他们可以通过选择一些具有文化特色的阅读材料，引导学生了解不同国家和地区的文化背景和风俗习惯。同时，教师还可以通过组织跨文化交流活动，如模拟联合国、国际文化节等，来提高学生的跨文化交际能力和意识。

（四）教师教学理念落后，难以适应多元化教育环境

随着多元化教育环境的形成和发展，传统的教学理念已难以适应新的教学需求。然而，许多教师仍然坚持传统的教学理念和方法，难以适应多元化教育环境的要求。他们缺乏对学生个性化需求的关注和支持，也无法有效地利用现代教学技术和资源进行教学创新。这种落后的教学理念不仅会影响教师的教学效果，也会使他们在面对多元化教育环境时感到困惑和无助。

为了适应多元化教育环境的需求，教师需要不断更新自己的教学理念和方法。他们需要关注学生的个性化需求和学习特点，采用多样化的教学方法和手段激发学生的学习兴趣和积极性。同时，教师还需要加强自己的专业素养和教学能力培训，掌握现代教学技术和资源的使用方法，以更好地适应多元化教育环境的要求和挑战。

三、面临的教学挑战与学生需求

（一）教学挑战：多元化教育环境对教师提出了更高的要求

在多元化教育环境下，高校英语阅读教学面临着前所未有的挑战。这一挑战首先体现在对教师专业素养和教学能力的高要求上。随着教育理念的更新和技术的进步，传统的阅读教学模式已难以满足学生的多样化需求。教师需要不断更新自己的知识和技能，掌握现代教学技术和资源的使用方法。例如，利用多媒体和网络资源为学生提供丰富、生动的阅读材料，运用新的教学手段，如在线教学、混合式教学等，创新教学方式。

同时，多元化教育环境也要求教师关注学生的个性化需求和学习特点。每个学生都是独一无二的个体，他们在阅读兴趣、阅读习惯、阅读速度等方面都存在差异。教师需要摒弃传统的"一刀切"教学模式，采用多样化的教学方法和手段激发学生的学习兴趣和积极性。例如，通过个性化阅读推荐、小组合作阅读、互动式阅读等方式满足学生的不同需求，提高阅读教学的针对性和实效性。

此外，多元化教育环境还要求教师具备跨文化交际能力。随着全球化的推进，跨文化交际能力已成为衡量人才素质的重要标准之一。教师需要了解不同文化背景下的阅读材料和阅读方式，引导学生通过阅读了解不同文化之间的差异和联系，培养学生的跨文

化意识和交际能力。

（二）学生需求：个性化、多样化、国际化的学习体验

在多元化教育环境下，学生对英语阅读课程的需求也发生了变化。他们不再满足于传统的被动接受知识和技能的教学方式，而是希望得到个性化、多样化、国际化的学习体验。

首先，学生希望阅读教学能够满足他们的个性化需求。每个学生都有自己的阅读兴趣和偏好，他们希望教师能够尊重他们的选择，允许他们根据自己的实际情况选择适合自己的阅读材料和阅读方法。同时，学生也希望教师能够关注他们的学习风格和学习需求，为他们提供个性化的教学支持和指导。

其次，学生希望阅读教学能够提供多样化的学习体验。他们希望通过阅读了解不同领域、不同类型的知识和信息，拓宽自己的视野和知识面。同时，他们也希望教师能够采用多样化的教学方法和手段，如小组讨论、角色扮演、案例分析等，使阅读教学更加生动有趣，提高他们的学习积极性和参与度。

最后，学生希望阅读教学能够具有国际化特色。随着全球化进程的加速，学生越来越关注国际视野和跨文化交际能力的培养。他们希望教师能够引入国际化的教学内容和文化元素，如国际时事、跨文化沟通等，帮助他们了解不同文化之间的差异和联系，提高他们的跨文化意识和交际能力。

为了满足学生的这些需求，教师需要不断更新自己的教学理念和方法，关注学生的个性化需求和学习特点，采用多样化的教学方法和手段进行教学创新。同时，教师还需要引入国际化的教学内容和文化元素，培养学生的跨文化交际能力，为学生的全面发展提供有力的支持。

四、阅读教学改革的必要性与紧迫性

（一）适应社会发展的需要，培养国际化人才

随着全球化进程的加速和信息技术的发展，英语已成为国际交流的重要工具。为了更好地适应社会发展的需要，高校英语阅读教学必须进行改革和创新，培养具有国际化视野和跨文化交际能力的人才。

首先，阅读教学改革可以帮助学生更好地适应国际化需求。通过引入国际化的教学内容和文化元素，加强学生的跨文化交际能力训练，可以帮助学生了解不同文化之间的差异和联系，提高他们的跨文化意识和交际能力。这将有助于学生在未来的职业发展中更好地适应国际化环境，与来自不同文化背景的人进行有效的沟通和合作。

其次，阅读教学改革可以培养学生的创新能力和批判性思维。在多元化教育环境下，教师需要引导学生主动思考、独立分析问题并寻求解决方案。通过改革阅读教学的方式和手段，教师可以鼓励学生发表自己的见解和观点，培养他们的创新能力和批判性思维。这将有助于学生在未来的学习和工作中更好地应对挑战和解决问题。

最后，阅读教学改革可以提高学生的综合素质和竞争力。通过改革阅读教学的内容和方法，教师可以帮助学生拓宽知识面，提高思维能力和表达能力等综合素质。这将使学生在未来的就业市场中更具竞争力，更好地实现个人价值和社会价值。

（二）提高学生阅读兴趣和能力，促进全面发展

阅读是获取知识、拓展视野、提高思维能力的重要途径之一。然而，传统的阅读教学模式往往注重知识的传授而忽视了学生的兴趣和需求，导致学生对阅读失去兴趣甚至产生厌学情绪。因此，改革和创新英语阅读教学势在必行。

通过改革和创新英语阅读教学，教师可以激发学生的阅读兴趣，提高学生的阅读能力和素养。首先，教师可以根据学生的兴趣爱好和实际需求选择合适的阅读材料，使阅读内容更加贴近学生的生活和实际。这将有助于激发学生的阅读兴趣和积极性，使他们更加愿意投入时间和精力进行阅读。

其次，教师可以采用多样化的教学方法和手段进行阅读教学。例如，通过小组讨论、角色扮演、案例分析等方式引导学生积极参与阅读活动，提高他们的阅读理解能力和表达能力。同时，教师还可以利用多媒体和网络资源为学生提供更加直观、生动的阅读体验，帮助学生更好地理解阅读材料的内容。

最后，教师还需要关注学生的阅读过程和阅读策略。通过观察学生的阅读过程和分析学生的阅读策略，教师可以了解学生的阅读习惯和阅读方法，从而为教学提供有针对性的指导。同时，教师还可以引导学生掌握有效的阅读策略和技巧，提高他们的阅读速度和阅读理解能力。

改革和创新英语阅读教学不仅可以提高学生的阅读兴趣和能力，还可以促进学生的全面发展。通过阅读，学生可以拓宽知识面、提高思维能力、培养审美情趣等综合素质。同时，阅读还可以帮助学生树立正确的世界观、人生观和价值观，促进他们的身心健康和人格完善。因此，高校英语阅读教学必须注重培养学生的阅读兴趣和能力，为学生的全面发展提供有力的支持。

（三）推动教师教学创新和专业成长

教学改革不仅可以提高学生的学习效果和质量，还可以推动教师的教学创新和专业成长。通过改革和创新英语阅读教学，教师可以不断更新自己的教学理念和方法，提高

自己的专业素养和教学能力。

首先，教学改革可以促使教师反思自己的教学理念和方法。在多元化教育环境下，教师需要不断审视自己的教学理念和方法是否适应学生的需求和社会的发展。通过反思和总结自己的教学经验，教师可以发现自己的不足之处并寻求改进之道，从而不断提高自己的专业素养和教学能力。

其次，教学改革可以推动教师之间的交流和合作。在改革过程中，教师需要相互学习、相互借鉴，共同探讨教学问题和解决方案。这将有助于形成良好的教学团队和氛围，促进教师之间的交流和合作，提高整体教学水平。

最后，教学改革还可以为教师的专业成长提供平台和机会。通过参与教学改革项目、参加学术研讨会等方式，教师可以与同行专家进行深入交流和探讨，了解最新的教育理念和教学方法。这将有助于教师开阔视野、拓展思路，提高自己的学术水平和研究能力。

因此，高校英语阅读教学改革是推动教师教学创新和专业成长的重要途径之一。通过改革和创新英语阅读教学，教师可以不断提高自己的专业素养和教学能力，为学生的全面发展提供有力的支持。

（四）提升高校教育质量和国际竞争力

高校是人才培养的重要基地之一，其教育质量直接影响着国家的未来发展和国际竞争力。因此，提升高校教育质量和国际竞争力是高校教育改革的重要目标之一。而英语阅读教学作为高校英语教育的重要组成部分，其改革和创新对于提升高校教育质量和国际竞争力具有重要意义。

首先，通过改革和创新英语阅读教学，可以提升学生的学习效果和质量。在传统的阅读教学模式中，教师往往注重知识的传授而忽视了学生的实际需求和能力培养，导致学生的学习效果不佳。而通过改革和创新阅读教学方式和手段，教师可以更加关注学生的实际需求和能力培养，提高学生的学习效果和质量。这将有助于培养出更多具有国际化视野和跨文化交际能力的人才，为国家的未来发展和国际竞争力提供有力的人才保障。

其次，教学改革还可以推动教师的专业成长和教学创新，提高高校的整体教育水平。在改革过程中，教师需要不断更新自己的教学理念和方法，提高自己的专业素养和教学能力。这将有助于推动高校教师的整体专业素养和教学水平的提高，提高高校的整体教育质量和国际影响力。

最后，通过引入国际化的教学内容和文化元素，加强学生的跨文化交际能力训练，可以帮助学生更好地适应国际化需求，为未来的职业发展打下坚实的基础。这将有助于提升高校毕业生的就业竞争力和国际竞争力，进一步提升高校的教育质量和国际影响力。

第二节　多元化教学模式在阅读教学中的应用

随着全球化的发展和科技的进步，多元化教育已成为当今教育领域的重要趋势。在这一背景下，高校英语阅读教学也面临着新的挑战和机遇。为了更好地适应多元化教育环境，提高学生的阅读能力和跨文化交际能力，高校英语教师需要积极探索和应用多元化教学模式。本节将从多元化教学模式的理念引入、多元化教学资源与内容的整合、多元化教学方法与手段的运用以及多元化教学评价体系的建立四个方面进行阐述。

一、多元化教学模式的理念引入

在多元化教育环境下，高校英语阅读教学需要引入多元化教学模式的理念，以更好地适应学生的个性差异、培养跨文化交际能力，并倡导合作与共享的学习理念。

（一）尊重学生的个性差异

每个学生都是独一无二的个体，具有不同的阅读兴趣、阅读习惯和阅读速度。在传统的教学模式中，教师往往采用"一刀切"的教学方法，忽略了学生的个性差异，导致教学效果不佳。因此，在多元化教学模式中，教师应尊重学生的个性差异，允许学生根据自己的实际情况选择适合自己的阅读材料和阅读方法。

为了更好地满足学生的个性需求，教师可以提供丰富多样的阅读材料，包括不同主题、不同难度、不同体裁的文章，让学生根据自己的兴趣和能力进行选择。同时，教师还应关注学生的学习风格，有些学生可能更喜欢独立思考，而有些学生则更喜欢小组讨论。因此，教师可以采用多种教学方式，如个人阅读、小组讨论、角色扮演等，以满足不同学生的学习需求。

尊重学生的个性差异不仅可以提高学生的学习兴趣和积极性，还可以培养学生的自主学习能力和批判性思维。当学生能够自主选择阅读材料和方法时，他们会更愿意投入时间和精力进行阅读，从而提高阅读能力和语言素养。

（二）强调跨文化交际能力的培养

在全球化背景下，跨文化交际能力已成为衡量人才素质的重要标准之一。高校英语阅读教学作为培养学生跨文化交际能力的重要途径之一，应注重培养学生的跨文化意识和跨文化沟通能力。

在多元化教学模式中，教师应通过引入不同文化背景的阅读材料，引导学生了解不同文化之间的差异和联系。例如，可以引入一些涉及不同国家、不同民族、不同社会制度的文章，让学生了解不同文化背景下人们的生活方式、价值观念和社会习俗。通过阅读这些材料，学生可以拓宽自己的视野，增强对不同文化的理解和尊重。

除了引入不同文化背景的阅读材料外，教师还可以通过组织跨文化交流活动来培养学生的跨文化交际能力。例如，可以邀请外籍教师或留学生来班级进行交流，让学生与他们面对面地交流不同文化背景下的学习和生活经验。这种交流活动不仅可以提高学生的口语表达能力，还可以增强学生的跨文化适应能力和跨文化沟通能力。

（三）倡导合作与共享的学习理念

多元化教学模式强调学生之间的合作与共享，鼓励学生通过小组讨论、合作阅读等方式相互学习、相互帮助。这种学习理念不仅可以提高学生的团队协作能力，还可以促进学生之间的交流与互动，营造良好的学习氛围。

在多元化教学模式中，教师可以采用小组合作的方式进行阅读教学。将学生分成若干小组，每个小组负责阅读一部分材料，并准备向其他小组展示和讲解。通过这种方式，学生可以共同探讨阅读材料中的重点和难点问题，分享彼此的观点和见解。这种合作阅读的方式不仅可以减轻学生的阅读压力，还可以提高学生的阅读兴趣和参与度。

除了小组合作外，教师还可以鼓励学生进行阅读分享。每个学生都可以选择自己喜欢的阅读材料进行阅读，并在课堂上与其他同学分享自己的阅读心得和感受。通过分享，学生可以了解其他同学的阅读体验和观点，从而拓宽自己的阅读视野和思路。同时，阅读分享还可以培养学生的口语表达能力和自信心。

二、多元化教学资源与内容的整合

在多元化教育环境下，高校英语阅读教学需要整合多元化教学资源与内容，以丰富学生的阅读体验、提高阅读教学效果。

（一）丰富阅读材料的来源和类型

在传统的阅读教学中，教师往往只依赖于课本提供的阅读材料进行教学。这些材料虽然具有一定的代表性和经典性，但往往无法满足学生的多样化需求。因此，在多元化教学模式中，教师应注重丰富阅读材料的来源和类型，为学生提供多样化的阅读体验。

除了传统的纸质书籍外，教师可以利用网络资源、电子期刊等现代技术手段为学生提供更加便捷、丰富的阅读材料。例如，可以通过订阅电子期刊或访问相关网站获取最新的新闻报道、科技动态、文化评论等文章供学生阅读。这些文章不仅具有时效性和新颖性，还可以激发学生的学习兴趣和好奇心。

同时，教师还可以根据学生的兴趣和需求选择不同类型的阅读材料。例如，对于喜欢小说的学生，可以选择一些经典的小说作品或当代畅销小说供他们阅读；对于喜欢散文的学生，可以选择一些优美的散文作品或名人传记供他们欣赏；对于喜欢新闻报道的学生可以选择一些国际时事新闻或社会热点供他们关注。通过提供多样化的阅读材料，教师可以满足学生的不同需求，激发学生的阅读兴趣。

（二）整合跨学科的知识内容

阅读教学不应仅仅局限于语言知识的传授，还应注重跨学科知识的整合。在多元化教学模式中，教师可以结合其他学科的知识内容进行阅读教学设计，引导学生在阅读过程中了解不同学科之间的联系与差异。

例如，在阅读一篇关于环境保护的文章时，教师可以结合地理学、生物学、化学等学科的知识进行讲解和讨论。通过引入相关学科的知识点和概念，教师可以帮助学生更好地理解文章中的内容和观点，并引导学生思考环境问题与人类社会发展的关系。这种跨学科的教学方式不仅可以提高学生的综合知识素养，还可以培养学生的跨学科思维能力。

同时，教师还可以鼓励学生进行跨学科阅读。例如，可以推荐一些涉及多个学科的综合性书籍或期刊供学生阅读。这些书籍或期刊往往包含了不同学科的知识点和观点，可以帮助学生拓宽视野、增长见识。通过跨学科阅读，学生可以更好地理解不同学科之间的联系与差异，提高自己的综合素养和创新能力。

（三）关注时事热点和社会话题

阅读教学应与时俱进，关注时事热点和社会话题。在多元化教学模式中，教师可以结合当前的社会热点和时事新闻进行阅读教学设计，引导学生通过阅读了解社会动态、思考社会问题。

例如，在阅读一篇关于人工智能的文章时，教师可以结合当前人工智能技术的发展和应用进行讲解和讨论。通过引入相关的时事新闻和社会话题，教师可以帮助学生更好地理解人工智能技术的发展趋势和应用前景，并引导学生思考人工智能技术对人类社会的影响和挑战。这种关注时事热点和社会话题的教学方式不仅可以提高学生的社会责任感和公民意识，还可以培养学生的批判性思维和创新能力。

同时，教师还可以鼓励学生关注时事新闻和社会话题，并进行相关阅读。例如，可以要求学生定期阅读一些重要的新闻报道或社会评论文章，并撰写相关的读后感或评论。通过这种方式，学生可以及时了解社会动态，掌握时事信息，并提高自己的阅读能力和写作水平。

(四) 融入文化背景和历史知识

语言是文化的载体，阅读教学应融入文化背景和历史知识。在多元化教学模式中，教师可以结合阅读材料的文化背景和历史知识进行讲解和讨论，引导学生了解不同文化之间的差异和联系。

例如，在阅读一篇关于西方节日的文章时，教师可以结合西方的文化背景和历史知识进行讲解和讨论。通过引入相关的文化习俗和历史事件，教师可以帮助学生更好地理解西方节日的起源和意义，并引导学生比较中西方节日的异同点。这种融入文化背景和历史知识的教学方式不仅可以提高学生的文化素养和跨文化交际能力，还可以培养学生的历史意识和人文精神。

同时，教师还可以鼓励学生进行跨文化阅读。例如，可以推荐一些涉及不同文化背景的书籍或期刊供学生阅读。这些书籍或期刊往往包含了不同文化的价值观和生活方式，可以帮助学生更好地了解不同文化之间的差异和联系。通过跨文化阅读，学生可以拓宽自己的视野、增长见识，并提高自己的跨文化适应能力和跨文化沟通能力。

三、多元化教学方法与手段的运用

(一) 启发式教学法的应用

启发式教学法是一种非常有效的教学方法，尤其适合英语阅读的教学。它的核心理念是"引导而非灌输"，通过教师的巧妙设问，激发学生的学习兴趣和好奇心，促使他们主动思考、积极探索。在英语阅读教学中，启发式教学法可以发挥巨大的作用。

首先，教师可以通过设置问题情境来引入阅读材料。例如，教师可以结合学生的实际生活或社会热点问题，提出一个与阅读材料相关的问题，让学生带着问题去阅读。这样，学生的阅读就有了明确的目标和动力，不再是盲目的、被动的。

其次，在阅读过程中，教师可以通过层层递进的问题引导学生深入思考。这些问题可以涉及文章的主题、结构、语言风格等方面，帮助学生全面理解文章。同时，教师还可以鼓励学生提出自己的问题，培养他们的质疑精神和批判性思维。

最后，在阅读结束后，教师可以组织学生进行讨论和交流，让他们分享自己的见解和感受。这种讨论不仅可以锻炼学生的口语表达能力，还可以培养他们的团队协作精神和沟通能力。同时，通过听取他人的观点，学生还可以拓宽自己的视野，增强对多元文化的理解和包容。

（二）任务型教学法的实施

任务型教学法是一种以任务为核心的教学方法，它强调"在做中学"，让学生在完成任务的过程中掌握知识和技能。在英语阅读教学中，任务型教学法同样可以发挥重要的作用。

首先，教师可以根据阅读材料的内容和难度，设计一系列的任务。这些任务可以包括阅读理解题、词汇填空题、翻译题等，旨在帮助学生掌握文章的主要内容和语言点。同时，教师还可以设计一些开放性的任务，如讨论、演讲、写作等，让学生在完成任务的过程中发挥自己的创造力和想象力。

其次，在任务实施过程中，教师可以采取小组合作的形式，让学生分组完成任务。这样可以培养学生的团队协作精神和沟通能力，同时也可以减轻学生的压力，提高他们的自信心。在小组合作中，教师还可以鼓励学生互相帮助、互相学习，形成良好的学习氛围。

最后，在任务完成后，教师可以组织学生进行展示和评价。通过展示成果，学生可以增强自己的自信心和成就感；通过评价反馈，学生可以了解自己的优点和不足，为今后的学习明确方向。同时，教师还可以根据学生的表现给予相应的奖励和鼓励，激发他们的学习动力。

（三）多媒体辅助教学手段的运用

随着科技的发展和多媒体技术的普及，多媒体辅助教学手段已成为现代教学的重要组成部分。在英语阅读教学中，多媒体辅助教学手段可以发挥巨大的作用。

首先，多媒体辅助教学可以为学生提供更加直观、生动的阅读体验。例如，教师可以利用图片、视频等多媒体资源来呈现阅读材料中的场景和人物，让学生更加直观地了解文章的内容。同时，教师还可以利用音频资源来呈现阅读材料中的语音和语调，帮助学生更好地掌握英语的发音和语调规律。

其次，多媒体辅助教学可以激发学生的学习兴趣和动力。相比于传统的纸质教材，多媒体资源更加生动有趣，更容易吸引学生的注意力。通过利用多媒体资源进行教学，教师可以让学生在轻松愉快的氛围中学习英语阅读，提高他们的学习积极性和参与度。

最后，多媒体辅助教学还可以帮助学生更好地理解阅读材料中的文化背景和社会现象。例如，教师可以利用视频资源来呈现不同国家和地区的文化风貌和社会习俗，让学生更加深入地了解文章的文化背景。这样不仅可以帮助学生更好地理解文章的内容，还可以培养他们的跨文化交际能力。

四、多元化教学评价体系的建立

（一）评价主体的多元化

在传统的阅读教学评价中，评价主体往往只有教师一人，这种单一的评价主体容易导致评价结果的片面性和主观性。因此，在多元化教学评价体系中，我们应该注重评价主体的多元化，包括学生自评、同伴互评、教师评价等方面。

学生自评可以帮助学生更好地了解自己的阅读能力和表现，发现自己的优点和不足，从而制定相应的学习计划。同伴互评则可以促进学生之间的交流和合作，培养他们的团队协作精神和沟通能力。同时，同伴之间的互相评价还可以让学生从他人的角度审视自己的表现，更加客观地认识自己。教师评价则可以从专业的角度对学生的阅读能力和表现进行评价，为学生提供有针对性的指导和建议。

这种多元化的评价主体可以更加全面、客观地评价学生的阅读能力和表现，为教学提供更加准确、有效的反馈。同时，这种评价方式还可以提高学生的自我认知能力和评价能力，促进学生的全面发展。

（二）评价内容的多元化

在传统的阅读教学评价中，评价内容往往只关注学生的阅读成绩，这种单一的评价内容容易导致学生的片面发展和应试心态。因此，在多元化教学评价体系中，我们应该注重评价内容的多元化，包括学生的阅读过程、阅读策略、跨文化交际能力等方面。

阅读过程是学生理解文章的关键环节，通过对学生的阅读过程进行观察和分析，教师可以了解学生的阅读习惯和阅读方法，从而为教学提供有针对性的指导。例如，教师可以观察学生在阅读过程中的眼球移动，如回视、重读等行为，分析他们的阅读速度和阅读理解能力。同时，教师还可以了解学生在阅读过程中使用的阅读策略，如预测、推断、总结等，从而帮助他们更好地掌握阅读技巧和方法。

阅读策略是学生在阅读过程中运用的一种有意识的、灵活的阅读手段。通过对学生的阅读策略进行评价，教师可以培养学生的自主学习能力和问题解决能力。例如，教师可以评价学生在阅读过程中是否能够根据文章的内容和难度调整自己的阅读策略，是否能够利用上下文猜测生词的意思等。

跨文化交际能力是学生在全球化背景下必备的一种能力。通过对学生的跨文化交际能力进行评价，教师可以培养学生的跨文化意识和跨文化沟通能力。例如，教师可以评价学生在阅读过程中是否能够理解不同文化背景下的文章内容和语言风格，是否能够与来自不同文化背景的人进行有效的交流等。

（三）评价方式的多元化

除了传统的笔试、口试等评价方式外，教师还应采用多元化的评价方式，以更全面、客观地反映学生的阅读能力和表现。其中，表现性评价强调学生在实际情境中的表现，通过观察学生在阅读活动中的表现来评价其阅读能力和综合素质。这种评价方式可以让学生在真实的情境中展示自己的阅读能力和技巧，更加贴近实际生活。同时，教师还可以对学生的阅读态度、阅读习惯等方面进行评价，以全面反映学生的阅读素养。

档案袋评价则是一种过程性评价方式，它强调对学生的阅读过程进行跟踪和记录。通过收集学生的阅读作品、反思日志等材料，教师可以了解学生的阅读进步情况和成长历程，从而为学生提供更加个性化的指导和建议。这种评价方式可以让学生更加关注自己的阅读过程和成长历程，增强自我监控和反思能力。同时，教师还可以根据学生的档案袋材料调整教学策略和方法，更好地满足学生的需求。

（四）评价结果的反馈与利用

评价结果的反馈与利用是多元化教学评价体系的重要环节。教师应及时将评价结果反馈给学生，这不仅可以帮助学生了解自己的阅读能力和表现，发现自己的优点和不足，还可以为学生提供个性化的指导和建议。例如，教师可以针对学生的不足之处提供相应的学习资源和练习题目，帮助他们加强薄弱环节的训练。同时，教师还可以通过鼓励、表扬等方式激发学生的学习动力和自信心，促进他们的全面发展。

此外，教师还应将评价结果作为教学改进的重要依据。通过分析评价结果，教师可以了解教学中的问题和不足，及时调整教学策略和方法，提高教学质量和效果。例如，教师可以根据学生的反馈意见和建议改进阅读材料的选择和编排方式，使其更加符合学生的需求和兴趣；同时教师还可以根据学生的阅读成绩和表现调整教学进度和难度设置，使其更加符合学生的实际情况和能力水平。这种以评价结果为依据的教学改进可以使教学更加贴近学生的实际需求和能力水平，提高教学的针对性和实效性。

第三节 阅读教学效果评估与提升

一、阅读教学效果评估的标准与方法

（一）评估标准

在评估阅读教学效果时，确立清晰、具体的评估标准是至关重要的。这些标准不仅为教师和学生提供了明确的目标，还为教学效果的改进提供了有力的依据。评估标准主要包括以下几个方面。

阅读理解能力：这是评估阅读教学效果的核心标准。通过阅读理解测试，可以评估学生对阅读材料的理解程度，包括对文章主旨、细节信息、作者观点等方面的把握。

阅读速度：阅读速度也是衡量学生阅读能力的重要指标。在保证理解的前提下，提高学生的阅读速度有助于他们在有限的时间内获取更多的信息。

词汇量：词汇量的大小直接影响学生的阅读理解能力。通过评估学生的词汇量，可以了解他们在阅读过程中是否遇到生词障碍，以及他们运用词汇的能力。

阅读策略运用：有效的阅读策略可以帮助学生更高效地理解阅读材料。评估学生阅读策略的运用情况，可以了解他们是否掌握并灵活运用了预测、略读、寻读等阅读策略。

跨文化交际能力：在全球化背景下，跨文化交际能力已成为衡量人才素质的重要标准之一。评估学生在阅读过程中的跨文化交际能力，可以了解他们是否能够理解不同文化背景下的阅读材料，以及他们是否具有跨文化沟通的能力。

（二）评估方法

为了全面、客观地评估阅读教学效果，应采用多元化的评估方法。这些方法应适应不同学生的阅读需求和特点，确保评估结果的准确性和有效性。常见的评估方法包括以下几方面。

测试：测试是评估学生阅读能力和教学效果的常用方法。通过设计不同难度和类型的阅读理解试题，可以客观反映学生的阅读能力和水平。同时，测试还可以帮助教师了解学生在阅读过程中的薄弱环节，为教学改进提供依据。

问卷调查：问卷调查是收集学生对阅读教学反馈意见的重要途径。通过设计合理的问卷，可以了解学生对阅读教学的满意度、需求以及建议等方面的信息。这些信息有助于教师及时调整教学策略，满足学生的学习需求。

学生自评和互评：学生自评和互评是培养学生自主学习和合作学习能力的重要手段。通过引导学生对自己的阅读过程和成果进行自我评价，以及对他人的阅读过程和成果进行评价，可以帮助学生认识自己的优点和不足，促进他们的自我反思和进步。同时，互评还可以培养学生的批判性思维能力和团队合作精神。

（三）评估周期与频率

评估周期和频率的设定应合理，既要保证评估的及时性，又要避免过度评估给学生带来压力。一般来说，可以设定每个学期进行一次综合评估，这样既可以及时了解教学效果，又可以为教学改进提供持续的动力。同时，根据教学进度和学生需求进行不定期的阶段性评估也是必要的。例如，在每个单元或模块结束后进行一次小测试或问卷调查，以便及时了解学生对该部分内容的掌握情况和反馈意见。

此外，对于阅读能力较弱的学生或需要重点关注的学生群体，可以增加评估的频率和深度。例如，可以定期进行一对一的阅读理解测试和分析，以便为他们提供更有针对性的指导和帮助。而对于阅读能力较强的学生，则可以鼓励他们参与更高层次的阅读活动和评估，以激发他们的挑战精神和创新能力。

二、学生阅读能力的提升与反馈

（一）阅读能力提升的途径

学生阅读能力的提升是阅读教学效果的重要体现。为了提升学生的阅读能力，教师应引导学生养成良好的阅读习惯和掌握有效的阅读策略。具体途径包括以下几点。

帮助学生养成良好的阅读习惯：定时定量阅读可以帮助学生保持稳定的阅读状态，做阅读笔记则可以帮助学生更好地理解和记忆阅读材料。这些习惯有助于提高学生的阅读效率和质量。

教授有效的阅读策略：略读、寻读、预测等阅读策略可以帮助学生快速浏览文章、定位关键信息和预测文章内容。通过教授这些策略并引导学生在阅读过程中灵活运用，可以提高学生的阅读速度和准确性。

开展课外阅读和拓展活动：课外阅读可以帮助学生接触到更丰富的阅读材料和语境；英语角等拓展活动则可以为学生提供展示和交流的平台。这些活动有助于提高学生的阅读兴趣、跨文化交际能力和语言综合运用能力。

（二）学生反馈的收集与处理

学生反馈是评估阅读教学效果的重要依据，也是改进教学的关键资源。教师可以通过多种途径收集学生的反馈意见，包括问卷调查、个别访谈、小组讨论等。在收集到反馈后，教师应及时整理和分析，找出教学中的问题和不足，为教学改进提供有力支持。

处理学生反馈时，教师应注重以下几个方面：一是要认真倾听学生的意见和建议，尊重他们的主体地位和感受；二是要客观分析反馈信息的真实性和有效性，避免主观臆断和片面理解；三是要结合教学过程和实际效果进行深入反思，找出问题的根源和解决方案；四是要及时将处理结果反馈给学生，让他们感受到教师的关注和回应。

（三）个性化阅读指导与辅导

针对学生阅读能力的差异，教师应提供个性化的阅读指导和辅导。这要求教师深入了解每个学生的阅读需求和特点，制定个性化的教学计划和辅导方案。

对于阅读能力较弱的学生，教师可以采用一对一辅导的方式，针对他们的薄弱环节进行有针对性的指导。例如，可以帮助他们建立正确的阅读观念、掌握基本的阅读技巧和方法、提高词汇量和语法水平等。同时，还可以为他们推荐适合的阅读材料，引导他们在课外进行适量的阅读练习。

对于阅读能力较强的学生，教师则可以引导他们挑战更高难度的阅读材料，如经典文学作品、专业期刊等。通过拓展阅读视野和深度，可以激发他们的阅读兴趣和潜力，提升他们的语言素养和综合能力。同时，教师还可以鼓励他们参与阅读俱乐部、文学社团等活动，与更多志同道合的同学进行交流和分享。

（四）激励与评价机制的建立

为了激发学生的阅读兴趣和动力，教师应建立激励与评价机制。这要求教师注重学生的过程性评价和表现性评价，关注学生在阅读过程中的表现和进步，为学生提供及时、正面的反馈和评价。

首先，教师可以通过设立阅读奖励来激励学生积极参与阅读教学活动。例如，可以设立"阅读之星""最佳读者"等奖项，对在阅读活动中表现突出的学生进行表彰和奖励。这些奖励不仅可以激发学生的阅读热情，还可以增强他们的自信心和成就感。

其次，教师还应注重对学生的过程性评价和表现性评价。过程性评价关注学生在阅读过程中的投入程度、参与度和合作情况等，表现性评价则关注学生在阅读活动中的实际表现和成果。通过这两种评价方式的结合，可以全面了解学生的阅读情况和进步程度，为他们提供有针对性的指导和帮助。

最后，教师应为学生提供及时、正面的反馈和评价。这要求教师在评价时注重学生的个体差异和进步情况，采用鼓励性的语言和方式来引导学生进行自我评价和反思。同时，教师还可以利用现代信息技术手段建立学生阅读档案，记录他们的阅读历程和成果，为他们提供持续的动力和支持。

三、教师教学效果的自我评估与改进

在多元化教学模式下，高校英语阅读教学的成功与否，很大程度上取决于教师的教学效果。为了确保教学质量，教师需要不断地进行自我评估，并根据评估结果进行相应的改进。

（一）自我反思与总结

自我反思是教师成长的必经之路，也是提高教学效果的重要手段。在阅读教学过程中，教师应保持对自己教学行为的觉察，时刻留意学生的学习反应，以便及时调整教学策略。在每个教学阶段结束后,教师应进行深入的反思和总结,审视自己在教学方法、教学内容、教学组织等方面的表现。

在反思过程中,教师应诚实地面对自己的优点和不足。对于优点,可以进一步提炼和升华,形成自己的教学特色;对于不足,则需要深入分析原因,寻找改进的办法。通过持续的反思和总结,教师可以逐步形成一套适合自己的教学理念和教学方法,从而提高教学效果。

此外,教师还可以通过撰写教学日志、观摩自己的教学录像等方式进行反思。教学日志可以帮助教师记录自己的教学历程和心得体会,为日后的教学提供宝贵的参考;观摩教学录像则可以让教师以旁观者的身份审视自己的教学行为,更加客观地评估自己的教学效果。

（二）同行交流与研讨

同行交流与研讨是教师提升教学效果的另一重要途径。在教学过程中,教师难免会遇到各种问题和困惑。此时,与同行进行交流和研讨,往往能够获得有益的启示和帮助。

教师可以积极参加学校或学院组织的教学研讨会、观摩课等活动,与同行分享自己的教学经验和心得,同时倾听他们的意见和建议。在交流和研讨过程中,教师应保持开放的心态,虚心接受他人的批评和建议,不断改进自己的教学行为。

此外,教师还可以通过网络平台与更多的同行进行交流和研讨。例如,可以加入相关的教师交流群或论坛,与其他学校的教师进行在线交流和讨论。通过这种方式,教师可以了解不同学校、不同教师的教学情况和方法,拓宽自己的教学视野和思路。

（三）专业培训与学习

随着教育理念的不断更新和教学方法的不断发展,教师需要保持持续学习和进修的态度,以适应不断变化的教学需求。专业培训与学习是教师提升教学效果的重要途径之一。

教师可以参加由教育主管部门、学术机构或专业协会组织的各类培训课程和研讨会。这些培训课程和研讨会往往聚焦于最新的教育理念、教学方法和教学资源等方面,可以帮助教师及时更新自己的知识和技能。

此外,教师还可以通过阅读专业书籍和期刊、观看在线课程等方式进行自主学习。这些学习方式具有灵活性和自主性强的特点,可以让教师根据自己的需求和兴趣进行选择性学习。通过持续的专业培训与学习,教师可以不断提升自己的专业素养和教学能力,从而提高教学效果。

四、持续改进机制与阅读教学质量的提升

为了确保高校英语阅读教学的质量，需要建立一套持续改进的机制，从多个方面入手，全面提升阅读教学的效果。

（一）建立持续改进机制

持续改进是提升阅读教学质量的关键。高校应建立一套科学、系统的持续改进机制，确保阅读教学的质量得到不断提升。

首先，高校应定期进行教学质量评估，对阅读教学进行全面、客观的考核和评价。评估内容应包括教师的教学行为、教学方法、教学效果等方面。通过评估，可以发现教学中的问题和不足，为改进提供方向和目标。

其次，高校应重视学生的反馈意见，定期收集和分析学生对阅读教学的评价和建议。学生的反馈是改进教学的重要参考依据。高校可以通过问卷调查、召开座谈会等方式收集学生的反馈意见，并对反馈结果进行深入分析，制定相应的改进措施。

最后，高校应鼓励教师进行教学创新和实践。教学创新是推动阅读教学质量提升的重要动力。高校可以为教师提供必要的支持和资源，鼓励教师尝试新的教学方法和手段，不断探索适合学生的阅读教学模式。

（二）优化阅读教学环境

良好的阅读教学环境是提升阅读教学质量的重要保障。高校应注重阅读教学环境的建设和优化，为学生创造一个舒适、宜人的阅读空间。

首先，高校应提供充足的阅读资源。图书馆应定期更新英文书籍和扩充期刊的馆藏量，确保学生能够接触到最新、最丰富的阅读材料。同时，高校还可以利用网络资源为学生提供更加便捷、多样的阅读选择。

其次，高校应提供舒适的阅读场所。阅读场所的布置应考虑到学生的舒适感和专注力。例如，可以设置宽敞明亮的阅览室、安静舒适的自习区等，让学生在阅读时能够感受到舒适和愉悦。

最后，高校应提供先进的阅读教学设施。例如，可以利用多媒体技术和网络技术为学生提供更加生动、直观的阅读体验。通过这些设施的应用，可以激发学生的阅读兴趣，提高他们的阅读积极性。

（三）加强阅读教学团队建设

阅读教学是一个系统工程，需要一支高素质的教师团队来支撑。高校应注重阅读教学团队的建设和培养，提高整个团队的教学水平和效果。

首先，高校应选拔具有丰富教学经验和良好专业素养的教师担任阅读教学任务。这些教师不仅应具备扎实的英语语言功底和广博的文化知识，还应具备良好的教学能力和团队协作精神。

其次，高校应加强教师之间的交流与合作。可以定期组织教师进行教学研讨、观摩课等活动，鼓励教师分享教学经验和心得，共同解决教学中的问题和困惑。通过交流与合作，可以增进教师之间的了解与信任，形成紧密的教学团队。

最后，高校应为教师提供必要的培训和发展机会。可以定期组织教师参加专业培训课程、学术会议等活动，帮助教师不断更新教育理念和教学方法。同时，还可以鼓励教师开展教学研究和学术活动，提高他们的学术素养和研究能力。

（四）关注学生需求与发展

学生是阅读教学的主体，关注学生的需求与发展是提升阅读教学质量的关键。高校应通过多种方式了解学生的阅读需求和兴趣，并注重培养学生的阅读能力和素养。

首先，高校应定期进行学生阅读需求的调查与分析。可以通过问卷调查、个别访谈等方式收集学生的阅读需求和意见反馈。通过对调查结果的深入分析，可以了解学生的阅读偏好、阅读困难等方面的情况，为制定针对性的教学措施提供依据。

其次，高校应注重培养学生的阅读能力和素养。可以通过开设阅读技巧课程、组织阅读俱乐部等方式帮助学生提高阅读速度和理解能力。同时，还可以鼓励学生进行课外阅读和自主学习，拓展他们的知识视野和文化素养。

最后，高校还应关注学生的未来发展需求。可以将阅读教学与学生未来的职业规划和人生发展相结合，培养学生的批判性思维、创新能力和跨文化交际能力等综合素质。通过关注学生的未来发展需求，可以帮助学生更好地适应未来社会的挑战和发展需求。

第十二章 多元化教育环境下的高校英语写作教学

第一节 写作教学现状与挑战

一、当前高校英语写作教学的普遍状况

（一）重视程度不够，教学资源不足

英语写作作为英语教学的重要组成部分，旨在培养学生的书面表达能力，提高他们的语言综合运用水平。然而，在实际的高校英语写作教学中，由于种种原因，英语写作教学往往被边缘化，得不到足够的重视。

首先，课时限制是一个不可忽视的问题。由于高校英语课程的总课时有限，而英语写作通常需要花费较多的时间和精力进行练习和反馈，因此，很多教师不得不压缩写作教学的课时，甚至将其视为可有可无的部分。

其次，教师资源不足也是影响英语写作教学的重要因素。很多高校缺乏专业的英语写作教师，或者现有的教师数量无法满足大量的学生需求。这导致教师不得不承担过多的教学任务，难以提供个性化、有针对性的指导。

此外，教学资源不足还体现在缺乏专业的写作教材、先进的教学设备等方面。很多高校并没有为英语写作课程配备专门的教材，而是使用通用的英语教材或者自编讲义进行授课。这些教材往往缺乏系统性和针对性，难以满足学生的实际需求。同时，一些高校的教学设备也相对落后，无法为学生提供良好的写作环境和条件。

（二）教学方法单一，缺乏针对性

当前的高校英语写作教学往往采用"一刀切"的教学方法，即对所有学生采用相同的教学内容、教学方法和评价标准。这种教学模式忽视了学生的个体差异和多样化需求，导致教学效果不佳。

首先，学生的英语基础水平参差不齐是一个普遍存在的问题。一些学生具有较好的英语基础和较强的写作能力，而另一些学生则可能面临较大的语言障碍和写作困难。如果采用统一的教学方法，那么基础较好的学生可能会感到无聊和乏味，而基础较差的学生则可能感到吃力和挫败。

其次，学生的学习风格和兴趣点也存在差异。一些学生善于逻辑思维和分析问题，他们更喜欢结构严谨、条理清晰的写作风格；而另一些学生则可能更擅长形象思维和创造性表达，他们更喜欢自由发挥、富有想象力的写作方式。如果忽视这些差异，采用单一的教学方法，那么很难激发学生的学习兴趣和积极性。

此外，缺乏有效的评估和反馈机制也是影响英语写作教学效果的重要因素。很多教师只是简单地给出分数或等级评价，而没有提供具体的修改建议或指导意见。这使得学生无法及时了解自己的写作水平和存在的问题，也难以进行有针对性的改进和提高。

（三）学生基础薄弱，写作能力参差不齐

由于高校扩招和生源多样化等原因，学生的英语基础水平呈现出明显的差异性。很多学生在入学前并未接受过系统的英语写作训练，导致他们在写作过程中出现各种问题。

首先，语法错误是最常见的问题之一。由于学生对英语语法掌握不牢固，他们在写作时往往会出现主谓不一致、时态混乱、语态错误等问题。这些错误不仅影响句子的准确性和流畅性，也影响整篇文章的可读性和逻辑性。

其次，词汇匮乏也是一个突出的问题。很多学生的词汇量有限，他们在写作时往往只能使用简单、重复的词汇来表达意思，而无法运用丰富、多样的词汇来增强文章的表现力和感染力。这使得他们的文章显得单调乏味、缺乏深度。

此外，篇章结构不合理也是学生写作中常见的问题。很多学生在写作时缺乏整体构思和布局意识，导致文章结构松散、逻辑混乱。他们往往只是简单地罗列事实和观点，而没有进行有效的分析和论证。这使得他们的文章缺乏说服力和条理性。

二、学生写作能力与需求的多样性

（一）背景和需求的差异

来自不同专业和背景的学生对于英语写作的需求和兴趣点存在明显的差异。这种差异主要源于他们的专业背景和实际需求。

首先，文科学生和理科学生在英语写作上的需求和兴趣点就有很大的不同。文科学生通常更注重文学创作和批判性思维的培养，他们希望通过英语写作来表达自己的思想和观点，展现自己的文化素养和审美能力。因此，他们更倾向于选择散文、小说、诗歌等文学性较强的写作形式。而理科学生则更注重科技论文和实验报告的撰写，他们希望通过英语写作来传递科学信息，描述实验过程和结果。因此，他们更倾向于选择说明文、议论文等实用性较强的写作形式。

其次，不同专业的学生在英语写作上也会面临不同的挑战和困难。例如，商科学生可能需要撰写商业计划书、市场调查报告等商业类文本，这需要他们具备一定的商业知识和实践经验；而法律专业的学生则可能需要撰写法律文件、案例分析报告等法律类文本，这需要他们具备一定的法律知识和逻辑思维能力。这些挑战和困难要求教师在写作教学中充分考虑学生的专业背景和实际需求，提供有针对性的教学内容和指导。

（二）语言水平的层次性

学生的英语水平存在明显的层次性差异，这种差异不仅体现在他们的语言技能上，也体现在他们的语言知识和文化背景上。

首先，一些学生具有较高的英语水平和较强的写作能力。他们通常能够熟练运用英语进行各种形式的书面表达，包括描述、叙述、说明、议论等。他们的文章往往结构严谨、语言流畅、内容丰富。这些学生通常对英语写作充满信心和热情，愿意投入更多的时间和精力进行练习和提高。

然而，另一些学生则可能面临较大的语言障碍和写作困难。他们可能在语法、词汇、拼写等方面存在较多的问题，导致他们的文章经常出现错误和不规范之处。这些学生通常对英语写作感到焦虑和挫败，缺乏自信和积极性。

针对这种层次性差异，教师在写作教学中需要采用分层教学的方法，针对不同水平的学生提供相应的教学支持和辅导。对于高水平的学生，教师可以设置更高的目标和要求，引导他们进行更深入的学习和实践；对于低水平的学生，教师需要给予更多的关注和帮助，帮助他们打牢语言基础，提高写作能力。

（三）学习风格的多样性

学生的学习风格也呈现出多样性的特点，这种多样性主要体现在他们的认知方式、学习策略和个性特征上。

首先，一些学生善于逻辑思维和分析问题。他们通常喜欢结构清晰、条理分明的写作风格，善于运用逻辑推理和论证来阐述自己的观点和立场。这些学生通常更擅长议论文、说明文等逻辑性较强的写作形式。

其次，另一些学生则可能更擅长形象思维和创造性表达。他们通常喜欢自由发挥、富有想象力的写作方式，善于运用比喻、拟人等修辞手法来增强文章的表现力和感染力。这些学生通常更擅长散文、诗歌等文学性较强的写作形式。

此外，还有一些学生可能介于两者之间，既有一定的逻辑思维能力，又有一定的创造性表达能力。他们在写作时能够灵活运用不同的思维方式和表达技巧来展现自己的思想和观点。

针对这种学习风格的多样性，教师在写作教学中需要尊重学生的学习风格差异，采用多样化的教学方法和手段来激发学生的学习兴趣和创造力。例如，可以采用小组讨论、角色扮演、案例分析等互动式教学方法来引导学生积极参与课堂活动，也可以采用多媒体教学资源、网络教学平台等现代化教学手段来拓展学生的学习空间和时间。

（四）个性化发展需求

随着社会的发展和就业市场的变化，学生对于英语写作的需求也日益个性化。他们希望通过英语写作来提高自己的综合素质和竞争力，以适应不断变化的社会需求和职场环境。

首先，一些学生可能希望通过英语写作提高自己的学术研究能力。他们希望通过撰写学术论文、研究报告等学术类文本来展示自己的研究成果和学术水平。这需要他们具备一定的学术素养和研究方法，能够熟练掌握学术论文的写作规范和技巧。

其次，另一些学生则可能更注重实用写作技能的培养。他们希望通过英语写作来提高自己的职业技能和实际应用能力，例如撰写商业计划书、市场调查报告、工作汇报等实用类文本。这需要他们具备一定的职业素养和实践经验，能够熟练掌握各种实用文本的写作方法和技巧。

此外，还有一些学生可能更注重个人兴趣和爱好的发展。他们希望通过英语写作来表达自己的情感和思想、分享自己的生活和经历。这需要他们具备一定的文化素养和审美能力，能够熟练掌握各种文学性文本的写作方法和技巧。

针对这种个性化发展需求，教师在写作教学中需要关注学生的实际需求和发展方向，提供定制化的教学方案和支持。例如，可以开设学术论文写作、实用文本写作、文学创作等不同类型的写作课程来满足学生的不同需求，也可以采用个性化辅导、课外拓展等多样化的教学方式来帮助学生实现个性化发展。

三、传统写作教学模式的局限性

（一）以教师为中心的教学模式

传统的英语写作教学往往采用以教师为中心的教学模式，这种模式强调教师的权威性和主导作用，而学生则处于被动接受的状态。在这种模式下，教师通常是课堂的主导者，他们负责讲解写作知识、分析范文、布置作业等，而学生则负责听讲、记笔记、完成作业等。

这种教学模式的局限性主要体现在以下几个方面：首先，它忽视了学生的主体地位和主观能动性。学生只是被动地接受教师的知识和指导，而缺乏主动探索和实践的机会。

这不利于培养学生的自主学习能力和创新思维能力。其次，它限制了教师的教学方法和手段。教师往往只能采用讲授、板书等传统的教学方法，而缺乏运用现代化教学手段和互动式教学方法的机会。这使得课堂教学变得单调乏味，缺乏趣味性和互动性。最后，它难以满足学生的个性化需求。由于学生的基础水平、学习风格和发展方向存在差异，因此他们需要个性化的教学方案和支持。然而，以教师为中心的教学模式往往只能提供统一的教学内容和评价标准，难以满足学生的个性化需求。

（二）重结果轻过程的教学理念

传统的英语写作教学往往注重写作成果的评价和反馈，而忽视了对写作过程的指导和关注。这种教学理念认为，写作成果是评价学生写作能力的唯一标准，而写作过程只是达到这一标准的手段或途径。

这种教学理念的局限性主要体现在以下几个方面：首先，它导致学生过于关注分数和结果，而忽视了对写作过程和策略的探索和反思。这使得学生在面对新的写作任务时缺乏灵活性和应变能力。其次，它限制了教师的评估方式和反馈机制。教师往往只能简单地给出分数或等级评价，而无法提供具体的修改建议或指导意见。这使得学生无法及时了解自己的写作水平和存在的问题，也难以进行有针对性的改进和提高。最后，它不利于培养学生的自主学习能力和终身学习能力。由于缺乏对写作过程的关注和指导，学生往往无法掌握有效的写作方法和策略，也难以形成良好的写作习惯和风格。

（三）缺乏真实的写作情境

传统的英语写作教学往往缺乏真实的写作情境和任务，导致学生难以将所学知识应用到实际生活中。在这种教学模式下，学生通常只是在课堂上进行一些模拟性的写作练习，如命题作文、改写句子等，而缺乏真实的读者和反馈机制。

这种教学模式的局限性主要体现在以下几个方面：首先，它使得学生难以将所学知识应用到实际生活中。由于缺乏真实的写作情境和任务，学生往往无法将所学知识与实际生活联系起来，也难以体会写作的实际价值和意义。其次，它限制了学生的写作动机和兴趣。由于缺乏真实的读者和反馈机制，学生往往无法感受到写作的成就感和乐趣，也难以激发他们的写作热情和动力。最后，它阻碍了学生发展实际沟通和交流技能。在真实生活中，写作是一种沟通手段，用于传递信息、表达观点、建立联系等，而缺乏真实情境的写作练习无法有效地培养这些技能。

第二节　多元化教学模式在写作教学中的应用

一、过程写作教学模式

（一）理论基础与特点

过程写作教学模式，作为现代语言教学的重要成果，强调以学生为中心，并深度关注写作的全过程。其背后的理论支撑是，写作不应仅仅被看作是一个结果，更是一个涉及思维、表达和修正的复杂过程。通过过程写作教学模式，学生能够全面参与写作的各个环节，从而真正提高写作技能。

具体来说，过程写作包括预写作、草稿、修订和编辑等阶段。在预写作阶段，学生需要确定主题、收集资料并构思文章结构。草稿阶段则着重于将构思转化为文字，不必过分拘泥于语法和拼写。修订阶段则是对草稿进行大刀阔斧的改动，包括调整结构、增删内容等。最后的编辑阶段则是对文章进行细致打磨，纠正语法、拼写和标点错误。

这种教学模式的特点在于，它重视学生的写作过程而非仅仅关注最终成品。这意味着教师需要密切关注学生在写作过程中的表现，提供及时的反馈和指导。同时，过程写作也鼓励学生通过反复修改来完善自己的作品，从而培养他们对语言的敏感性和批判性思维能力。

（二）应用策略与实践

在高校英语写作教学中实施过程写作教学模式，教师需要采取一系列策略来确保其实效性。首先，在预写作阶段，教师可以通过引导学生进行头脑风暴来激发他们的写作灵感。头脑风暴是一种集思广益的方法，可以帮助学生从多个角度思考主题，从而确定自己的写作方向。

其次，在草稿阶段，教师应鼓励学生撰写提纲，明确写作思路。提纲是文章的骨架，能够帮助学生在写作过程中保持逻辑清晰。同时，教师还应指导学生关注内容的完整性和连贯性，确保文章能够准确传达作者的意图。

在修订阶段，教师可以组织学生进行同伴互评。同伴互评是一种有效的反馈机制，可以帮助学生发现自己在写作中存在的问题，并学习他人的优点。同时，教师也应给予学生足够的支持和鼓励，让他们敢于对自己的作品进行大刀阔斧的改动。

最后，在编辑阶段，教师应指导学生关注语法、拼写和标点等细节问题。这些细节虽然看似微不足道，但却直接影响着读者对文章的理解和评价。因此，教师需要耐心细致地帮助学生纠正这些错误，使他们的作品更加完美。

（三）效果评估与反思

实施过程写作教学模式后，教师需要对其效果进行评估和反思。评估可以通过多种方式进行，如检查学生的作文质量，观察他们在写作过程中的表现，以及分析同伴互评结果等。通过这些评估，教师可以了解学生在哪些方面取得了进步，哪些方面仍需改进。

同时，教师也应反思该模式在实施过程中存在的问题。例如，部分学生可能过于关注形式而忽略了内容的重要性，或者同伴互评环节的有效性有待提高等。针对这些问题，教师可以调整教学策略，如加强内容指导、提供更具针对性的反馈等，以进一步完善过程写作教学模式。

二、体裁写作教学模式

（一）概念解析与教学意义

体裁写作教学模式是一种基于体裁分析的教学方法，旨在帮助学生掌握不同体裁的写作特点和技巧。体裁是指文本的类型或形式，如记叙文、议论文、说明文等。每种体裁都有其独特的交际目的、语言特点和结构特征。因此，在写作过程中，学生需要根据具体体裁的要求来选择合适的语言和结构。

体裁写作教学模式的教学意义在于，它能够帮助学生了解不同体裁的写作规范和要求，从而提高他们的写作适应性和灵活性。同时，通过学习和实践各种体裁的写作技巧和方法，学生还可以培养自己的语言运用能力和创新思维能力。

（二）实施步骤与方法

在高校英语写作教学中实施体裁写作教学模式，教师可以按照以下步骤进行：

首先，介绍目标体裁的特点和要求。教师应引导学生了解该体裁的交际目的、语言风格和结构特征等基本信息。这些信息可以帮助学生建立对该体裁的整体认识，为后续的写作实践奠定基础。

其次，分析范文。教师可以选取一些优秀的范文进行分析，让学生熟悉目标体裁的写作规范和技巧。通过分析范文的论证方法、语言运用和结构安排等方面的优点，学生可以更好地掌握该体裁的写作要领。

接着，指导学生进行模仿写作。模仿是学习的有效手段之一。教师可以鼓励学生尝试运用所学知识和技巧来撰写符合目标体裁要求的作文。通过模仿写作，学生可以逐步掌握该体裁的写作方法和技巧，提高自己的写作水平。

最后，对学生的作文进行评价和反馈。评价可以帮助学生了解自己的写作水平和存在的问题，反馈则可以为学生提供改进的方向和建议。在评价和反馈过程中，教师应注重肯定学生的优点和进步，同时指出需要改进的地方并提供具体的建议和指导。

（三）案例分析与应用拓展

为了具体说明体裁写作教学模式的应用，以下以议论文写作为例进行分析。

在教授议论文写作时，教师首先可以介绍议论文的体裁特点和要求。议论文是一种旨在阐述作者观点并说服读者的文体。其语言风格应严谨、客观，结构则应包括引言、正文和结论等部分。在介绍完这些基本信息后，教师可以引导学生思考如何撰写一篇优秀的议论文。

接下来，教师可以分析一篇优秀的议论文范文。通过分析范文的论证方法（如举例论证、对比论证等）、语言运用（如使用客观中性的词汇、避免主观臆断等）和结构安排（如合理安排段落和布局等）等方面的优点，学生可以更好地掌握议论文的写作技巧和方法。

然后，教师可以布置一篇议论文写作任务，要求学生运用所学知识进行实践。在写作过程中，教师应关注学生的写作过程和成品质量，提供及时的指导和帮助。通过实践写作，学生可以进一步巩固所学知识和技巧，提高自己的议论文写作水平。

最后，教师可以组织学生进行作品展示和评价。通过展示作品并接受他人的评价和建议，学生可以更好地了解自己的写作水平和存在的问题。同时，评价过程也可以帮助学生培养批判性思维能力和团队合作精神等非技术性能力。

除了议论文写作外，体裁写作教学模式还可以应用于其他文体的写作教学中。例如，在教授说明文写作时，教师可以引导学生了解说明文的语言风格和结构特点；在教授新闻报道写作时，则可以强调新闻报道的客观性和时效性等特点。通过不断拓展应用范围并结合实际教学需求进行灵活调整和完善，体裁写作教学模式将为高校英语写作教学带来更多的启示和可能。

三、合作式写作教学模式

（一）合作式学习的理念与价值

合作式写作教学模式以合作学习理论为基础，强调学生在写作过程中的互动与合作。这种教学模式认为，通过合作学习，学生可以相互启发、互相学习、共同提高。同时，合作学习还有助于培养学生的团队协作精神和沟通能力等非技术性能力。这些能力在当今社会中具有越来越重要的价值。

具体来说，合作式写作教学模式的价值体现在以下几个方面：首先，它有助于提高学生的写作水平和质量。通过小组讨论、分工合作等方式，学生可以充分发挥集体智慧，共同解决写作过程中遇到的问题。其次，它可以培养学生的批判性思维能力。在合作过程中，学生需要对他人的观点进行评价和反馈，这有助于他们形成独立的见解和判断能力。最后，它可以增强学生的自信心和归属感。通过与他人合作完成写作任务，学生可以感受到成功的喜悦和团队的力量，从而更加自信地面对未来的挑战。

（二）实施方式与活动设计

在高校英语写作教学中实施合作式写作教学模式，教师可以采取以下方式：

首先，将学生分成若干小组。分组时应考虑学生的英语水平、性格特点等因素，确保每个小组都能有效地开展合作学习。每组负责完成一篇作文，这可以是一篇完整的文章，也可以是一个段落或一个部分。

其次，组织学生进行小组讨论。讨论是合作式写作的核心环节之一。在讨论中，学生可以交流思想、分享资料、确定作文的主题、内容和结构等。教师应鼓励学生积极参与讨论并提出自己的见解和建议。

接着，鼓励学生分工合作。分工合作是合作式写作的重要特征之一。每个学生都应在小组中承担一定的责任和任务，如收集资料、撰写草稿、修改润色等。通过分工合作，学生可以充分发挥自己的特长和优势，为小组的写作贡献自己的力量。

最后，组织小组间的交流和分享。交流和分享是合作式写作的另一重要环节。在完成作文后，各小组可以相互展示作品并进行评价和反馈。这有助于学生了解其他小组的写作成果和思路，从而拓宽自己的视野和思路。

在活动设计方面，教师可以根据具体的教学目标和内容来设计不同类型的合作写作活动。例如，可以设计基于图片的写作任务，让学生根据图片内容共同构思一篇文章；也可以设计基于话题的议论文写作任务，让学生围绕某个话题展开讨论并撰写议论文；还可以设计基于实际情境的应用文写作任务，如撰写邀请函、申请信等。这些活动旨在激发学生的写作兴趣和动机，提高他们的写作能力和水平。

（三）挑战与应对策略

虽然合作式写作教学模式具有诸多优点，但在实施过程中也可能遇到一些挑战。以下是一些常见的挑战及相应的应对策略：

部分学生可能过于依赖他人。在合作过程中，有些学生可能会因为懒惰或缺乏自信而过度依赖他人。针对这一问题，教师可以明确每个学生的责任和任务，确保每个人都能积极参与到合作写作中。同时,还可以通过个人评价和小组评价相结合的方式来激励每个学生发挥自己的作用。

小组内部分工不均。在分工合作过程中,可能会出现部分学生承担过多或过少任务的情况。这可能会影响小组的合作效率和成果质量。为了解决这一问题,教师可以在分组时明确每个成员的角色和职责,并在合作过程中进行监督和调整。同时,还可以鼓励小组内部定期轮换任务,让每个学生都有机会尝试不同的工作。

学生间的沟通障碍。由于性格、文化背景等差异,学生间可能会出现沟通障碍或误解。这可能会影响合作的顺利进行和成果的质量。为了应对这一问题,教师可以培养学生的沟通能力和技巧,如倾听、表达、反馈等。同时,还可以鼓励学生在合作过程中保持开放和包容的心态,尊重他人的观点和贡献。

总之,合作式写作教学模式是一种有效的教学方法,能够提高学生的写作水平和质量,培养他们的团队协作精神和沟通能力等非技术性能力。然而,在实施过程中也需要注意应对可能出现的挑战和问题。通过明确任务、分工合作、有效沟通等方式,教师可以更好地发挥合作式写作教学模式的优势和效果。

第三节 写作教学效果评价与改进

一、建立多元化的写作评价体系

在多元化教育环境下,高校英语写作教学面临着前所未有的挑战。传统的、单一的写作评价体系已经无法满足学生的需求,更无法适应现代教育的快速发展。因此,我们需要建立一种多元化的写作评价体系,以全面、客观地评价学生的写作能力,进而推动英语写作教学的创新与发展。

(一)明确评价目标

明确评价目标是建立多元化写作评价体系的首要任务。在传统的写作评价中,教师往往只关注学生的语法、拼写和标点等基本技能,而忽视了学生的思维能力、创新能力、逻辑性和连贯性等方面的评价。然而,这些被忽视的能力恰恰是学生未来在英语写作领域中取得成功的关键。

因此,我们需要重新定义写作评价的目标。除了基本技能的评价外,还应注重学生的思维能力、创新能力、逻辑性和连贯性等方面的评价。例如,我们可以评价学生的文章是否有独特的观点、是否有严密的逻辑、是否有流畅的语言等。通过这样的评价，我们可以更全面地了解学生的写作能力，为学生的全面发展提供更有力的支持。

（二）采用多种评价方式

采用多种评价方式是建立多元化写作评价体系的重要手段。在传统的写作评价中，教师往往是唯一的评价者，评价方式也比较单一，主要以分数或等级来评价学生的作品。这种评价方式不仅无法全面反映学生的写作能力，还容易引发学生的厌学情绪。

因此，我们需要采用多种评价方式，如教师评价、学生自评、同伴互评等。这些评价方式可以从不同的角度反映学生的写作能力，使评价更加全面、客观。例如，教师评价可以从专业的角度对学生的作品进行深入的分析和指导；学生自评可以帮助学生反思自己的写作过程，发现自己的不足并进行改进；同伴互评则可以让学生在互相评价的过程中学习他人的优点和经验，提高自己的评价能力。

同时，多种评价方式的结合也可以激发学生的学习兴趣和积极性，提高他们的参与度。例如，在同伴互评的过程中，学生可以互相交流、互相学习，共同进步；在教师评价的过程中，学生可以得到专业的指导和建议，提高自己的写作水平。

（三）注重过程评价

注重过程评价是建立多元化写作评价体系的重要原则。在传统的写作评价中，教师往往只关注学生的最终作品，而忽视了学生在写作过程中的表现。这种评价方式无法及时发现学生在写作过程中的问题，也无法为学生提供及时的指导和帮助。

因此，我们需要注重过程评价，关注学生在写作过程中的表现。例如，我们可以评价学生的写作态度、写作习惯、写作策略等。通过这些评价，我们可以及时发现学生在写作过程中的问题，并进行相应的调整和改进。同时，过程评价也可以为教师提供有关学生学习情况的及时反馈，有助于教师调整教学策略和方法，提高教学效果。

二、形成性评价与终结性评价的结合

在多元化教育环境下，高校英语写作教学需要更加注重学生的学习过程和学习成果。因此，形成性评价与终结性评价的结合显得尤为重要。通过将这两种评价方式有机地结合起来，我们可以更全面地了解学生的学习情况和问题，为教学改进提供有力的依据。

（一）以形成性评价为主

在写作教学过程中，我们应以形成性评价为主。形成性评价是一种过程性评价，它关注学生在学习过程中的表现，强调对学生的学习进展进行及时的反馈和指导。通过形成性评价，教师可以及时发现学生的学习困难和问题，并进行相应的调整和改进。

在写作教学中，形成性评价可以通过多种方式来实现。例如，教师可以通过课堂观察、学生作品分析等方式来了解学生的学习情况和问题。同时，教师还可以通过与学生进行面对面的交流、讨论等方式来获取学生的反馈和建议，进而调整教学策略和方法。

形成性评价不仅可以帮助学生及时发现自己的不足并进行改进，还可以激发学生的学习兴趣和积极性。通过及时的反馈和指导，学生可以更加明确自己的学习目标和方向，更加积极地参与到写作学习中。

（二）以终结性评价为辅

终结性评价是一种结果性评价，它关注学生的学习成果，强调对学生的学习效果进行全面的评价。通过终结性评价，教师可以了解学生的学习效果和水平，为学生的全面发展提供有力的支持。

在写作教学中，终结性评价可以通过期末考试、课程论文等方式来实现。这些评价方式可以对学生的写作能力进行全面的评价，为学生提供一个展示自己才华的舞台。同时，终结性评价也可以为教师提供有关学生学习情况的全面反馈，有助于教师了解教学效果和问题，为教学改进提供有力的依据。

然而，需要注意的是，终结性评价并不是唯一的评价方式。它只是整个评价体系中的一个组成部分。如果我们过分强调终结性评价而忽视形成性评价，就可能会导致学生只关注最终的成绩而忽视平时的学习过程。因此，我们需要将形成性评价与终结性评价有机地结合起来，形成一个连续、完整的评价过程。

（三）注重评价的连续性

注重评价的连续性是形成性评价与终结性评价结合的重要原则。在写作教学过程中，学生的学习是一个连续的过程。因此，我们需要将形成性评价与终结性评价有机地结合起来，形成一个连续的评价过程。

具体来说，我们可以在写作教学的不同阶段采用不同的评价方式。例如，在写作初期，我们可以采用形成性评价来了解学生的学习情况和问题；在写作中期，我们可以采用形成性评价和终结性评价相结合的方式来对学生的学习进展进行全面的评价；在写作后期，我们可以采用终结性评价来对学生的最终成果进行全面的评价。通过这样的安排，我们可以更好地了解学生的学习情况和问题，为教学改进提供有力的依据。

同时，注重评价的连续性还可以帮助学生更好地了解自己的学习情况。通过连续的评价过程，学生可以更加明确自己的学习目标和方向，更加积极地参与到写作学习中。此外，连续的评价过程还可以为学生提供及时的反馈和指导，帮助他们及时发现自己的不足并进行改进。

（四）关注个体差异

在评价过程中，我们还应关注个体差异。每个学生都有自己的特点和优势，他们在写作过程中的表现也会有所不同。因此，我们需要根据他们的实际情况进行个性化的评价和指导。

具体来说，我们可以根据学生的写作水平、写作风格、写作兴趣等方面的差异来制定个性化的评价方案。例如，对于写作水平较高的学生，我们可以采用更高标准的评价要求来激励他们不断进步；对于写作水平较低的学生，我们可以采用更具体的指导来帮助他们提高写作水平。同时，我们还可以鼓励学生在写作过程中发挥自己的优势和特长，展示自己的个性和才华。

通过关注个体差异并进行个性化的评价和指导，我们可以更好地激发学生的学习兴趣和积极性，提高他们的写作能力。同时，这也有助于培养学生的自信心和自主学习能力，为他们的未来发展打下坚实的基础。

三、学生自评与互评机制的引入

在现代教育理念中，学生的自我评价和同伴互评被视为重要的评价方式，它们对于提高学生的参与度、激发学生的学习兴趣和积极性具有不可替代的作用。通过这两种评价方式，学生可以更加深入地了解自己的学习情况，发现自己的不足，同时也可以从他人的评价中获得新的启示和灵感。

（一）培养学生的自我评价能力

自我评价是一种重要的学习能力，它可以帮助学生更好地了解自己的学习情况，发现自己的不足，并进行相应的调整和改进。为了培养学生的自我评价能力，我们可以从以下几个方面入手。

首先，引导学生明确评价标准。在写作教学中，我们可以为学生提供明确的评价标准，如文章的结构、语言、内容等方面的要求。通过了解这些评价标准，学生可以更加有针对性地进行自我评价，发现自己的不足并进行改进。

其次，鼓励学生进行反思。在写作过程中，我们应鼓励学生进行反思，思考自己在写作过程中遇到的问题和困难，以及如何解决这些问题。通过反思，学生可以更加深入地了解自己的写作过程，发现自己的不足并进行相应的调整。

最后，提供及时的反馈和指导。在学生进行自我评价的过程中，我们应提供及时的反馈和指导，帮助学生更好地了解自己的评价情况，发现自己的不足并进行改进。同时，我们还可以鼓励学生进行自我反思和总结，以便更好地提高他们的自我评价能力。

（二）开展同伴互评活动

同伴互评是一种有效的评价方式，它可以帮助学生从他人的角度了解自己的不足，同时也可以学习他人的优点和经验。为了开展有效的同伴互评活动，我们可以从以下几个方面入手。

首先，明确互评目的和要求。在进行同伴互评之前，我们应明确互评的目的和要求，以便学生更加有针对性地进行评价。同时，我们还可以为学生提供相应的评价标准和要求，以便他们更加客观地进行评价。

其次，组织合理的互评小组。在进行同伴互评时，我们应组织合理的互评小组，确保每个学生都有机会评价他人的作品。同时，我们还可以根据学生的实际情况进行个性化的分组，以便更好地发挥他们的优势和特长。

最后，注重互评结果的反馈。在同伴互评结束后，我们应注重互评结果的反馈。学生应及时将互评结果反馈给作者，以便作者进行相应的调整和改进。同时，教师也应对互评结果进行总结和分析，为教学改进提供有力的依据。此外，我们还可以鼓励学生对互评结果进行讨论和交流，以便更好地发挥他们的主动性和创造性。

（三）培养学生的合作精神

同伴互评活动不仅可以提高学生的评价能力，还可以培养学生的合作精神。在互评过程中，学生需要相互尊重、理解和支持，共同完成评价任务。为了培养学生的合作精神，我们可以从以下几个方面入手。

首先，强调合作的重要性。在进行同伴互评之前，我们应向学生强调合作的重要性，让他们认识到只有通过合作才能更好地完成评价任务。同时，我们还可以为学生提供相应的合作技巧和方法，以便他们更好地进行合作。

其次，鼓励积极的交流和讨论。在互评过程中，我们应鼓励学生积极地交流和讨论，分享自己的想法和经验。通过交流和讨论，学生可以更加深入地了解他人的观点和评价情况，同时也可以发现自己的不足并进行改进。

最后，注重团队意识的培养。在同伴互评过程中，我们还应注重团队意识的培养。通过共同完成评价任务，学生可以更加深入地了解团队合作的重要性和意义。同时，我们还可以为学生提供相应的团队活动和实践机会，以便他们更好地锻炼自己的团队合作能力。

四、基于反馈的教学效果持续改进策略

教学反馈是改进教学效果的重要依据。在多元化教育环境下，我们需要建立一种基于反馈的教学效果持续改进策略，以便更好地指导教学实践，提高教学效果。

（一）收集多方面的反馈信息

为了全面、客观地了解教学效果，我们需要收集多方面的反馈信息。除了传统的教师评价外，还应注重收集学生自评、同伴互评、家长反馈等方面的信息。这些信息可以从不同的角度反映教学效果，为我们提供更加全面、准确的评价依据。

首先，教师可以通过课堂观察、学生作品分析等方式来了解学生的学习情况和问题。这些信息可以帮助教师及时发现自己的不足并进行改进。同时，教师还可以通过与学生进行面对面的交流、讨论等方式来获取学生的反馈和建议，进而调整教学策略和方法。

其次，学生自评和同伴互评也是重要的反馈信息来源。通过自我评价和互相评价，学生可以更加深入地了解自己的学习情况，发现自己的不足并进行相应的调整和改进。同时，学生还可以从他人的评价中获得新的启示和灵感，提高自己的学习效果。

最后，家长反馈也是不可忽视的反馈信息来源。家长是学生的第一任教师，他们对学生的学习情况和问题有着更加深入的了解。通过收集家长的反馈信息，我们可以更加全面地了解学生的学习情况和问题，为教学改进提供有力的依据。

（二）及时分析反馈信息

收集到反馈信息后，我们需要及时进行分析和处理。通过对反馈信息的整理和分析，我们可以了解教学效果的实际情况和问题，为教学改进提供有力的依据。同时，及时分析反馈信息还可以帮助教师及时发现自己的不足并进行相应的调整和改进。

在分析反馈信息时，我们应注重以下几个方面：首先，对反馈信息进行分类整理，以便更好地了解各类问题的分布情况和影响程度；其次，对反馈信息进行深入分析，找出问题的根源；最后，根据分析结果制定相应的改进计划。

（三）制定具体的改进计划

在分析反馈信息的基础上，我们需要制定具体的改进计划。改进计划应明确改进目标、改进措施和预期效果等方面的内容。通过制定具体的改进计划，我们可以更好地指导教学实践，提高教学效果。

在制定改进计划时，我们应注重以下几个方面：首先，明确改进目标和预期效果，确保改进计划具有明确的方向和目标；其次，制定具体的改进措施和实施步骤，确保改进计划具有可操作性和可实施性；最后，注重改进计划的灵活性和可持续性，以便根据实际情况进行调整和改进。

（四）持续跟踪改进效果

制定改进计划后，我们还需要持续跟踪改进效果。通过定期收集和分析反馈信息，我们可以了解改进计划的实施情况和效果。如果改进效果不理想,我们应及时调整改进计划直至达到预期效果为止。这样可以确保教学效果得到持续改进和提高。

在持续跟踪改进效果时,我们应注重以下几个方面:首先,建立有效的跟踪机制,确保能够及时了解改进计划的实施情况和效果;其次,对跟踪结果进行定期总结和分析,以便发现问题并进行相应的调整和改进;最后,注重跟踪结果的反馈和应用,以便更好地指导教学实践和提高教学效果。同时,我们还应鼓励学生积极参与跟踪改进效果的过程中,让他们更加深入地了解自己的学习情况和问题,提高自己的学习效果和自主性。

第十三章　多元化教育环境下的高校英语语法教学

第一节　语法教学的重要性与挑战

一、语法在英语语言学习中的核心地位

（一）语法是语言学习的基础

语法是英语学习的根本，它是语言构建的框架，支撑着语言的表达和理解。对于英语这门语言来说，其复杂性和丰富性在很大程度上是由其语法结构决定的。语法规定了词语如何组合成句子，句子如何构建成段落，以及整个篇章的结构和逻辑。没有语法，语言就会失去条理，变得杂乱无章，无法实现有效的交流。

对于英语学习者而言，掌握语法规则是准确运用英语进行表达的关键。只有遵循语法规则，才能使句子结构正确、语义清晰，避免出现歧义或误解。在口语交流中，正确使用语法能够使对方更容易理解自己的意思，从而实现顺畅的沟通。在书面表达中，良好的语法基础能够使文章更加通顺、易读，增强文章的说服力和感染力。

因此，无论是对于初学者还是有一定英语基础的学习者，都应该重视语法的学习。只有打好语法基础，才能更好地掌握英语这门语言，实现流利、准确的交流。

（二）语法有助于提高语言交际能力

语法不仅仅是语言学习的基础，更是提高语言交际能力的关键。在实际交流中，无论是口头还是书面表达，语法都扮演着至关重要的角色。

在口语交流中，正确使用语法能够使对方更容易理解自己的意思。通过运用正确的时态、语态、语气等，可以使表达更加准确、生动。例如，在描述过去发生的事情时，使用过去时态可以使表达更加符合事实；在表达请求或建议时，使用适当的语气可以使对方更容易接受。

在书面表达中，语法的作用更加突出。一篇文章如果语法错误连篇，不仅会直接影响读者的理解，还会降低文章的整体质量。相反，如果文章语法正确、结构严谨，读者就会更容易理解作者的观点，同时也会对作者的专业能力产生信任感。

此外，语法还有助于培养学习者的语言感知能力。通过学习和运用语法规则，学习者可以更加敏锐地感知到英语语言的细微差别和变化规律，从而更好地掌握和运用这门语言。

（三）语法是语言学习的难点之一

尽管语法在英语学习中具有重要地位，但它也是许多学生感到困难的部分。这主要是由于英语与汉语在语法结构、句子顺序等方面存在显著差异。例如，英语中有时态的变化、语态的区分以及复杂的从句结构等，这些都是汉语中所没有的。因此，学生在学习过程中需要付出更多的努力和时间来适应和掌握这些规则。

此外，语法的抽象性也是导致学习困难的原因之一。语法规则往往比较抽象和复杂，需要学生具备一定的逻辑思维能力和分析能力才能理解和掌握。而且，语法规则的运用也需要一定的灵活性和准确性，这对于初学者来说无疑是一个挑战。

然而，尽管语法学习存在一定的困难，但只要我们采取正确的学习方法和策略，付出足够的努力和时间，就一定能够掌握这门语言的核心技能。通过大量的练习和实践，我们可以逐渐掌握语法规则的运用技巧，提高语言表达的准确性和流利性。

二、学生语法知识掌握程度的差异性

（一）学生英语基础水平的差异

高校学生的英语基础水平参差不齐，这是导致他们在语法知识掌握程度上存在差异的重要原因之一。一些学生在入学前已经具备了较好的语法基础，他们可能对英语的句子结构、时态变化等语法知识有比较深入的了解。这些学生通常能够比较准确地运用英语进行表达，对复杂的语法现象也能够较快地理解和掌握。

然而，另一些学生则可能在语法基础方面相对薄弱。他们可能对英语的句子结构感到困惑，对时态、语态等语法概念的理解也不够深入。这些学生在运用英语进行表达时可能会出现较多的语法错误，对复杂的语法现象也感到难以理解和掌握。

这种基础水平的差异可能会对学生的英语学习产生长期的影响。基础较好的学生可能更容易适应高校的英语教学要求，更快地掌握新的语法知识；而基础薄弱的学生则可能需要更多的时间和努力来弥补自己的不足，提高自己的语法水平。

（二）学习方法和习惯的差异

不同的学生有着不同的学习方法和习惯，这也是导致他们在语法知识掌握程度上存在差异的原因之一。一些学生善于总结归纳语法规则，他们能够通过阅读教材、参考书籍或网络资源等途径获取语法知识，并通过大量的练习来巩固所学知识。这些学生通常能够比较系统地掌握语法知识，对语法规则的运用也比较熟练。

另一些学生则可能过于依赖死记硬背，他们可能只是机械地记忆一些语法规则，而缺乏对语法规则的深入理解和运用。这些学生虽然能够在短时间内记住一些语法知识，但往往难以灵活运用这些知识进行表达，也容易出现遗忘或混淆的情况。

此外，学生的学习习惯也会影响他们对语法知识的掌握程度。一些学生有良好的学习习惯，能够合理安排时间进行预习、复习和练习；而另一些学生则可能缺乏自律性，难以坚持学习或容易分心。这些不同的学习习惯可能会导致学生在语法知识掌握程度上的差异逐渐扩大。

（三）学习动机和兴趣的差异

学生的学习动机和兴趣也是影响他们对语法知识掌握程度的重要因素之一。对英语学习充满热情的学生往往更愿意投入时间和精力去学习语法。他们可能对英语国家的文化、历史和社会等方面有浓厚的兴趣，希望通过学习英语来了解更多关于这些方面的内容。这些学生通常会更加主动地参与课堂活动、阅读英语材料、与外国人交流等，以提高自己的英语水平。

相反，缺乏兴趣的学生则可能在学习语法时表现出消极的态度。他们可能觉得语法知识枯燥无味、难以理解或难以记住，因此缺乏学习的动力和信心。这些学生可能会在课堂上分心、不认真听讲或逃避练习，导致他们的语法水平无法得到有效提高。

因此，教师应该关注学生的学习动机和兴趣，采用生动有趣的教学方式和手段来激发学生的学习兴趣和积极性。同时，教师也应该帮助学生明确学习目标、制定合理的学习计划并提供适当的支持和指导，以帮助学生克服学习困难，提高学习效果。

（四）教师教学方法和风格的影响

教师的教学方法和风格也会对学生的语法学习产生重要影响。一些教师善于采用生动有趣的方式来讲解语法知识，他们可能会运用电子图表、动画、视频等多媒体手段来辅助教学，使抽象、复杂的语法知识变得更加直观、易懂。这样的教学方式往往能够激发学生的学习兴趣和积极性，使他们更加主动地参与到学习中来。

另一些教师则可能过于注重理论传授，而忽视了实践运用。他们可能会在课堂上花费大量时间讲解语法规则、分析例句等，但却没有给学生提供足够的练习机会。这样的教学方式可能会导致课堂氛围沉闷，学生难以保持注意力集中，也无法真正掌握和运用所学知识。

此外，教师的教学风格也会影响学生的学习效果。一些教师可能比较严厉、要求严格，这可能会使一些学生产生畏惧心理，不敢提问或表达自己的观点；而另一些教师则可能比较亲切、耐心，能够鼓励学生积极参与课堂活动、提出自己的疑问和看法。因此，教师应该根据自己的教学特点和学生的实际情况来选择合适的教学方法和风格，以最大限度地提高学生的学习效果。同时，教师也应该注重与学生的沟通和互动，了解学生的学习需求和困难，并及时调整教学策略以满足学生的需求。

三、传统语法教学方法的单一性与枯燥性

（一）以讲解为主的教学方法

传统的语法教学通常采用以教师为中心的讲解模式。在这种模式下，教师作为知识的传递者，通过口头讲解、板书或教材来传授语法知识。学生则扮演着被动的听众角色，机械地接收并记忆教师传授的信息。这种教学方法往往缺乏互动性和趣味性，导致课堂氛围沉闷，学生难以保持长时间的注意力集中。

此外，以讲解为主的教学方法往往侧重于语法规则的灌输，而忽视了对语法意义和功能的讲解。这使得学生虽然能够掌握一定的语法知识，但却难以在实际交流中灵活运用。

（二）缺乏实际应用场景的练习

传统的语法教学往往注重书面练习，如填空、选择、改错等。这些练习虽然有助于巩固学生的语法知识，但却缺乏实际应用场景的支撑。学生在完成这些练习时，往往只是机械地套用语法规则，而无法将所学知识与实际语言运用联系起来。

由于缺乏实际应用场景的练习，学生往往难以真正理解语法的实际意义和功能。这导致他们在实际交流中遇到类似的语言情境时，无法准确地运用所学的语法知识来表达自己的意思。

（三）忽视学生个体差异和需求

传统的语法教学往往采用统一的教学内容和进度安排，忽视了学生的个体差异和需求。每个学生的语言学习背景、认知能力和学习风格都不同，因此需要有针对性的教学指导和支持。然而，在传统的教学模式下，教师往往难以顾及每个学生的实际情况，导致一些学生无法跟上教学进度，而另一些学生则可能感到教学内容过于简单乏味。

这种忽视学生个体差异和需求的教学方式不仅会影响学生的学习效果，还可能导致学生对语法学习产生厌倦和抵触情绪。

（四）缺乏有效的教学评估和反馈机制

在传统的语法教学中，教师往往通过考试或作业来评估学生的学习成果。然而，这种评估方式往往只能反映学生的应试能力，而无法全面反映他们的实际语言运用能力。

同时，由于缺乏有效的反馈机制，学生无法及时了解自己的不足之处并进行改进。

此外，传统的评估方式往往只注重结果而忽视过程。这使得学生在评估过程中只是被动地接受评价，而无法主动参与其中并反思自己的学习过程。这种缺乏有效评估和反馈机制的教学方式不仅会影响学生的学习效果，还可能阻碍他们的自主学习能力和批判性思维的发展。

四、多元化教育环境对语法教学的新挑战

（一）学生需求的多样性和个性化

在多元化教育环境下，学生的需求呈现出多样性和个性化的特点。他们不再满足于被动接受知识，而是希望教师能够根据自己的实际情况提供有针对性的教学指导和支持。这对教师的专业素养和教学能力提出了更高的要求。

为了满足学生的多样性和个性化需求，教师需要深入了解每个学生的实际情况，包括他们的学习背景、认知能力、学习风格等。同时，教师还需要掌握多种教学方法和策略，以便根据学生的不同需求进行灵活调整。此外，教师还需要注重培养学生的自主学习能力和批判性思维，帮助他们更好地适应多元化教育环境的需求。

（二）教学资源的丰富性和易获取性

随着信息技术的发展，学生可以通过互联网等渠道获取丰富的教学资源。这为学生的自主学习提供了便利条件，但同时也对教师的课堂教学构成了挑战。教师需要不断更新自己的知识储备，以适应学生日益增长的学习需求。

在多元化教育环境下，教师需要熟练掌握各种信息技术工具，以便有效地获取、整合和分享教学资源。同时，教师还需要注重培养学生的信息素养和自主学习能力，引导他们正确地利用互联网等渠道获取有用的学习资源。此外，教师还需要关注学生的学习过程和学习成果，及时为他们提供有针对性的指导和支持。

（三）教学方式的灵活性和创新性

在多元化教育环境下，教师需要采用更加灵活和创新的教学方式来激发学生的学习兴趣和积极性。例如，通过运用多媒体教学手段、组织小组讨论、开展角色扮演等活动来丰富课堂教学形式和内容。这些教学方式不仅可以提高学生的学习兴趣和参与度，还可以培养他们的团队协作能力和创新思维。

为了实现教学方式的灵活性和创新性，教师需要不断学习和探索新的教学方法和策略。同时，教师还需要注重培养学生的综合素质和能力，帮助他们更好地适应未来社会的需求。此外，教师还需要关注学生的学习反馈和需求，及时调整自己的教学方式和策

略,以满足学生不断变化的需求。

（四）教学评估的全面性和科学性

为了适应多元化教育环境的需求,教师需要采用更加全面和科学的评估方式来评价学生的学习成果。除了传统的考试和作业外,还可以引入表现性评价、过程性评价等评估方式,以便更准确地反映学生的实际语言运用能力。同时,教师还需要建立完善的反馈机制,及时为学生提供有针对性的指导和建议。

为了实现教学评估的全面性和科学性,教师需要深入了解各种评估方式的优缺点和适用范围,并根据学生的实际情况进行灵活选择。同时,教师还需要注重培养学生的自我评价和反思能力,帮助他们更好地认识自己的学习过程和成果。此外,教师还需要关注学生的学习进步和需求变化,及时调整自己的评估方式和策略,以满足学生不断发展的需求。

第二节 多元化教学模式在语法教学中的应用

一、情境化语法教学模式

情境化语法教学是一种注重将语法知识融入实际语言使用情境中的教学方法。它强调语言学习的实用性,提倡让学生在真实的语境中学习和运用语法知识,从而增强学生的理解和应用能力。以下是情境化语法教学模式的详细阐述。

（一）创设真实语境

在情境化语法教学中,创设真实语境是至关重要的。教师通过模拟真实生活中的场景,如购物、旅行、工作等,让学生在这些情境中运用所学的语法结构进行交际。这种教学方法能够激发学生的学习兴趣,使他们更加积极地参与到语法学习中。

例如,在学习现在进行时时,教师可以设置一个电话交谈的情境,让学生在对话中练习使用"What are you doing now?"和"I am..."等句型。通过这种情境化的练习,学生能够更好地理解和掌握现在进行时的用法,并在实际交流中运用自如。

此外,教师还可以利用教室内的物品、图片等创设实物情境,或者通过讲述故事、播放视频等方式创设虚拟情境,为学生提供更多样的语言实践机会。

（二）利用多媒体技术

随着科技的发展,多媒体技术在教学中的应用越来越广泛。在情境化语法教学中,教师可以借助视频、音频和电子图片等多媒体资源，为学生提供丰富、生动的语言输入，帮助他们在视觉和听觉上建立与语法知识的联系。

例如，通过展示一系列动作图片，引导学生用现在进行时描述图片内容。这种直观的教学方式能够帮助学生更好地理解现在进行时的概念，并培养他们的语言组织能力。同时，多媒体技术的应用还能够使课堂教学更加生动有趣，激发学生的学习兴趣。

（三）角色扮演活动

角色扮演是一种富有创意和互动性的教学活动。在情境化语法教学中，教师可以组织学生进行角色扮演活动，让他们在模拟的情境中运用目标语法结构进行对话。这种活动不仅能够提高学生的口语能力，还能够增强他们的合作意识和创造力。

在角色扮演活动中，教师应根据学生的水平和兴趣设计合适的角色和情境，确保每个学生都能够参与到活动中。同时，教师还应给予及时的指导和反馈，帮助学生纠正语法错误，提高语言表达的准确性。

（四）即时反馈与纠正

在情境化教学中，即时反馈与纠正是非常重要的环节。教师应及时给予学生反馈，指出他们在语法使用上的错误，并提供正确的表达方式。这种即时的互动有助于加深学生的印象，促使他们在以后的交流中更加准确地运用语法。

为了提供有效的反馈和纠正，教师需要注意以下几点：首先，反馈应及时且具体，针对学生的错误进行明确的指导；其次，反馈应具有鼓励性，肯定学生的进步和努力；最后，反馈应具有建设性，提出改进的建议和方法。

二、任务型语法教学模式

任务型语法教学是一种强调通过完成有意义的任务来学习和掌握语法的教学方法。它注重培养学生的语言运用能力，提倡让学生在完成任务的过程中主动探究和合作学习。以下是任务型语法教学模式的详细阐述。

（一）设计明确的任务

在任务型语法教学中，设计明确的任务是至关重要的。教师应根据学生的水平和兴趣设计一系列任务，这些任务应包含目标语法结构，并具有一定的挑战性和趣味性。明确的任务能够激发学生的学习动力，使他们更加积极地参与到语法学习中。

例如，在学习定语从句时，教师可以设计一个"猜谜游戏"的任务，让学生用定语从句描述同学或物品，其他同学猜测描述对象。这种有趣的任务能够激发学生的学习兴趣，使他们在游戏中学习和运用定语从句。

同时，教师在设计任务时还应考虑任务的难易程度和学生的实际情况，确保任务具有可行性和有效性。

（二）小组合作学习

在任务型语法教学中，小组合作学习是一种常见的学习方式。学生分组进行任务，通过讨论、协商和合作完成任务。这种学习方式能够培养学生的团队协作能力和沟通技巧，同时也能够降低学生的焦虑感，提高他们的学习自信心。

在小组合作学习的过程中，教师应给予及时的指导和帮助，确保每个学生都能够参与到任务中。同时，教师还应鼓励学生之间的互相学习和交流，促进知识的共享和传递。

（三）展示任务成果

任务完成后，每个小组应向全班展示任务成果。展示形式可以是口头报告、海报、幻灯片等。这一环节不仅能够增强学生的自信心和表达能力，还能够让全班同学共享学习成果，促进班级内的交流和互动。

在展示任务成果的过程中，教师应给予积极的评价和鼓励，肯定学生的努力和成果。同时，教师还应引导学生对展示内容进行反思和总结，提炼出有用的学习经验和方法。

（四）评估与反思

任务完成后，教师和学生应共同对任务完成情况和语法使用情况进行评估和反思。评估可以采用多种形式，如自我评价、同伴评价、教师评价等。反思则是对整个任务完成过程的回顾和总结，旨在总结经验教训，为以后的学习提供借鉴。

评估和反思是任务型语法教学中非常重要的环节。通过评估和反思，学生能够了解自己的优点和不足，明确改进的方向和目标。同时，评估和反思也能够促使教师反思自己的教学过程和方法，不断完善和优化教学方案。

三、合作式语法教学模式

合作式语法教学是一种富有成效的教学方法，它通过鼓励学生之间的互帮互助、共同探究来深化对语法知识的理解。在这种模式下，学生不再是被动的接受者，而是成为积极的参与者和知识的构建者。

（一）建立合作小组

合作式语法教学的第一步是建立合作小组。教师需要根据学生的性格、能力、兴趣等因素进行合理分组。这种分组旨在确保小组成员既能发挥自己的优势，又能相互学习和借鉴。性格的互补可以促进团队的和谐氛围，能力的差异可以鼓励互相帮助，而共同的兴趣则可以增强团队的凝聚力。

为了确保小组活动的顺利进行，教师还需要明确小组的目标和规则。目标可以是短期的，如完成一个特定的语法练习，也可以是长期的，如提高某个语法点的应用能力。规则应该包括小组讨论的基本准则、任务分配的方式以及成果展示的要求等。

（二）分配角色与责任

在合作小组中，每个成员都被赋予特定的角色和责任。这些角色可以根据活动的性质和目标来设定，如记录员、发言人、时间控制者等。记录员负责记录小组讨论的要点和结论，发言人代表小组向全班展示成果，时间控制者则负责确保小组讨论按时进行。

通过分配角色和责任，可以提高学生的责任感和参与度。每个学生都知道自己在小组中的位置和任务，因此更加投入地参与到活动中。同时，这种角色分配也有助于培养学生的团队合作能力和社交技能。

（三）开展探究活动

合作式语法教学的核心是开展探究活动。教师需要引导学生围绕某个语法点进行深入的探究，如通过例句归纳语法规则、编写对话或短文等。这些活动旨在激发学生的思维能力和创造力，使他们在实践中学习和掌握语法知识。

在探究过程中，学生需要相互讨论、互相启发，共同解决问题。这种互动学习的方式可以加深学生对语法知识的理解，同时也可以培养他们的批判性思维和问题解决能力。教师则需要在旁边给予适当的指导和支持，确保探究活动的顺利进行。

（四）分享与交流

探究活动的最后一步是分享与交流。每个小组需要将自己的探究成果与其他小组分享，通过交流和讨论进一步加深对语法知识的理解。这种互动学习的方式可以拓宽学生的视野和思路，使他们从多个角度审视和理解语法知识。

在分享与交流的过程中，教师需要鼓励学生发表自己的观点和看法，同时也要引导他们倾听他人的意见并从中学习。通过这种方式，学生可以不仅提高自己的口语表达能力，还能培养尊重他人、接纳差异的品质。

总的来说，合作式语法教学是一种以学生为中心、注重互动与合作的教学模式。它通过建立合作小组、分配角色与责任、开展探究活动和分享与交流等步骤，激发学生的学习兴趣和动力，提高他们的语法应用能力和团队合作能力。

四、混合式语法教学模式

混合式语法教学是一种创新的教学模式，它结合了传统教学和现代技术的优势，旨在提供更加灵活、高效的学习方式。通过线上线下相结合、个性化学习路径、互动式学习体验以及数据驱动的教学改进等手段，混合式语法教学能够满足不同学生的需求，提高教学效果。

（一）线上线下相结合

混合式语法教学打破了时间和空间的限制，使学习更加便捷和高效。教师利用线上教学平台发布学习资源、布置作业和进行在线测试，学生可以在任何时间、任何地点进行自主学习。同时，线下课堂则提供了面对面讲解、讨论和答疑的机会，使学生能够在教师的引导下深入理解和掌握语法知识。

线上线下的有机结合不仅可以提高学生的学习效率，还可以增强他们的学习兴趣和动力。例如，教师可以在线上发布一些有趣的语法练习或挑战，鼓励学生在课余时间进行自主探究和学习；而在线下课堂中，教师则可以组织一些小组讨论或角色扮演等活动，让学生在实践中应用所学的语法知识。

（二）个性化学习路径

混合式语法教学注重因材施教，根据学生的水平和需求为他们定制个性化的学习路径和资源推荐。通过线上教学平台的智能推荐系统，教师可以根据学生的学习进度和反馈情况为他们提供合适的学习资源和练习题目。学生则可以根据自己的节奏和兴趣进行学习，实现真正意义上的个性化学习。

个性化学习路径不仅可以提高学生的学习效果，还可以培养他们的自主学习能力和终身学习的意识。学生可以根据自己的实际情况和目标制定学习计划，选择适合自己的学习资源和方式。同时，他们也可以在学习过程中不断调整和优化自己的学习路径，以适应不断变化的需求和挑战。

（三）互动式学习体验

混合式语法教学中注重师生互动和生生互动，以营造积极、活跃的学习氛围。通过线上讨论区、直播课堂等方式，教师可以与学生保持实时沟通，解答疑问、提供反馈。而学生之间也可以通过线上协作工具进行小组合作和成果分享，互相学习、互相启发。

互动式学习体验不仅可以增强学生的学习参与度和归属感，还可以培养他们的沟通能力和协作精神。在与教师和同学的互动中，学生可以更加深入地理解和掌握语法知识，同时也可以学习如何表达自己的观点和倾听他人的意见。这种互动式的学习方式有助于培养学生的综合素质和社交能力。

（四）数据驱动的教学改进

混合式语法教学利用线上教学平台收集学生的学习数据，如学习时间、作业完成情况、测试成绩等。通过对这些数据的分析，教师可以了解学生的学习状况和需求，及时调整教学策略和提供针对性的辅导。这种数据驱动的教学方式有助于提高教学效果和满足学生的个性化需求。

数据驱动的教学改进不仅可以使教学更加科学和精准，还可以增强教师的教学反思能力和创新意识。通过对学生的学习数据进行分析和挖掘，教师可以发现教学中存在的问题和不足之处，进而进行改进和优化。同时，教师也可以利用这些数据来探索新的教学方法和手段，以更好地适应学生的学习需求和发展趋势。

第三节　语法教学效果检测与优化

一、建立多元化的语法能力检测体系

在多元化教育环境下，学生的语法能力呈现出多样性和层次性的特点。为了更好地评估学生的语法水平，我们需要建立一个多元化的语法能力检测体系。这个体系应该包括不同难度层次、多种题型和实际应用场景的测试，以便全面、客观地评估学生的语法知识和应用能力。

（一）设计综合性语法测试

综合性语法测试是多元化语法能力检测体系的重要组成部分。这种测试应该涵盖各个语法知识点，包括词法、句法、时态、语态等，以检验学生对语法规则的掌握程度。同时，测试题型也应该多样化，如选择题、填空题、改错题、翻译题等，以便从多个角度评估学生的语法应用能力。

在设计综合性语法测试时，我们还需要考虑难度层次的设置。不同水平的学生应该接受相应难度的测试，以确保评估结果的准确性和公平性。此外，测试内容还应该贴近实际生活，让学生在实际语言交流中运用所学的语法知识。

（二）引入表现性评价

表现性评价是一种通过观察学生在实际语言交流中的表现来评估其语法运用能力的评价方式。这种评价方式能够更真实地反映学生的语法水平，因为它不仅要求学生掌握语法规则，还要求他们能够在实际交流中灵活运用这些规则。

在引入表现性评价时，我们可以采用多种形式，如口语表达、写作、角色扮演等。这些活动可以让学生充分展示自己的语法应用能力，同时也为教师提供了更多评估学生语法水平的依据。通过表现性评价，我们可以更全面地了解学生在语法学习方面的优势

和不足,从而为他们提供更有针对性的教学指导。

(三)利用技术手段进行动态评估

随着科技的发展,利用技术手段进行动态评估已成为可能。动态评估是一种实时、连续的评估方式,可以及时发现学生在学习过程中存在的问题和不足,以便教师进行及时干预和指导。

在语法能力检测中,我们可以利用语音识别、自然语言处理等技术手段对学生的口语和写作进行实时分析和反馈。这些技术手段可以帮助我们快速、准确地识别学生的语法错误,并为他们提供及时的纠正建议。通过动态评估,我们可以更好地跟踪学生的学习进度,及时发现并解决他们在语法学习方面的问题。

二、形成性与终结性语法检测的平衡

在语法能力检测中,形成性检测和终结性检测是两种重要的评估方式。它们各自有着不同的目的和特点,但又相互补充、相互促进。为了实现形成性与终结性语法检测的平衡,我们需要明确它们的目的,合理分配它们的比重,并注重它们的相互补充。

(一)明确形成性与终结性检测的目的

形成性检测的主要目的是及时发现学生在学习过程中存在的问题和不足,以便教师调整教学策略和学生改进学习方法。这种检测方式通常在教学过程中进行,可以为教师和学生提供及时的反馈信息,帮助他们更好地了解学生的学习情况。

而终结性检测则是对学生学习成果的最终评价。它通常在教学结束时进行,以检验学生是否达到了预期的学习目标。终结性检测的结果可以作为学生学习成绩的重要依据,也可以为教师提供教学效果的反馈信息。

(二)合理分配形成性与终结性检测的比重

在教学过程中,教师应根据教学目标和学生的实际情况合理分配形成性与终结性检测的比重。一般来说,形成性检测应该贯穿整个教学过程,以便及时发现问题并进行干预。教师可以通过课堂小测验、作业批改等方式进行形成性检测,以便及时了解学生的学习情况并给予指导。

而终结性检测则应在学期末或课程结束时进行,以全面评价学生的学习成果。终结性检测可以采用期末考试、课程论文等方式进行,以便更全面地评估学生的语法能力。

(三)注重形成性与终结性检测的相互补充

形成性和终结性检测并非孤立存在,而是相互补充、相互促进的。形成性检测可以为终结性检测提供重要的参考依据。通过形成性检测,教师可以了解学生在学习过程中存在的问题和不足,从而为他们提供更有针对性的教学指导。这样可以帮助学生在终结性检测中取得更好的成绩。

而终结性检测则可以验证形成性检测的有效性和准确性。如果学生在终结性检测中取得了良好的成绩,那么说明形成性检测是有效的,教师的教学策略是成功的。反之,如果学生在终结性检测中表现不佳,那么教师需要反思自己的教学策略,并调整形成性检测的方式和内容。

（四）关注学生个体差异和全面发展

在进行语法检测时,教师还应关注学生个体差异和全面发展。对于不同水平的学生应采用不同的检测标准和方法。例如,对于基础较差的学生,教师可以采用更简单的测试题型和更低的难度层次进行形成性检测;而对于基础较好的学生,教师可以采用更复杂的测试题型和更高的难度层次进行终结性检测。

同时,教师还应注重培养学生的综合能力,而非单一地追求语法知识的掌握。在教学过程中,教师应鼓励学生多进行口语交流和写作练习,以培养他们的语言运用能力和创新思维。这样才能真正实现形成性与终结性语法检测的平衡和优化。

三、学生自我检测与同伴互评机制的引入

（一）培养学生自我检测的习惯和能力

自我检测是提高学生自主学习能力和学习效果的重要手段。它不仅能够帮助学生及时发现和纠正自己的错误,还能够培养学生的自我监控和自我管理能力。在教学过程中,教师应有意识地培养学生自我检测的习惯和能力,使其成为一种自觉的学习行为。

为了有效地培养学生的自我检测能力,教师可以采取以下措施:首先,可以要求学生在完成练习后自行检查答案,养成自我校对的好习惯;其次,可以提供自检清单或自检表格,引导学生对自己的学习过程进行反思和总结,找出自己的不足和需要改进的地方;最后,可以鼓励学生之间相互交流自检心得和经验,共同提高自我检测能力。

在培养学生自我检测能力的过程中,教师需要注意以下几点:一是要给予学生充分的自主权和自由度,让他们能够主动地进行自我检测;二是要注重培养学生的自信心和责任感,让他们能够勇于面对自己的错误并积极地加以改正;三是要提供及时的反馈和指导,帮助学生更好地进行自我检测。

（二）建立同伴互评机制

同伴互评是一种有效的合作学习方式,它可以帮助学生从他人的角度发现自己的问题和不足,促进彼此之间的交流和合作。在语法教学中,建立同伴互评机制可以让学生

互相评价彼此的作业或作品,从而提高其评价能力和批判性思维。

为了确保同伴互评的有效性和公正性,教师需要做好以下几点工作:首先,要明确互评的目的和意义,让学生认识到互评的重要性和必要性;其次,要制定具体的互评标准和要求,确保评价过程有章可循;最后,要提供必要的指导和支持,帮助学生更好地进行互评活动。

在同伴互评的过程中,教师还需要注意以下几点:一是要鼓励学生积极参与互评活动,充分发挥其主体作用;二是要注重培养学生的合作精神和团队意识,让他们在互评中学会相互尊重和理解;三是要提供及时的反馈和总结,帮助学生更好地了解自己的问题和不足并进行改进。

(三)明确互评标准和要求

明确互评标准和要求是确保同伴互评有效性和公正性的重要前提。这些标准和要求应该具体、可操作,并与学生的实际水平相适应。在制定互评标准和要求时,教师可以考虑以下几个方面:一是语法知识的准确性和规范性,二是语言表达的清晰度和流畅度,三是作品结构的合理性和逻辑性,四是创意和新颖性等。

同时,教师还应注重培养学生的评价技能。这包括如何给出建设性的反馈、如何提出具体的改进建议等。通过培养学生的评价技能,不仅可以提高他们的互评质量,还能促进其批判性思维的发展。

此外,为了确保互评活动的顺利进行,教师还需要建立良好的互评氛围和机制。这包括鼓励学生积极参与互评、提供必要的指导和支持,以及及时处理互评中出现的问题和争议等。

(四)合理利用互评结果

同伴互评结束后,教师应合理利用互评结果以优化教学和促进学生的学习。首先,教师可以将互评结果作为改进教学的参考依据。通过分析学生在互评中反映出来的问题和不足,教师可以有针对性地调整教学策略和方法以提高教学效果。其次,教师可以将互评结果反馈给学生本人帮助其了解自己的问题并进行改进。通过具体的反馈和建议,学生可以更加清晰地认识到自己的不足并制定相应的学习计划。最后,教师还可以将优秀的作品进行展示或分享以激发学生的学习积极性和创造力。通过展示优秀的作品,学生可以从中汲取灵感和经验并激发自己的创作欲望。

在利用互评结果的过程中,教师需要注意保护学生的隐私和自尊心。避免将学生的个人信息和敏感内容公开披露,以免对学生造成不必要的伤害。同时,教师还应以鼓励和引导为主,帮助学生正视自己的问题并积极寻求解决方案。

四、基于教学反馈的语法教学策略优化

（一）及时收集和分析教学反馈

教学反馈是优化教学策略的重要依据，它能够帮助教师了解学生的学习情况和需求，从而调整教学内容和方法以提高教学效果。在教学过程中，教师应及时收集和分析来自学生的反馈意见和建议，确保教学策略与学生的实际需求保持一致。

为了有效地收集和分析教学反馈，教师可以采取以下措施：首先，可以通过问卷调查、面对面交流、作业分析等方式获取学生的反馈意见和建议；其次，需要定期整理和分析这些反馈数据，找出学生普遍存在的问题和需求；最后，根据分析结果调整教学策略和方法以满足学生的实际需求。

在收集和分析教学反馈的过程中，教师需要注意以下几点：一是要确保反馈数据的真实性和有效性，避免受到主观因素的影响；二是要注重反馈的及时性和针对性，确保能够迅速响应学生的需求；三是要积极与学生进行沟通和交流，了解他们的真实想法和感受。

（二）根据学生反馈调整教学内容和方法

在收集到学生的反馈后，教师应根据学生的实际需求和问题调整教学内容和方法以提高教学效果。这包括增加相关的练习和讲解以帮助学生更好地掌握语法知识，引入更生动、有趣的教学素材和活动以激发学生的学习兴趣等。

为了根据学生的反馈调整教学内容和方法，教师需要做好以下几点工作：首先，要对学生的反馈进行深入的分析和理解，找出其中的关键问题和需求；其次，要结合教学目标和实际情况制定具体的调整方案；最后，要及时实施这些调整方案并观察其效果以便进行进一步的优化。

在调整教学内容和方法的过程中，教师还需要注意以下几点：一是要尊重学生的个性差异和学习风格，提供多样化的教学方式和资源；二是要注重培养学生的自主学习能力和问题解决能力，引导他们主动探究和合作学习；三是要保持开放的心态和持续的学习意识，不断更新自己的教学理念和技能以适应不断变化的教育环境和学生需求。

（三）注重教学反馈的持续性和循环性

教学反馈并非一次性活动而是持续性和循环性的过程。在教学过程中，教师应注重收集和分析来自不同阶段的反馈意见，并根据这些反馈不断调整和改进教学策略以实现教学效果的最大化。

为了保持教学反馈的持续性和循环性，教师需要做好以下几点工作：首先，要建立

完善的教学反馈机制,包括定期的问卷调查、面对面的学生座谈、课堂观察等,确保能够持续地获取学生的反馈意见;其次,要注重对反馈数据的积累和分,通过对比不同阶段的反馈数据找出教学中的问题和改进点;最后,要及时将分析结果应用于教学实践,根据反馈调整教学内容和方法并观察其效果,以便进行下一轮的反馈和改进。

在保持教学反馈持续性和循环性的过程中,教师还需要注意以下几点:一是要尊重学生的主体地位和意见表达,确保他们能够充分参与到反馈活动中;二是要注重反馈的针对性和实效性,避免形式主义和走过场;三是要保持开放的心态和合作精神,与其他教师共同分享和交流反馈经验和成果,以便更好地改进教学策略和提高教学效果。

(四)加强师生沟通与互动

为了更好地了解学生的学习情况和需求以优化教学策略,教师应加强与学生的沟通与互动。这种沟通与互动可以通过课堂提问、小组讨论、个别辅导等方式进行。通过与学生的直接交流教师可以更准确地把握学生的学习动态和问题所在,从而为调整教学策略提供有力支持。

加强师生沟通与互动需要做好以下几点工作:首先,要树立以学生为中心的教学理念尊重学生的个性差异和学习需求;其次,要营造民主、平等、和谐的课堂氛围,鼓励学生积极参与课堂讨论和提问;最后,要提供多样化的沟通渠道和方式,满足不同学生的沟通需求。

同时,良好的师生沟通也有助于建立和谐的师生关系,提高学生的学习积极性。通过与学生的情感交流和理解,教师可以更好地把握学生的心理变化和需求,从而给予及时的关怀和支持。这种关怀和支持不仅能够激发学生的学习动力,还能够培养学生的自信心和责任感,促进其全面发展。

在加强师生沟通与互动的过程中,教师还需要注意以下几点:一是要关注学生的情感体验,避免使用过于严厉或冷漠的语言,以免伤害学生的自尊心;二是要注重沟通的艺术和技巧,学会倾听和理解学生的想法和感受;三是要保持持续的沟通和互动,确保能够及时了解学生的学习情况和需求并给予及时的反馈和指导。

第十四章 多元化教育环境下的高校英语翻译教学

第一节 翻译教学现状与挑战

一、高校英语翻译教学的现状概述

(一)教学内容单一,缺乏实际应用

在现阶段的高校英语翻译教学中,一个显著的问题是教学内容过于单一,偏重于语言知识的直接传授。多数教材和课程设计往往以语法、词汇、句型等为核心,而对于实际翻译技能的培养则显得相对薄弱。这种偏重语言要素的教学方式,虽然在一定程度上有助于学生打下语言基础,但却忽视了翻译作为一门实践性极强的技能,其最终目的是为了能够在实际场景中进行有效、准确的应用。

正因为这种教学内容上的偏差,导致许多学生在完成学业后,虽然掌握了一定的语言知识,但在面对真实的翻译任务时却常常感到手足无措。他们难以将所学的语言知识有效地转化为实际的翻译能力,无法满足当前社会对翻译人才的实际需求。这种脱节现象不仅影响了学生的职业发展,也在一定程度上制约了我国翻译行业的整体进步。

(二)教学方法陈旧,缺乏创新

教学方法的陈旧和缺乏创新是当前高校英语翻译教学中另一个不容忽视的问题。在传统的翻译教学模式下,教师往往采用"满堂灌"的方式进行教学,即以教师为中心,通过讲解、板书等形式向学生传授知识。这种教学方法虽然在一定程度上能够保证知识的系统性和完整性,但却忽视了学生在学习过程中的主体地位和能动性。

在这种教学模式下,学生往往处于被动接受的状态,缺乏主动参与和实践的机会。这不仅不利于激发学生的学习兴趣和积极性,还容易导致学生产生厌学情绪,影响教学效果。同时,由于缺乏有效的互动和实践环节,学生难以将所学知识转化为实际能力,进一步加剧了教学内容与实际需求之间的脱节。

(三)师资力量不足,教学质量参差不齐

高校英语翻译教学的师资力量直接关系到教学质量的高低。然而,在当前的高校英语翻译教学中,师资力量不足的问题却普遍存在。一方面,随着高校扩招和生源数量的增加，许多高校的英语翻译教师数量明显不足，无法满足大量学生的教学需求；另一方面，部分教师由于缺乏实际翻译经验和专业知识更新不及时，导致教学质量参差不齐。

在这种情况下，一些教师只能照本宣科地进行教学，无法为学生提供有效的指导和帮助。这不仅影响了学生的学习效果和兴趣培养，也在一定程度上制约了高校英语翻译教学的整体发展。同时，由于师资力量的不足和教学质量的参差不齐，学生在面对翻译实践时往往缺乏足够的信心和能力去应对各种挑战。

（四）缺乏有效的教学评估机制

教学评估是检验教学质量的重要手段之一。然而，在当前的高校英语翻译教学中，却普遍缺乏有效的教学评估机制。这主要表现在以下几个方面：首先，许多高校缺乏科学、合理的翻译教学评估标准和方法；其次，部分高校虽然设立了评估机制，但却往往流于形式，无法真正发挥其应有的作用；最后，一些高校在教学评估过程中过于注重结果而忽视过程，导致评估结果无法全面、客观地反映教学质量和学生的学习成果。

由于缺乏有效的教学评估机制，教师无法及时了解自己的教学效果和学生的学习情况，无法进行针对性的改进和调整。这不仅影响了教学效果的提升和学生的学习动力培养，也在一定程度上制约了高校英语翻译教学的持续发展和进步。

二、传统翻译教学模式的局限性

（一）以教师为中心，忽视学生主体地位

在传统的翻译教学模式中，教师是课堂的主导者，而学生则处于被动接受知识的地位。这种以教师为中心的教学模式忽视了学生在学习过程中的主体地位和作用，导致学生在学习过程中缺乏主动性和创造性。

在这种模式下，教师往往注重知识的单向传授，而忽视了学生的实际需求和反馈。学生在课堂上只能被动地接受教师的讲解和传授，缺乏主动参与和实践的机会。这不仅不利于培养学生的自主学习能力和翻译实践能力，还容易导致学生对翻译学习失去兴趣和动力。

同时，由于教师在教学过程中占据了主导地位，学生的个性和差异性往往被忽视。教师往往采用统一的教学方法和标准来要求所有学生，导致部分学生无法适应教学进度和难度，进而影响学习效果和积极性。

（二）重理论轻实践，缺乏实际应用

传统的翻译教学模式往往注重理论知识的传授，而忽视了实践应用的重要性。在这种模式下，教师在课堂上花费大量时间讲解语法、词汇等语言知识，但却很少涉及实际翻译技能的训练和应用。

这种重理论轻实践的教学模式导致学生在翻译实践方面缺乏足够的经验和技能。他们虽然掌握了一定的语言知识，但却无法将其有效地应用到实际翻译场景中。这不仅影响了学生的翻译能力和职业发展，也在一定程度上制约了翻译行业的整体进步和发展。

同时，由于缺乏实践环节的有效指导和监督，学生在进行翻译实践时往往缺乏明确的目标和方向。他们无法有效地将所学理论知识与实际翻译任务相结合，导致翻译质量和效率无法得到保障和提升。

（三）缺乏跨文化交际能力的培养

翻译不仅是语言之间的转换，更是文化之间的交流。然而，在传统的翻译教学模式中，往往只注重语言知识的传授，而忽视了跨文化交际能力的培养。

在这种模式下，学生往往只关注语言层面的转换和表达，而忽视了文化背景和语境的差异对翻译的影响。这导致他们在面对涉及不同文化背景和语境的翻译任务时往往感到无所适从，容易造成误解和歧义。

同时，由于缺乏跨文化交际能力的有效培养和实践机会，学生往往无法准确地理解和传达原文中的文化内涵和意图。这不仅影响了翻译的质量和准确性，也在一定程度上制约了我国翻译行业在国际市场上的竞争力和影响力。因此，加强跨文化交际能力的培养已成为当前高校英语翻译教学亟待解决的重要问题之一。

三、翻译教学中存在的问题与难点

（一）学生翻译实践能力不足

在当前的英语翻译教学中，一个显著的问题是学生翻译实践能力不足。这主要表现在两个方面：一是语言转换能力有限，二是缺乏文化背景和语境意识。

首先，由于传统翻译教学模式的影响，许多学生在进行翻译时往往只关注语言层面的转换，即词汇和语法的对应，而忽视了翻译的本质是跨语言、跨文化的交流。这种单一的语言转换观念导致学生的翻译作品往往存在生硬、不自然的问题，无法准确传达原文的意义和风格。

其次，学生在翻译过程中缺乏文化背景和语境意识。语言是文化的一部分，翻译不仅仅是语言的转换，更是文化的传递。然而，许多学生在翻译时往往忽视了这一点，导致翻译作品出现文化误译、语境失真的问题。这不仅影响了翻译的质量，也阻碍了跨文化交流的有效进行。

此外，学生翻译实践经验不足也是一个重要原因。由于教学资源和教学时间的限制，许多学生缺乏足够的翻译实践机会。这使得他们无法将理论知识应用于实践,也无法通过实践来检验和修正自己的翻译方法和策略。这种理论与实践的脱节导致学生的翻译实践能力无法得到有效提升。

(二)学生缺乏跨文化交际能力

跨文化交际能力是当前全球化背景下翻译人才必备的重要素质之一。然而,在当前的高校英语翻译教学中,学生的跨文化交际能力普遍较弱。这主要是由于教学内容和教学方法的局限性所致。

首先,教学内容方面,传统的翻译教学往往只注重语言知识和翻译技巧的传授,而忽视了跨文化交际能力的培养。这使得学生在课堂上很少有机会接触到真实的跨文化交际场景,也无法得到有效的指导和帮助。他们缺乏对不同文化背景和交际规则的了解和认识,导致在跨文化交际中经常出现误解和冲突。

其次,教学方法方面,传统的翻译教学往往采用以教师为中心的教学模式,学生处于被动接受的状态。这种教学方法无法激发学生的学习兴趣和积极性,也不利于培养学生的跨文化交际能力。学生缺乏主动参与和互动的机会,无法在实践中锻炼和提高自己的跨文化交际能力。

(三)教学资源不足,无法满足需求

随着高校扩招和生源数量的增加,高校英语翻译教学面临着教学资源不足的问题。这主要表现在教室、教学设备和教师资源等方面。

首先,教室资源不足是一个突出问题。由于学生数量增加,而教室数量有限,导致一些翻译课程无法安排在合适的教室进行。这不仅影响了教学计划的正常进行,也影响了学生的学习效果。

其次,教学设备不足也是一个重要问题。翻译教学需要使用一些专业的教学设备和软件,如同声传译设备、翻译软件等。然而,由于资金和技术等方面的限制,一些高校无法提供足够的教学设备和软件支持。这使得学生无法接触到先进的翻译工具和技术,也限制了他们的翻译实践能力和创新能力的培养。

最后,教师资源不足是制约高校英语翻译教学发展的一个重要因素。随着学生数量的增加和教学任务的加重,一些高校面临着教师数量不足、教师专业素养不高等问题。这使得一些翻译课程无法按照教学计划正常进行,也影响了教学质量和效果。同时,由于缺乏足够的教师培训和发展机会,一些教师的专业素养和教学能力无法得到有效提升,也制约了高校英语翻译教学的长期发展。

针对以上问题和难点,高校英语翻译教学需要进行一系列的改革和创新。例如,加强翻译实践教学、注重跨文化交际能力的培养、优化教学资源配置等。通过这些措施的实施，可以有效提升学生的翻译实践能力和跨文化交际能力，满足社会对高素质翻译人才的需求。

四、当今时代对翻译教学的新要求与挑战

（一）培养具备国际视野的翻译人才

随着全球化的加速和我国对外开放的不断深化，具备国际视野的翻译人才已成为社会急需的重要人才类型之一。这就要求高校英语翻译教学不仅要注重语言知识的传授和实践能力的培养，还要注重拓展学生的国际视野和跨文化交际能力。

首先，高校英语翻译教学应引入国际化课程内容。通过引入国际先进的翻译理论、实践案例和跨文化交际知识等内容，让学生接触到更广阔的翻译领域和更丰富的文化背景。这有助于培养学生的全球意识和跨文化敏感性，提高他们的翻译质量和跨文化交际能力。

其次，高校应积极开展国际交流与合作。通过与国际知名高校、翻译机构和企业等建立合作关系，为学生提供更多的国际交流和实践机会。这不仅可以拓宽学生的国际视野，还可以让他们在实践中锻炼和提高自己的翻译能力和跨文化交际能力。

最后，高校应注重培养学生的跨文化适应能力。通过模拟真实的跨文化交际场景、开展跨文化实践活动等方式，让学生了解和适应不同文化背景和交际规则。这有助于培养学生的跨文化沟通能力和协作精神，提高他们的综合素质和竞争力。

（二）创新教学模式和方法，提高教学效果

在当今时代背景下，高校英语翻译教学需要不断创新教学模式和方法，以适应学生的学习需求和社会的发展变化。

首先，高校应引入现代教育技术。通过利用多媒体、网络等现代教育技术手段，打破时间和空间的限制，为学生提供更加便捷、高效的学习方式。例如，可以开展在线教学、远程教学等创新教学模式，让学生随时随地进行学习。

其次，高校应实施翻转课堂等创新教学方法。通过翻转课堂等创新教学方法的实施，让学生成为课堂的主体，激发他们的学习兴趣和积极性。例如，可以让学生在课前自主学习相关知识和材料，课堂上则进行小组讨论、案例分析等互动式教学活动。

最后，高校应注重实践教学。通过增加翻译实践课程、开展翻译工作坊等方式，为学生提供更多的实践机会和指导。这有助于培养学生的翻译实践能力和创新精神，提高他们的综合素质和竞争力。

（三）加强师资队伍建设，提高教学质量

高校英语翻译教学的师资力量直接影响到教学质量和效果。因此，加强师资队伍建设是提高高校英语翻译教学质量的重要途径之一。

首先，高校应引进高水平翻译人才。通过引进具有丰富翻译实践经验和高水平学术研究成果的翻译人才，为高校英语翻译教学注入新的活力和动力。这不仅可以提高教师的教学水平，还可以为学生提供更多的实践机会和指导。

其次，高校应加强教师培训与研修。通过定期举办教师培训、学术研讨会等活动，提高教师的专业素养和教学能力。同时，鼓励教师参加国内外学术会议和研修项目，拓宽他们的学术视野和交流渠道。

最后，高校应建立激励机制。通过建立科学合理的激励机制，激发教师的教学热情和积极性。例如，可以设立优秀教学成果奖、科研成果奖等奖项，鼓励教师在教学和科研方面取得更好的成绩。

（四）建立完善的教学评估机制，保障教学质量

建立完善的教学评估机制是保障高校英语翻译教学质量的重要手段之一。通过制定科学合理的教学评估指标体系、开展定期的教学评估和反馈活动、建立奖惩机制等方式，对教师的教学效果和学生的学习成果进行客观、全面的评价。

首先，高校应制定科学合理的教学评估指标体系。该指标体系应包括教学目标、教学内容、教学方法、教学效果等多个方面，以全面评价教师的教学质量和效果。同时，该指标体系应具有可操作性和可衡量性，以便于实施和评估。

其次，高校应开展定期的教学评估和反馈活动。通过定期的教学评估活动，了解教师的教学情况和学生的学习需求，及时发现和解决教学中存在的问题和不足。同时，通过反馈活动将评估结果及时反馈给教师和学生，让他们了解自己在教学中的优缺点并加以改进。

最后，高校应建立奖惩机制。通过对评估结果优秀的教师给予奖励和表彰，激发教师的教学热情和积极性；对评估结果不佳的教师给予相应的惩罚和帮助，督促他们改进教学方法和提高教学质量。同时，也应注重对学生的评估和相应奖惩机制的建立，以激励他们更好地学习和参与课堂活动。

第二节　多元化教学模式在翻译教学中的应用

随着全球化进程的加速和信息技术的发展,多元化教育环境已经成为高校英语翻译教学的新常态。在这种背景下,传统的教学模式已经无法满足学生的需求,多元化教学模式应运而生。多元化教学模式注重学生的个性差异和全面发展,旨在通过多种教学手段和资源的整合,提高学生的翻译能力和跨文化交际能力。

一、多元化教学模式的引入背景

随着时代的变迁和社会的进步,高校英语翻译教学正面临着前所未有的挑战与机遇。为了应对这些挑战并抓住机遇,多元化教学模式的引入成为了必然的选择。以下将从全球化进程的加速、信息技术的发展、学生需求的多样化以及教学改革的需要四个方面,详细阐述多元化教学模式的引入背景。

（一）全球化进程的加速

全球化进程的加速使得国际间的交流与合作日益频繁,英语作为全球通用语言在跨国交流中的地位日益凸显。在这样的背景下,高校英语翻译教学的重要性不言而喻。然而,传统的翻译教学模式往往注重语言知识的传授和翻译技能的训练,而忽视了对学生跨文化交际能力的培养。因此,为了适应全球化进程的需求,高校英语翻译教学需要更加注重培养学生的跨文化交际能力,使他们能够在不同的文化背景下进行有效的交流。

多元化教学模式的引入正是为了应对这一挑战。通过引入多元化的教学内容、教学手段和教学评价,多元化教学模式能够为学生提供更加全面、丰富的翻译学习体验。在这种模式下,学生不仅能够学习到语言知识和翻译技能,还能够接触到不同的文化背景和交际场景,从而培养他们的跨文化交际能力。

（二）信息技术的发展

信息技术的发展为高校英语翻译教学提供了更加丰富的教学资源和手段。通过网络、多媒体等技术手段,学生可以接触到更多的真实语料和翻译实践机会。这不仅有利于提高学生的翻译能力和语言运用能力,还能够激发他们的学习兴趣和积极性。

在多元化教学模式下,教师可以利用信息技术手段为学生创造更加真实、生动的翻译学习环境。例如,教师可以利用网络资源丰富教学内容,为学生提供更多的翻译实践机会;同时,教师还可以利用多媒体技术手段辅助教学,如使用课件、视频、音频等多媒体资源来展示翻译过程和翻译技巧,使学生更加直观地了解翻译的本质和规律。

（三）学生需求的多样化

随着学生需求的多样化,高校英语翻译教学需要更加注重学生的个性差异和全面发展。不同水平、不同背景的学生需要不同的教学资源和教学手段来满足他们的需求。因此,多元化教学模式的引入势在必行。

在多元化教学模式下,教师可以根据学生的实际情况和需求制定个性化的教学计划和教学方案。例如,对于水平较低的学生,教师可以采用更加直观、生动的教学方式来帮助他们掌握基础知识和基本技能；对于水平较高的学生,教师则可以提供更多的挑战性和拓展性的教学内容来满足他们的需求。同时,多元化教学模式还能够为学生提供更加多样化的学习方式和学习资源,如自主学习、合作学习、探究学习等,从而促进学生的全面发展。

（四）教学改革的需要

传统的教学模式已经无法满足现代高校英语翻译教学的需求。传统的翻译教学模式往往以教师为中心,注重知识的传授和技能的训练,而忽视了学生的主体地位和个性差异。这种教学模式不仅不利于激发学生的学习兴趣和积极性,还会影响教学效果和教学质量。

因此,教学改革需要引入新的教学理念和教学模式来提高教学质量和效果。多元化教学模式注重学生的主体地位和教师的主导作用相结合,有利于激发学生的学习兴趣和积极性,提高教学效果和教学质量。在这种模式下,学生成为了学习的主体,他们可以通过自主学习、合作学习等方式来主动参与到翻译学习中；而教师则成为了学习的引导者和促进者,他们可以通过设计多样化的教学活动和教学任务来引导学生进行学习,帮助他们掌握知识和技能。

二、多元化教学资源与翻译材料的整合

在高校英语翻译教学中,教学资源与翻译材料的整合对于提高教学效果和教学质量具有重要意义。以下将从利用网络资源、整合多媒体资源、开发校本教材以及引入真实语料四个方面,详细阐述多元化教学资源与翻译材料的整合方法。

（一）利用网络资源

网络资源是多元化教学资源的重要组成部分。随着互联网的普及和发展,越来越多的网络资源被应用于高校英语翻译教学中。教师可以利用网络资源丰富教学内容和教学手段,为学生提供更加全面、多样的翻译学习体验。

例如，教师可以通过搜索引擎、社交媒体等渠道收集各种真实的语料和翻译实践机会，为学生提供更加丰富、多样的翻译材料。这些真实的语料可以包括新闻报道、政府公文、商务合同等各种类型的文本材料，它们不仅能够帮助学生了解不同领域的翻译需求和翻译标准，还能够提高学生的翻译能力和语言运用能力。

同时，网络资源还可以为学生提供更加便捷的学习方式和学习平台。例如，学生可以通过在线词典、在线翻译工具等网络资源来自主学习和合作学习翻译知识；同时，学生还可以通过网络平台来参与在线讨论、提交作业等教学活动，与教师和其他同学进行交流和互动。

（二）整合多媒体资源

多媒体资源是多元化教学资源的另一种重要形式。随着多媒体技术的不断发展，越来越多的多媒体资源被应用于高校英语翻译教学中。教师可以通过整合多媒体资源将翻译理论与翻译实践相结合，使学生更加直观地了解翻译过程和翻译技巧。

例如，教师可以利用多媒体课件来展示翻译理论和翻译技巧的相关知识；同时，教师还可以利用视频、音频等多媒体资源来展示真实的翻译场景和翻译过程，使学生能够更加直观地了解翻译的本质和规律。这些多媒体资源不仅能够激发学生的学习兴趣和积极性，还能够提高他们的学习效果和学习质量。

在整合多媒体资源时，教师需要注意资源的选择和组合。首先，教师需要选择适合学生水平和需求的多媒体资源；其次，教师需要将不同的多媒体资源进行组合和优化，以形成完整、系统的教学内容；最后，教师还需要注意多媒体资源的使用方式和时机，以确保其能够有效地辅助教学。

（三）开发校本教材

校本教材是多元化教学资源的重要组成部分。开发适合本校学生的翻译教材有利于提高教学效果和教学质量。在开发校本教材时，教师需要考虑学生的实际需求和学校的实际情况。

首先，教师需要对学生的实际需求和水平进行深入的了解和分析。通过问卷调查、访谈等方式收集学生的意见和建议，了解他们对翻译学习的需求和期望；同时对学生的英语水平、翻译能力等进行评估和分析，以确定教材的目标和内容。

其次，教师需要根据学校的实际情况和教学资源来确定教材的形式和特色。例如，如果学校具有丰富的语料库和翻译实践机会，那么教师可以将这些资源整合到教材中，为学生提供更加真实、实用的翻译学习材料，同时根据学校的教学理念和特色来确定教材的教学方法和评价方式等。

最后,在开发校本教材时,教师还需要注意与其他教学资源的整合和协调。例如,将校本教材与网络资源、多媒体资源等进行整合和优化,同时与其他教师进行合作和交流,共同提高教材的质量。

(四)引入真实语料

真实语料是提高学生翻译能力和语言运用能力的重要途径。通过引入真实语料,学生能够接触到更多的实际翻译场景和翻译需求,从而更好地掌握翻译技巧和提高翻译质量。

在引入真实语料时,教师需要注意语料的选择和处理。首先,教师需要选择适合学生水平和需求的真实语料;其次,教师需要对语料进行适当的处理和改编,以降低难度和增加可读性;最后,教师还需要为学生提供必要的背景知识和语境信息,以帮助他们更好地理解和翻译语料。

除了在课堂上引入真实语料外,教师还可以通过课外实践活动来让学生接触更多的真实翻译场景和翻译需求。例如,组织学生参与翻译项目、翻译比赛等实践活动,同时还可以邀请企业、行业专家来校进行讲座或指导学生进行实践等。这些实践活动不仅能够让学生更好地了解翻译行业的实际需求和标准,还能够提高他们的翻译能力和语言运用能力。

三、多元化教学方法与手段在翻译课堂中的实践

(一)任务型教学法

任务型教学法,顾名思义,是一种以任务为核心的教学方法。在翻译课堂中,这种方法的运用显得尤为重要。传统的翻译教学往往注重理论知识的灌输,而忽视实践能力的培养。任务型教学法则有效地弥补了这一缺陷。

教师可以根据教学内容和学生的实际情况,设计各种具有挑战性和实际意义的翻译任务。这些任务可以包括短文翻译、对话翻译、口译等形式,旨在让学生在完成任务的过程中,掌握翻译的基本技巧和方法,提高翻译的准确性和流畅性。

任务型教学法的优点在于,它能够激发学生的学习兴趣和积极性。面对具体的翻译任务,学生不再是被动地接受知识,而是主动地参与到翻译过程中,通过实际操作来提高自己的能力。这种教学方法不仅能够培养学生的翻译技能,还能够提高学生的自主学习能力和问题解决能力。

同时,任务型教学法也有利于培养学生的团队协作能力。在完成任务的过程中,学生需要相互合作,共同解决翻译中遇到的问题。这种合作模式不仅能够提高学生的团队

协作能力，还能够增进学生之间的相互了解和沟通。

（二）合作学习教学法

合作学习教学法是一种以小组为单位的教学方法，它强调学生之间的相互合作和共同进步。在翻译课堂中，这种方法的运用同样具有重要意义。

教师可以将学生分成若干小组，每个小组由几名学生组成。然后，教师为每个小组分配一个翻译任务，让小组成员共同完成。在完成任务的过程中，小组成员需要相互协作，共同讨论翻译中遇到的问题，并寻求最佳的解决方案。

合作学习教学法的优点在于，它能够培养学生的团队协作能力和跨文化交际能力。在小组讨论和合作的过程中，学生需要学会倾听他人的意见，尊重他人的观点，并通过协商和妥协来达成共识。这种合作模式不仅能够提高学生的团队协作能力，还能够增进学生之间的相互信任和友谊。

同时，合作学习教学法也有利于提高学生的翻译能力和语言运用能力。在面对翻译任务时，学生需要运用所学的语言知识和翻译技巧来解决问题。通过小组讨论和合作，学生可以相互学习和借鉴，从而不断提高自己的翻译能力和语言运用能力。

（三）案例分析教学法

案例分析教学法是一种以案例为基础的教学方法，它强调通过分析具体的案例来提高学生的分析能力和解决问题的能力。在翻译课堂中，这种方法的运用同样具有重要价值。

教师可以引入各种真实的翻译案例，让学生分析案例中的翻译问题和解决方法。这些案例可以包括各种文体和领域的翻译实例，旨在让学生全面了解翻译的实际应用和技巧。

通过分析案例，学生可以深入了解翻译过程中可能遇到的问题和挑战，并学习如何运用所学的知识和技巧来解决问题。这种教学方法不仅能够培养学生的分析能力和解决问题的能力，还能够提高学生的翻译能力和语言运用能力。

同时，案例分析教学法也有利于培养学生的批判性思维和创新能力。在分析案例的过程中，学生需要对案例进行深入的思考和分析，并提出自己的见解和解决方案。这种思考模式不仅能够培养学生的批判性思维，还能够激发学生的创新精神和创造力。

（四）互动式教学法

互动式教学法是一种注重师生互动的教学方法，它强调通过师生之间的互动来引导学生积极思考和参与课堂活动。在翻译课堂中，这种方法的运用同样具有积极意义。

教师可以通过提问、讨论等方式与学生进行互动，引导学生对翻译问题进行深入的思考和讨论。这种互动模式不仅能够激发学生的学习兴趣和积极性，还能够提高学生的课堂参与度和学习效果。

同时，互动式教学法也有利于培养学生的语言表达能力和交际能力。在与教师和其他同学的互动中，学生需要运用所学的语言知识进行表达和交流。这种交流模式不仅能够提高学生的语言表达能力，还能够增进学生之间的相互了解和沟通。

四、学生翻译能力与跨文化交际能力的培养

（一）提高学生的语言素养

提高学生的语言素养是培养学生翻译能力和跨文化交际能力的基础。语言素养包括语音、语法、词汇、语篇等各个方面的能力。教师可以通过各种教学手段和资源来提高学生的英语水平，包括听、说、读、写等各个方面的训练。

在听力训练方面，教师可以利用音频、视频等多媒体资源为学生提供丰富的听力材料，让学生熟悉不同口音和语速的英语表达。在口语训练方面，教师可以组织各种口语活动，如角色扮演、辩论等，让学生有机会进行实际的口语交流。在阅读训练方面，教师可以为学生提供各种题材和难度的阅读材料，培养学生的阅读理解和分析能力。在写作训练方面，教师可以布置各种写作任务，如日记、故事、论文等，让学生锻炼自己的写作能力。

同时，教师还应注重培养学生的语言意识和语感。语言意识是指学生对语言形式和功能的敏感性和认知能力。语感则是指学生对语言的直觉和感性认知。通过大量的语言实践和积累，学生可以逐渐培养出良好的语言意识和语感，从而更好地进行翻译和跨文化交际。

（二）加强翻译实践训练

加强翻译实践训练是培养学生翻译能力和跨文化交际能力的重要途径。翻译实践训练可以包括笔译和口译两种形式。笔译训练可以侧重于提高学生的翻译准确性和流畅性，口译训练则可以侧重于提高学生的即时翻译能力和应变能力。

在笔译训练方面，教师可以为学生提供各种文体和领域的翻译材料，如新闻、广告、文学等。通过大量的笔译实践，学生可以逐渐掌握翻译的基本技巧和方法，并提高自己的翻译速度和准确性。同时，教师还应注重对学生的翻译作品进行点评和指导，以便学生更好地掌握翻译技巧和提高翻译质量。

在口译训练方面，教师可以模拟各种实际场景，如商务谈判、新闻发布会等，让学生进行即时的口译练习。通过口译实践，学生可以锻炼自己的即时翻译能力和应变能力，

并提高自己的跨文化交际能力。

（三）培养学生的跨文化意识

培养学生的跨文化意识是培养学生跨文化交际能力的重要前提。跨文化意识是指学生对不同文化之间的差异和相似之处的敏感性和认知能力。教师可以通过引入各种跨文化材料和案例来培养学生的跨文化意识。

例如，教师可以为学生介绍不同国家的文化背景、历史传统、社会习俗等方面的知识，让学生了解不同文化之间的差异和相似之处。同时，教师还可以引入各种真实的跨文化交际案例，如商务洽谈、文化交流活动等，让学生分析案例中的跨文化交际问题和解决方法。

通过培养跨文化意识，学生可以更好地理解和尊重不同文化之间的差异和相似之处，从而更好地进行跨文化交际和翻译工作。同时，培养学生的跨文化意识也有利于提高学生的国际视野和跨文化竞争力。

（四）注重学生的全面发展

注重学生的全面发展是培养学生翻译能力和跨文化交际能力的根本目的。全面发展包括知识、能力、素质等方面的协调发展。教师可以通过多元化教学模式和教学资源的整合来为学生提供更加丰富、多样的学习体验和发展机会。

例如，教师可以利用现代信息技术和网络资源为学生提供更加丰富、多样的学习资源和学习平台。学生可以通过网络平台进行自主学习、在线交流、资源共享等活动，从而拓展自己的学习空间和发展机会。

同时，教师还应注重学生的个性差异和全面发展需求。不同水平、不同背景的学生具有不同的学习需求和发展潜力。教师应该根据学生的实际情况制定个性化的教学方案和发展计划，为每个学生提供适合自己的教学资源和教学手段来满足他们的需求。

第三节 翻译教学效果评估与提升策略

一、翻译教学效果评估的标准与方法

（一）评估标准的设定

在多元化教育环境下，高校英语翻译教学的评估标准显得尤为关键。它不仅是对学生学习成果的检验，更是对教学质量的反馈。评估标准应摆脱传统单一的考核模式，走

向多元化、全面化。

首先，学生的语言技能是基础。这包括词汇量的积累、语法规则的掌握以及语言运用的流畅性。在翻译过程中，学生需要准确地理解原文，并用目标语言将其表达出来。因此，语言技能的评估是必不可少的。

其次，翻译理论知识的掌握也是评估的重要方面。翻译不仅仅是语言的转换，更是文化的传递。学生需要了解不同语言之间的文化差异，掌握基本的翻译理论和技巧，如直译与意译的选择、归化与异化的平衡等。这样，他们才能在翻译过程中更好地处理各种语言和文化问题。

此外，跨文化交际能力也是评估标准的重要组成部分。在全球化的背景下，跨文化交际能力已成为翻译人才必备的重要素质。学生需要了解不同文化背景下的交际规则和习惯，学会在跨文化交际中保持敏感性和尊重。这样，他们才能在翻译过程中准确地传达原文的意义和风格，避免文化误解和冲突。

同时，实际翻译操作能力也是评估的关键。学生需要将所学的语言技能、翻译理论知识和跨文化交际能力应用于实际的翻译操作中。通过完成真实的翻译任务，他们可以检验自己的学习成果，发现自己的不足，并不断提高自己的翻译能力。

最后，评估标准还应考虑学生的非技术性能力的发展，如批判性思维、创新能力和团队合作精神等。这些能力对于提高学生的综合素质和竞争力具有重要意义。在翻译过程中，学生需要运用批判性思维对原文进行深入分析，发现其中的问题和矛盾；需要运用创新能力寻找最佳的翻译方案；需要运用团队合作精神与其他译者协作，共同完成翻译任务。

为了更全面地评估学生的翻译能力，评估标准应细化到各个层级，包括词汇、句法、篇章结构、文体风格等方面。同时，还应兼顾翻译的速度和准确性，确保学生在规定的时间内完成高质量的翻译作品。

（二）评估方法的多样性

传统的翻译教学评估方法往往只注重笔试和口试，这种单一的评估方式无法全面反映学生的翻译能力和学习过程。因此，我们需要采用多样化的评估方法，以适应不同学生的学习风格和需求。

除了传统的笔试和口试外，翻译项目实践是一种非常有效的评估方式。通过让学生参与真实的翻译项目，教师可以评估他们的实际翻译操作能力、团队合作精神和解决问题的能力。同时，翻译项目实践还能为学生提供宝贵的实践经验，帮助他们更好地了解翻译行业的实际需求和挑战。

翻译工作坊也是一种有益的评估方式。在工作坊中，学生可以在教师的指导下进行翻译实践，通过小组讨论、互相评价等方式提高自己的翻译能力。这种评估方式强调学生的参与和互动，有利于培养他们的自主学习能力和批判性思维。

此外，翻译日志和同伴互评也是值得尝试的评估方法。翻译日志要求学生记录自己的翻译过程和心得体会，有助于培养他们的反思能力和自我监控能力。同伴互评则鼓励学生互相评价对方的翻译作品，通过互相学习和借鉴提高自己的翻译水平。这种评估方式还能培养学生的评价能力和批判性思维。

（三）形成性评估与终结性评估相结合

形成性评估关注学生的学习过程，强调对学生的学习进展进行持续性的评价和反馈。通过形成性评估，教师可以及时了解学生的学习情况和问题所在，从而调整教学策略和方法，提供更有针对性的教学支持。同时，形成性评估还能帮助学生及时了解自己的学习进度和成果，发现自己的不足并加以改进。

终结性评估则关注学生的学习结果，通常在课程结束后进行。它是对学生整个学习过程的全面检测，旨在评估学生的最终翻译能力和学习成果。通过终结性评估，教师可以了解教学效果和学生的学习成果，为今后的教学改进提供依据。

将形成性评估与终结性评估相结合，能够更准确地反映学生的翻译学习效果。形成性评估注重过程，而终结性评估注重结果。两者相辅相成，共同构成了完整的评估体系。同时，这种评估方式也为教学改进提供了有力依据。教师可以根据形成性评估的结果及时调整教学策略和方法，确保学生的学习效果；同时也可以根据终结性评估的结果总结教学经验，为今后的教学提供借鉴。

（四）技术辅助评估

随着信息技术的发展，越来越多的评估工具被应用于翻译教学评估中。这些工具能够提高评估的效率和准确性，同时也能为学生提供更个性化的学习支持。

例如，机器翻译评价系统可以通过自动评价学生的翻译作品为学生提供即时的反馈和建议。这种评估方式能够减轻教师的工作负担，提高评估效率，同时也能为学生提供更具体、更个性化的反馈信息。

语料库检索工具则可以帮助学生查找相关的翻译例句和用法，为他们的翻译实践提供有力的支持。通过语料库检索工具，学生可以了解不同语言之间的表达差异和文化背景知识，从而更好地处理翻译中的语言和文化问题。

在线协作平台则可以为学生提供一个虚拟的翻译实践环境，让他们在实践中提高自己的翻译能力。通过在线协作平台，学生可以与其他译者协作完成翻译任务，同时也可以获得来自教师和同伴的及时反馈和评价。这种评估方式能够培养学生的团队合作精神和实际操作能力，同时也能为他们提供更丰富的实践经验和反馈信息。

二、学生翻译成果的评价与反馈机制

（一）学生翻译成果的评价

学生翻译成果的评价是翻译教学的重要环节。它不仅是对学生学习成果的检验，更是对学生翻译能力的认可和鼓励。因此，我们需要采用多元化的标准和方法来评价学生的翻译成果。

首先，语言的准确性和流畅性是评价翻译成果的基本标准。学生需要准确地理解原文的意义和风格，并用目标语言将其表达出来。同时，他们的译文还需要符合目标语言的语法规则和表达习惯，保持流畅性和可读性。

其次，创新思维和批判性分析也是评价翻译成果的重要方面。在翻译过程中，学生需要运用创新思维寻找最佳的翻译方案；需要运用批判性分析对原文进行深入剖析，发现其中的问题和矛盾。因此，在评价学生的翻译成果时，我们应关注他们的思维过程和分析能力。

此外，解决问题的能力也是评价翻译成果的关键。在翻译过程中，学生可能会遇到各种语言和文化问题。他们需要运用所学的知识和技巧，灵活地解决这些问题。因此，在评价学生的翻译成果时，我们应关注他们的问题解决能力。

同时，团队合作精神和跨文化交际能力也是评价翻译成果的重要组成部分。在全球化的背景下，团队合作精神和跨文化交际能力已成为翻译人才必备的重要素质。在评价学生的翻译成果时，我们应关注他们在团队合作中的表现以及跨文化交际能力的运用。

为了确保评价的客观性和公正性，我们需要采用多元化的评价方法和手段。除了传统的教师评价外，还可以引入同伴互评、自我评价等方式。这些评价方式能够从不同的角度反映学生的翻译能力和学习过程；同时也能为学生提供更丰富的反馈信息和改进建议。

（二）有效反馈机制的建立

有效反馈是提高学生翻译能力的重要途径。通过反馈，学生可以了解自己的优势和不足，可以获得来自教师和同伴的建议和指导，可以及时调整自己的学习策略和方法。因此，我们需要建立一个有效的反馈机制，为学生提供及时、具体和有针对性的反馈。

首先，教师需要对学生的翻译成果进行点评和建议。他们需要指出学生译文中的语言错误、表达不清等问题，并提供相应的改进方案和建议。同时，他们还需要对学生的创新思维、批判性分析和解决问题的能力给予充分的肯定和鼓励。这样，学生才能更好地了解自己的优势和不足，并有针对性地进行改进。

其次，引导学生参与反馈过程也是非常重要的。通过同伴互评、小组讨论等方式，学生可以互相学习、互相借鉴，共同提高自己的翻译水平。同时，这种反馈方式还能培养学生的评价能力和批判性思维，提高他们的自主学习能力和团队合作精神。

此外，教师还需要关注学生的学习过程和进步情况，给予他们及时的肯定和鼓励。通过关注学生的点滴进步，教师可以激发他们的学习热情和自信心，帮助他们更好地面对学习中的困难和挑战。

（三）反馈的跟踪与调整

为了确保反馈的有效性，教师需要对学生的反馈进行跟踪和调整。这包括关注学生的反馈接受情况、反馈后的改进情况以及反馈对后续学习的影响等。

首先，教师需要关注学生的反馈接受情况。他们需要了解学生是否真正理解了反馈的内容和意义，是否对反馈中的建议和指导进行了认真的思考和实践。通过关注学生的反馈接受情况，教师可以及时调整自己的反馈策略和方法，确保反馈的有效性。

其次，教师还需要关注学生的改进情况。他们需要定期对学生的翻译成果进行复查和评估，了解学生的进步情况和存在的问题。通过持续的跟踪和评估，教师可以为学生提供更精准的教学支持和指导。

最后，教师还需要关注反馈对后续学习的影响。他们需要了解反馈是否激发了学生的学习兴趣和动力，是否帮助学生解决了学习中的问题和困难，是否为学生的后续学习提供了有力的支持。通过关注反馈对后续学习的影响，教师可以更好地了解学生的学习需求和问题所在，从而为他们提供更全面、更深入的教学服务和支持。

三、教师教学效果的自我评估与专业发展

在多元化教学模式下，教师角色的转变和教学能力的提升成为了关键。教师不仅要是知识的传授者，更要是学生学习的引导者和促进者。因此，教师需要对自己的教学效果进行自我评估，并不断提升自己的专业素养和教学能力，以适应多元化教学模式的需求。

（一）教学效果的自我评估

教学效果的自我评估是教师提升教学质量的重要手段。通过定期对自己的教学目标、教学内容、教学方法、教学过程和教学结果进行全面反思和总结，教师可以更好地了解自己的教学优势和不足，为后续的教学改进提供有力依据。

首先，教师需要了解自己的教学目标是否明确、具体、可衡量。只有明确的教学目标才能指导教学内容的选择和教学方法的运用。其次，教师需要对教学内容进行反思，检查其是否符合学生的需求和水平，是否具有实用性和针对性。同时，教师还需要对教学方法进行自我评估，思考其是否能够激发学生的学习兴趣和积极性，是否能够帮助学生掌握知识和技能。最后，教师需要对教学过程和教学结果进行自我评估，分析学生在课堂上的表现和学习成果，以了解自己的教学效果和学生的学习效果。

在自我评估的过程中，教师需要保持客观、公正的态度，勇于承认自己的不足和错误，并积极寻求改进的方法和途径。同时，教师还需要将自我评估的结果与同行、学生等进行交流和分享，以获取更多的反馈和建议，从而不断完善自己的教学。

（二）专业发展的持续追求

在多元化教育环境下，教师需要不断更新自己的知识和技能以适应不断变化的教学需求。因此，专业发展的持续追求成为了教师职业发展的重要保障。

首先，教师需要关注学术前沿和行业动态，了解最新的翻译理论和翻译技术，以及翻译行业的需求和趋势。通过参加学术研讨会、阅读专业期刊和书籍等方式，教师可以不断拓展自己的学术视野和知识面。

其次，教师需要提升自己的教学能力和技术水平。通过参加进修课程、教育技术培训等方式，教师可以学习先进的教学理念和方法，掌握更多的教学技能和技术手段。同时，教师还需要积极参与翻译实践，提高自己的翻译能力和语言运用能力。

最后，教师需要培养自己的创新能力和研究能力。在多元化教学模式下，教师需要不断探索新的教学方法和手段，以适应不同学生的需求和特点。通过参与科研项目、撰写学术论文等方式，教师可以培养自己的创新意识和研究能力，为教学改革和发展做出贡献。

（三）同行交流与合作

同行交流是教师专业发展的重要途径之一。通过与其他教师的交流与合作，教师可以共享教学资源、交流教学经验、探讨教学问题等，从而实现共同进步和提高。

在多元化教学模式下，教师需要更加注重同行交流与合作的重要性。首先，教师可以通过参加教研活动、学术研讨会等方式与同行进行面对面的交流和合作。在这些活动中，教师可以分享自己的教学经验和教学资源，听取其他教师的意见和建议，从而不断完善自己的教学。

其次，教师还可以借助网络平台和社交媒体等工具进行在线交流和合作。通过这些工具，教师可以随时随地与同行进行交流和互动，获取更广泛的教学支持和资源。例如，教师可以利用微信群、QQ 群等社交媒体建立教学交流群，与其他教师进行实时的交流和讨论，同时还可以利用在线教育平台共享教学资源、合作备课等。

最后，教师还需要注重与企业的交流与合作。通过与企业合作开展翻译项目、建立实践教学基地等方式，教师可以了解企业的需求和标准，为学生提供更真实的翻译场景和更丰富的实践机会。同时，与企业的交流与合作还能够促进高校与社会的紧密联系，为高校的教学改革和发展提供有力支持。

（四）以学生为中心的教学理念

以学生为中心的教学理念是多元化教学模式的核心思想之一。在这种理念下，教师需要关注学生的学习需求和发展，注重培养学生的自主学习能力和批判性思维。

在教学过程中，教师应始终以学生为中心，根据学生的实际情况和需求制定个性化的教学计划和教学方案。例如，对于水平较低的学生，教师可以采用更加直观、生动的教学方式来帮助他们掌握基础知识和基本技能；对于水平较高的学生，教师则可以提供更多的挑战性和拓展性的教学内容来满足他们的需求。

同时，教师还应注重培养学生的自主学习能力和批判性思维。通过引导学生参与翻译实践和研究活动，教师可以帮助学生掌握自主学习的方法和技巧；通过鼓励学生提出问题和质疑，教师可以培养学生的批判性思维和创新能力。

此外，教师还应关注学生的情感需求和心理健康。在多元化教学模式下，学生面临着更多的压力和挑战。因此，教师需要为学生提供全方位的教学支持和服务，帮助他们缓解压力、解决问题、提高学习效果。

四、持续改进机制与翻译教学质量的整体提升

为了确保翻译教学质量的持续提升，高校需要建立完善的持续改进机制，并注重教学资源的优化与整合、校企合作与实践教学以及国际交流与合作等方面的工作。

（一）持续改进机制的建立

持续改进机制是确保翻译教学质量稳步提升的重要保障。该机制包括定期的教学评估、教学反馈的收集与分析、教学问题的诊断与改进以及教学效果的跟踪与验证等环节。

首先，高校需要建立定期的教学评估制度。通过对教师的教学目标、教学内容、教学方法、教学过程和教学结果进行全面评估，高校可以了解教师的教学效果和学生的学习效果，为后续的教学改进提供有力依据。

其次，高校需要注重教学反馈的收集与分析。通过问卷调查、访谈等方式收集学生对教学的意见和建议，高校可以了解学生的学习需求和期望，从而及时调整教学内容和

教学方法。

再次,高校需要对教学问题进行诊断与改进。通过对评估结果和反馈意见的分析,高校可以找出教学中的问题和不足,并制定相应的改进措施和计划。例如,针对教学内容陈旧的问题,高校可以更新教材、引入新的翻译理论和翻译技术;针对教学方法单一的问题,高校可以引入多元化的教学方法和手段,如案例教学、项目教学等。

最后,高校需要对教学效果进行跟踪与验证。通过对学生学习成果的考核和评估,高校可以了解教学效果的改进情况,从而验证改进措施的有效性和可行性。同时,高校还需要将跟踪与验证的结果与教师进行反馈和交流,以鼓励教师积极参与教学改进工作。

(二)教学资源的优化与整合

在多元化教育环境下,高校需要注重教学资源的优化与整合,以为师生提供更优质的教学条件和学习环境。

首先,高校需要注重教材的选择与更新。教材是翻译教学的重要载体,其质量直接影响到教学效果和学习效果。因此,高校需要选择具有权威性、实用性和针对性的教材,并及时更新教材内容以适应时代的发展和社会的需求。

其次,高校需要注重教学技术的引进与应用。随着信息技术的不断发展,越来越多的教学技术被应用于高校英语翻译教学中。通过引进先进的教学技术,如机器翻译技术、语料库技术等,高校可以为学生提供更加便捷、高效的学习方式和学习平台。

再次,高校需要注重教学设施的完善与升级。良好的教学设施是保障教学质量的重要条件之一。因此,高校需要加大对教学设施的投入力度,完善教室、实验室等教学场所的设施和设备,为师生提供更加舒适、安全的学习环境。

最后,高校需要注重教学团队的组建与培养。优秀的教师是提升教学质量的关键。因此,高校需要注重教师的选拔和培养工作,建立一支具有高素质、高水平的教学团队。同时,高校还需要鼓励教师之间的交流与合作,以共同推动翻译教学的创新与发展。

(三)校企合作与实践教学

为了加强理论与实践的结合,高校需要积极开展校企合作和实践教学活动。

首先,高校需要与企业建立紧密的合作关系。通过与企业合作开展翻译项目、建立实践教学基地等方式,高校可以为学生提供更丰富的实践机会和更真实的翻译场景。同时,与企业合作还能够促进高校与社会的紧密联系,为高校的教学改革和发展提供有力支持。

其次,高校需要注重实践教学的设计与实施。实践教学是提升学生翻译能力和语言运用能力的重要途径之一。因此,高校需要将实践教学纳入课程体系中,并注重实践教学的设计与实施。例如，高校可以开设翻译工作坊、模拟会议等实践课程，让学生在真实的场景中进行翻译实践和交流；同时还可以邀请企业专家参与实践教学活动，为学生提供更专业的指导和建议。

最后，高校需要加强对实践教学的管理与评估。通过对实践教学的管理与评估，高校可以了解实践教学的效果和问题，并及时进行调整和改进。同时，高校还需要将实践教学的评估结果与教师进行反馈和交流，以鼓励教师积极参与实践教学工作。

（四）国际交流与合作

在全球化背景下，国际交流与合作对于提升高校英语翻译教学质量具有重要意义。

首先，高校需要与国际知名高校和研究机构建立合作关系。通过与国际知名高校和研究机构的合作，高校可以引进先进的翻译教学理念和方法，共享优质的教学资源，拓展师生的国际视野等，从而推动翻译教学的创新与发展。例如，高校可以开展教师互访、学生交流等项目，为师生提供更多的国际交流机会和平台。

其次，高校需要注重国际会议的参与和组织。国际会议是展示高校翻译教学成果和学术水平的重要舞台之一。通过参与国际会议，高校可以了解国际翻译教学的最新动态和趋势，与国际同行进行深入的交流和合作；同时还可以通过组织国际会议来展示自己的翻译教学成果和学术水平，提升高校的国际影响力。

最后，高校需要培养具有国际竞争力的翻译人才。在全球化背景下，具有国际竞争力的翻译人才成为了社会的紧缺资源之一。因此，高校需要注重培养学生的国际视野和跨文化交际能力，为他们提供更多的国际交流机会和实践平台。例如，高校可以通过开设国际化课程、实施海外实习项目等方式来培养学生的国际竞争力。

第十五章　多元化教育环境下的高校英语文化教学

第一节　文化教学的意义与内容

一、培养学生跨文化交际能力的重要性

在全球化日益加剧的当今时代，跨文化交际能力的培养显得尤为重要。对于高校英语教育而言，其重要性主要体现在以下几个方面。

（一）适应全球化发展的需要

随着全球化的推进，国际交流与合作已经成为各个领域不可或缺的一部分。不同国家、不同文化背景的人们需要在各种场合下进行互动与交流，而良好的跨文化交际能力则是保证这些交流顺利进行的关键。对于大学生而言，他们作为未来社会的中坚力量，必须具备足够的跨文化交际能力，才能更好地适应全球化的发展趋势，进而参与到国际竞争中。

在全球化的背景下，许多企业和组织都寻求拓展国际市场，因此他们迫切需要具备跨文化交际能力的人才。这些学生不仅能够理解不同文化之间的差异，还能有效地与来自不同文化背景的人进行沟通和合作。这种能力将使他们在求职过程中更具竞争力，并有望在未来职业生涯中取得更好的发展。

（二）促进个人全面发展

跨文化交际能力的培养不仅有助于提高学生的语言水平，还能拓宽他们的国际视野，增强跨文化意识。通过学习不同国家的文化、历史和社会习俗，学生可以更好地理解世界的多样性，从而培养出更加开放、包容的心态。此外，跨文化交际能力的培养还能锻炼学生的批判性思维和创新能力，使他们在面对不同文化碰撞时能够独立思考、做出判断。

更进一步地说，这种全面的个人发展将有助于学生在未来的生活和工作中更好地应对各种挑战。他们不仅能够在多元化的环境中自如地交流和表达，还能够理解和尊重他人的观点和文化背景。这种全面的素养将使他们成为更加优秀和更有价值的社会成员。

（三）推动文化交流与传承

英语文化教学不仅有助于学生了解英语国家的文化，还能促进不同文化之间的交流与传承。通过学习英语国家的历史、传统和价值观，学生可以更深入地了解这些国家的文化精髓，从而增进对不同文化的理解和尊重。同时，学生也有机会将自己国家的文化传播到国际社会中去，推动文化的交流与融合。

这种文化的交流与传承不仅有助于促进世界和平与发展，还能够为人类的文明进步做出贡献。通过了解和欣赏不同文化的独特之处，我们可以更好地认识到人类文明的多样性和丰富性。这种认识将激发我们更加珍视和尊重各种文化，共同推动人类社会的进步与发展。

二、英语文化教学的主要内容与范畴

英语文化教学作为高校英语教育的重要组成部分，其内容与范畴十分广泛。以下是对其主要内容与范畴的详细阐述。

（一）文化知识的传授

文化知识的传授是英语文化教学的基础。这包括对英语国家地理、历史、政治、经济、社会习俗等方面的基本了解。通过学习这些知识，学生可以更好地理解英语国家的文化背景和发展历程，为后续的跨文化交际打下坚实的基础。

在地理方面，学生需要了解英语国家的地理位置、气候特点、自然资源等基本情况。在历史方面，学生需要了解英语国家的历史发展脉络、重大历史事件以及历史人物等。在政治方面，学生需要了解英语国家的政治制度、政治体制以及政治文化等。在经济方面，学生需要了解英语国家的经济发展状况、经济制度以及主要产业等。在社会习俗方面，学生需要了解英语国家的社交礼仪、节庆活动、生活习惯等。

（二）文化意识的培养

除了传授知识外，英语文化教学还要注重培养学生的文化意识。这包括培养学生对文化差异的敏感性、对不同文化的尊重和理解以及跨文化适应能力等。

培养学生对文化差异的敏感性是英语文化教学的重要目标之一。学生需要学会观察和比较不同文化之间的差异，理解这些差异对跨文化交际的影响。同时，学生还需要学会尊重和理解不同文化的独特之处，避免用自己的文化标准去评判其他文化。跨文化适应能力也是学生需要培养的重要能力之一。在面对不同文化环境时，学生需要学会调整自己的行为和思维方式，以适应新的文化环境。

为了培养学生的文化意识，教师需要在课堂上引入丰富的文化材料，如文学作品、电影、音乐等，让学生直观地感受不同文化的魅力。同时，教师还可以通过组织小组讨论、角色扮演等活动，让学生在实践中增强对不同文化的理解和尊重。

（三）跨文化交际技能的训练

跨文化交际技能是英语文化教学的核心目标之一。这包括语言交际技能（如听、说、读、写）和非语言交际技能（如体态语、副语言等）。通过模拟真实场景、角色扮演等教学方式，学生可以有效地提高这些技能。

在语言交际技能方面，学生需要掌握基本的英语语言知识和技能，包括词汇、语法、语音等。同时，学生还需要学会如何在不同场合下运用适当的语言进行交际。例如，在商务谈判中需要使用正式、礼貌的语言，在日常交流中可以使用更加随意、自然的语言。在非语言交际技能方面，学生需要学会运用体态语、副语言等手段进行交际。例如，通过面部表情、手势、眼神交流等体态语来表达自己的情感和态度，通过语调、音量、语速等副语言来传递额外的信息。

为了提高学生的跨文化交际技能，教师需要在课堂上创设真实的交际场景，让学生有机会在实践中运用所学的知识和技能。同时，教师还可以通过组织小组讨论、角色扮演等活动来锻炼学生的交际能力和团队协作能力。

（四）批判性思维的培养

在英语文化教学中，培养学生的批判性思维也至关重要。学生应该学会对不同文化进行客观、理性的分析和评价，而不是盲目接受或排斥。通过讨论、辩论等教学方式，可以锻炼学生的批判性思维能力。

批判性思维是一种重要的思维能力，它要求学生能够独立思考、作出判断。在英语文化教学中，教师需要引导学生对不同文化进行客观的分析和评价。学生需要学会从多个角度看待问题，运用所学知识进行分析和推理，形成自己的见解和判断。同时，学生还需要学会接受和尊重他人的不同观点和文化背景，避免盲目排斥或攻击其他文化。

为了培养学生的批判性思维，教师需要在课堂上引入具有争议性的话题或案例，引导学生进行深入的讨论和思考。同时，教师还可以通过组织辩论赛等活动来锻炼学生的口才和思辨能力。

三、文化教学与语言教学的相互关系

在高校英语教育中，文化教学与语言教学之间存在着密切的关系。两者相辅相成，共同推进学生的全面发展。

(一)文化教学与语言教学相辅相成

语言和文化是密不可分的。语言是文化的载体和传播工具,而文化则是语言的土壤和根基。在学习英语的过程中,学生不仅要掌握语言知识和技能,还要了解英语国家的文化背景和习俗。因此,文化教学和语言教学应该相辅相成,共同推进。

在文化教学过程中,教师需要结合语言知识来讲解文化内容。例如,在讲解英语国家的节日习俗时,教师可以结合相关的英语词汇和表达方式来进行教学。这样不仅可以帮助学生更好地理解文化内容,还可以巩固所学的语言知识。同时,在文化教学过程中,教师还可以引导学生通过语言交际来实践所学的文化知识。例如,在模拟商务谈判的场景中,教师可以让学生运用所学的商务英语知识来进行实际的交流和谈判。

在语言教学过程中,教师也需要注重文化因素的引入。例如,在讲解英语词汇时,教师可以介绍相关的文化背景和用法习惯。这样不仅可以帮助学生更好地理解词汇的含义和用法,还可以拓宽学生的文化视野。同时,在语言教学过程中,教师还可以通过组织文化主题的活动来增强学生的文化意识。例如,在组织英语角或英语戏剧表演时,教师可以让学生围绕某个文化主题进行交流和表演。

(二)文化教学有助于提高语言教学效果

通过学习英语文化,学生可以更深入地理解英语语言的使用环境和语境,从而提高语言运用的准确性和得体性。例如,在了解英语国家的社交礼仪和习俗后,学生可以在实际交流中更加恰当地运用语言进行交际。同时,对文化背景的了解也有助于激发学生的学习兴趣和积极性,提高语言教学效果。

此外,文化教学还可以为学生提供更加真实、生动的语言学习环境。通过模拟真实场景、角色扮演等教学方式,学生可以更加直观地感受英语语言的使用方式和特点。这种真实、生动的语言学习环境将有助于提高学生的语言学习效果和应用能力。

(三)语言教学为文化教学提供基础和支持

语言是文化的载体和传播工具。在学习英语文化的过程中,学生需要运用所学的语言知识和技能进行阅读、听力、口语和写作等练习。因此,语言教学为文化教学提供了基础和支持。

在语言教学过程中,教师需要注重培养学生的基本语言技能,包括听、说、读、写等方面。这些基本语言技能是学生进行跨文化交际的基础和前提。只有具备了足够的语言技能,学生才能更好地理解和表达英语国家的文化内容。同时,在语言教学过程中,教师还需要注重培养学生的语言运用能力。例如,在阅读理解中,教师需要引导学生学会如何运用所学的语言知识和技能来分析和理解文章的内容和主旨;在口语表达中,教师需要引导学生学会如何运用所学的语言知识和技能来准确地表达自己的观点和情感。

（四）两者共同促进学生全面发展

文化教学和语言教学都是为了培养学生的综合语言运用能力，提高他们的跨文化交际能力。通过两者的有机结合，可以更有效地促进学生的全面发展，使他们成为具有国际视野和跨文化竞争力的人才。

在文化教学和语言教学的共同作用下，学生可以更加全面地了解英语国家的文化和语言特点。这种全面的了解将有助于提高学生的跨文化交际能力和适应能力。同时，在文化教学和语言教学的过程中，学生还可以锻炼自己的批判性思维、创新能力和团队协作能力等能力。这些能力将对学生的未来发展产生积极的影响和帮助。

第二节 多元化教学模式在文化教学中的应用

一、体验式文化教学模式

体验式文化教学模式是一种注重学生亲身参与和体验的教学方法，旨在通过实际的文化接触来增进学生对目标文化的了解和理解。这种教学模式强调学生的主体性，鼓励他们在实践中探索和学习，从而激发学习兴趣，提升文化敏感性和跨文化交际能力。

（一）创设文化情境

在英语文化教学中，创设真实的文化情境是体验式教学模式的重要一环。教师可以通过模拟外国节日氛围、习俗活动，让学生在参与中感受文化的魅力。例如，教师可以组织一次模拟圣诞节的活动，让学生们装扮成圣诞老人，互赠礼物，唱圣诞歌曲，品尝圣诞美食等。这样的活动不仅能让学生亲身体验到圣诞节的氛围和习俗，还能增进他们对西方文化的了解和兴趣。

此外，教师还可以利用多媒体技术为学生展现生动的文化现象。通过播放目标文化的视频、音频和图片，学生可以更加直观地感受到文化的差异和特点。例如，教师可以播放一段关于英国皇家卫队的视频，让学生们观察他们的服装、步伐和仪式，从而了解英国皇室文化的独特之处。

（二）角色扮演与模拟活动

角色扮演和模拟活动是体验式文化教学模式中常用的教学方法。通过扮演不同的角色和参与模拟活动，学生可以更加深入地了解目标文化中的社会角色、行为规范和价值观念。例如，在模拟商务谈判的活动中，教师可以安排学生扮演不同国家的商务代表，让他们在谈判中体验不同文化背景下的交际方式和礼仪规范。这样的活动不仅可以提高学生的口语表达能力和跨文化交际能力，还能培养他们在国际商务环境中的应变能力和合作精神。

此外，角色扮演和模拟活动还可以用于模拟外国的家庭聚会、婚礼、葬礼等场景。通过扮演家庭成员或亲友的角色，学生可以亲身体验到不同文化中的家庭关系、亲情观念和社交礼仪。这样的体验可以帮助学生更好地理解目标文化的价值观和社会习俗，提升他们的文化适应能力和跨文化意识。

（三）反思与分享

体验式文化教学不仅要求学生亲身参与和体验，还要求他们在体验后进行反思和分享。反思是一个重要的学习环节，它可以帮助学生对自己的文化体验进行深入的思考和总结，从而加深对目标文化的理解。教师可以引导学生回顾自己在活动中的表现，思考自己在跨文化交际中的优点和不足，以及如何改进和提高。

同时，分享环节可以为学生提供互相学习和交流的机会。在分享中，学生可以畅谈自己的感受和体验，分享自己的见解和收获。这样的交流可以拓宽学生的文化视野，增进他们对多元文化的认识和尊重。教师还可以采取小组讨论或全班分享的形式，让学生们互相倾听和学习，从而培养他们的跨文化沟通能力和团队协作精神。

（四）文化实践项目

为了让学生更加深入地体验和理解目标文化，教师可以设计一些文化实践项目。这些项目可以包括实地考察、文化交流活动、文化产品制作等。通过参与这些项目，学生可以将所学知识应用到实践中，提升自己的跨文化交际能力。

例如，教师可以组织学生参观当地的外国文化展览或博物馆，让他们亲身感受到目标文化的艺术和历史。教师还可以安排学生与外国留学生进行文化交流活动，如共同举办文化节、文化沙龙等，让他们在互动中增进了解和友谊。此外，教师还可以指导学生制作目标文化的特色产品，如制作意大利披萨、法国奶酪等，让他们在实践中体验和学习目标文化的传统工艺和美食文化。

二、案例式文化教学模式

案例式文化教学模式是一种以案例为基础的教学方法，它通过分析具体的文化案例来帮助学生理解和掌握目标文化。这种教学模式注重培养学生的分析问题和解决问题的能力，提升他们的批判性思维和跨文化交际能力。

（一）选择典型案例

在案例式文化教学中，选择典型案例是至关重要的。教师需要选取具有代表性的文化案例，这些案例应该能够反映目标文化的特点和价值观念。同时，案例的难度要适中，既要能够激发学生的学习兴趣，又要便于他们理解和分析。

例如，教师可以选取一些涉及跨文化交际的典型案例，如跨国公司的商务谈判、不同文化背景下的团队合作等。这些案例可以帮助学生了解不同文化在交际中的差异和冲突，以及如何解决这些问题。教师还可以选择一些涉及文化价值观的案例，如不同国家的家庭观念、教育方式等。通过分析这些案例，学生可以更加深入地了解目标文化的价值观和社会习俗。

（二）案例分析与讨论

在案例式文化教学中，教师需要引导学生对所选案例进行深入的分析和讨论。通过分析案例中的文化现象、行为规范和价值观念，学生可以更加深入地了解目标文化的内涵和特点。同时，讨论环节可以培养学生的批判性思维和跨文化交际能力。

在案例分析过程中，教师可以采用分组讨论的形式，让学生们围绕案例展开热烈的讨论和交流。教师可以提出一些引导性的问题，激发学生们的思考和讨论。例如，教师可以问："在这个案例中，不同文化之间的主要差异是什么？""这些差异对跨文化交际产生了哪些影响？""如果你是案例中的主角，你会如何解决这些问题？"通过这样的问题引导，学生可以更加深入地分析案例，挖掘其中的文化内涵和价值观念。

在讨论环节中，教师需要鼓励学生积极发言，表达自己的观点和见解。同时，教师还需要引导学生尊重他人的观点，学会倾听和理解不同文化背景下的观点和思维方式。通过这样的讨论和交流，学生可以培养自己的批判性思维和跨文化交际能力，提升对多元文化的理解和包容心态。

（三）案例总结与反思

在完成案例分析和讨论后，教师需要引导学生进行案例总结和反思。通过总结，学生可以对所学知识进行归纳和整理，形成系统的文化认知结构。同时，反思环节可以帮助学生发现自己在分析和讨论过程中存在的不足和问题，为今后的学习提供借鉴。

在案例总结中，教师可以让学生回顾整个案例分析的过程和结果，梳理出其中的关键点和重要发现。教师还可以引导学生对所学知识进行归纳和分类，帮助他们构建清晰的文化知识体系。通过这样的总结活动，学生可以更好地掌握目标文化的特点和价值观念，为今后的跨文化交际打下坚实的基础。

在反思环节中，教师需要引导学生对自己的表现进行深入的反思和评估。学生可以思考自己在案例分析中的优点和不足、在讨论中的表现和改进方向等。通过这样的反思活动，学生可以及时发现自己的不足之处并加以改进，提升自己的学习能力和跨文化交际能力。

三、合作式文化教学模式

合作式文化教学模式强调学生在团队合作中学习和理解目标文化。这种教学模式注重培养学生的团队合作精神和跨文化交际能力，提升他们的综合素质和竞争力。

（一）组建合作学习小组

在合作式文化教学中，教师需要根据学生的学习需求和特点组建合作学习小组。每个小组的成员应该具有不同的文化背景和学习能力，以便在合作过程中互相学习和借鉴。同时，教师还需要明确每个小组成员的角色和责任，确保合作学习的顺利进行。

在组建合作学习小组时，教师可以采用自愿组合或指定组合的方式。自愿组合可以让学生根据自己的兴趣和意愿选择合作伙伴，增强他们的学习动力和参与度。指定组合则可以让教师根据学生的学习水平和能力进行合理搭配，确保每个小组的实力均衡。无论采用哪种方式，教师都需要对小组成员进行明确的角色分工和责任划分，避免出现搭便车或推诿扯皮的现象。

（二）共同探究与讨论

在合作式文化教学中，教师需要引导学生共同探究和讨论目标文化。通过共同探究，学生可以深入了解目标文化的内涵和特点；通过讨论，学生可以交流彼此的看法和观点，拓宽自己的文化视野。同时，共同探究和讨论还可以培养学生的自主学习能力和批判性思维。

在共同探究过程中，教师可以为学生提供一些探究性的问题或任务，引导他们进行有针对性的学习和研究。例如，教师可以让学生探究目标文化的历史渊源、传统节日、艺术风格等。学生可以通过查阅资料、观看视频、采访外籍人士等方式获取相关信息，并在小组内进行分享和交流。通过这样的探究活动，学生可以更加深入地了解目标文化的内涵和特点，提升自己的文化素养和跨文化意识。

在讨论环节中，教师需要鼓励学生积极发言、充分表达观点，并引导他们进行深入的讨论和交流。教师可以采用小组讨论或全班讨论的形式，让学生们围绕某个文化话题展开热烈的讨论。在讨论中，学生需要学会倾听他人的观点、理解不同文化背景下的思维方式和表达方式。通过这样的讨论和交流，学生可以培养自己的批判性思维和跨文化交际能力，提升对多元文化的理解和包容。

（三）合作完成任务

为了检验学生的学习成果和提升他们的跨文化交际能力，教师可以设计一些合作任务。这些任务可以包括文化调研、文化展示、文化交流活动等。通过合作完成任务，学生可以将所学知识应用到实践中，提升自己的综合素质和竞争力。同时，合作完成任务还可以培养学生的团队合作精神和解决问题的能力。

在文化调研任务中，教师可以让学生以小组为单位对某个文化现象进行深入的调查和研究。例如，教师可以让学生调研不同国家的饮食文化、服饰文化等。学生可以通过问卷调查、实地考察、访谈等方式收集相关数据和信息，并进行分析和整理。最后，学生需要以报告或展示的形式将调研结果呈现出来。通过这样的调研活动，学生可以更加深入地了解目标文化的特点和价值观念，提升自己的跨文化意识和研究能力。

在文化展示任务中，教师可以让学生以小组为单位策划和组织一次文化展示活动。例如，学生可以举办一次外国文化节或文化沙龙，展示不同国家的传统文化和艺术作品。在策划和组织过程中，学生需要分工合作、密切配合，确保活动的顺利进行。通过这样的展示活动，学生可以将所学知识应用到实践中，提升自己的组织能力和跨文化交际能力。同时，这样的活动还可以增进学生对多元文化的认识和尊重，培养他们的国际视野和跨文化意识。

第三节 文化教学效果评价与改进建议

一、建立多元化的文化教学评价体系

在多元化教育环境下，高校英语文化教学评价体系的建立显得尤为关键。一个全面、客观、科学的评价体系，不仅能够准确反映学生的学习成效，还能为教师的教学提供有力的指导。因此，我们需要从多个维度出发，构建一个多元化的文化教学评价体系。

（一）确立全面的评价目标

评价目标是评价体系的灵魂，它决定了评价的方向和重点。在英语文化教学中，我们不仅要关注学生的知识掌握情况，还要重视他们的技能提升、情感态度和价值观等方面的变化。具体来说，评价目标应该包括以下几个方面。

知识目标：评价学生对英语文化知识的掌握程度，包括英语国家的历史、地理、风俗习惯、文学艺术等方面的知识。

技能目标：评价学生的英语听、说、读、写等技能的提升情况，以及他们在跨文化交际中的实际运用能力。

情感态度目标：评价学生对英语文化的兴趣和态度，以及他们在学习过程中表现出的自信、合作、创新等精神品质。

价值观目标：评价学生在学习中形成的对多元文化的理解和尊重，以及他们对待不同文化的开放性和包容性。

通过设定这些全面的评价目标，我们可以引导教师在教学过程中关注学生的全面发展，实现知识传授、能力培养和价值观塑造的有机结合。

（二）采用多样化的评价方式

传统的以考试为主的评价方式已经无法满足多元化教育环境的需求。为了更全面地评价学生的学习成果，我们需要采用多样化的评价方式，包括观察、访谈、问卷调查、作品展示等。这些评价方式各有特点，可以从不同的角度反映学生的学习情况。

观察：教师可以通过日常观察来了解学生在课堂上的表现，包括他们的学习态度、参与程度、交流能力等。观察法具有直观、及时的特点，能够帮助教师及时发现学生的问题并进行干预。

访谈：访谈是一种深入了解学生内心想法的评价方式。教师可以通过与学生面对面的交流，了解他们对英语文化的看法、学习过程中的困惑以及未来的学习计划等。访谈法具有针对性强、信息量大的特点，能够帮助教师更准确地把握学生的学习动态。

问卷调查：问卷调查是一种量化评价方式，适用于大规模的数据收集和分析。教师可以通过设计问卷，了解学生对教学内容、教学方法、教学效果等方面的满意度和建议。问卷调查法具有客观、公正的特点，能够为教师提供科学的教学反馈。

作品展示：作品展示是一种过程性评价方式，要求学生将自己的学习过程和学习成果以某种形式展示出来。这既可以是书面报告、口头演讲，也可以是多媒体作品、实物模型等。作品展示法具有真实性、创造性的特点，能够充分发挥学生的主观能动性，提高他们的实际运用能力。

（三）注重过程性评价

过程性评价是指在教学过程中对学生的表现进行及时评价。这种评价方式强调评价的时效性和针对性，能够帮助学生及时发现问题并调整学习策略。同时，过程性评价也可以为教师提供及时的教学反馈，帮助他们更好地了解学生的学习情况，以便调整教学计划和方法。

在英语文化教学中，过程性评价可以通过多种形式来实现。例如，教师可以设置课堂小测验来检验学生对新知识的掌握情况，可以组织小组讨论来观察学生的交流能力和合作精神，可以要求学生定期提交学习日志来反映他们的学习进度和困惑等。通过这些过程性评价手段，教师可以更加全面地了解学生的学习状况，为他们的个性化发展提供有力的支持。

二、文化教学评价的具体方法与工具

在深入探索文化教学评价的过程中，我们发现多种方法和工具的结合使用能够更全面地反映学生的学习情况。以下将详细阐述这些具体的评价方法与工具，并分析它们在文化教学中的实际应用。

（一）课堂观察

课堂观察作为一种直观且即时的评价方式，对于了解学生的学习状态至关重要。通过仔细观察学生在课堂上的表现，教师能够捕捉到许多有价值的信息。

首先，学生的学习态度是课堂观察的重点之一。积极主动的学习态度通常表现为对课堂内容的浓厚兴趣、认真听讲、积极参与课堂讨论等。相反，消极被动的学习态度则可能表现为注意力不集中、缺乏参与意愿等。通过观察学生的学习态度，教师可以及时发现问题并进行干预，以激发学生的学习兴趣和动力。

其次，学生的参与程度也是课堂观察的重要指标。学生的参与程度不仅体现在他们是否积极发言、提出问题，还体现在他们是否能够与教师和同学进行有效的互动。一个高度参与的学生往往能够更好地理解和吸收课堂知识，同时也能够提升自己的交流能力和合作精神。

最后，通过观察学生与教师和其他同学的互动情况，教师可以了解学生在人际交往方面的能力和表现。良好的互动关系有助于营造积极的学习氛围，促进知识的传递和共享。

在进行课堂观察时，教师可以采用一些具体的策略来提高观察效果。例如，制定明确的观察目的和计划，选择合适的观察位置，以及使用观察记录表等工具来记录和分析观察到的信息。通过这些策略的应用，教师可以更加系统地收集和分析学生的学习数据，为后续的教学改进提供有力支持。

（二）作品集

作品集作为一种综合性的评价工具，能够全面展示学生在文化学习过程中的成果和进步。通过收集和整理学生在学习过程中创作的作品，教师可以深入了解学生的学习轨迹和思维方式。

作品集的内容可以包括多种形式的作品，如文章、报告、海报、幻灯片等。这些作品不仅反映了学生的知识掌握情况，还体现了他们的创作能力和思维水平。例如，一篇优秀的文章可能展示了学生深厚的文化素养和扎实的写作技巧，一张精美的海报可能体现了学生的创意设计和审美能力，一个条理清晰的幻灯片可能反映了学生的逻辑思维和表达能力。

通过作品集的评价，教师可以发现学生的潜力和特长，并针对他们的不足之处提供有针对性的指导。同时，作品集还可以作为学生自我评价和反思的重要依据。学生可以通过回顾自己的作品集，总结自己在学习过程中的收获和不足，从而明确未来的学习方向和目标。

（三）自评与互评表

自评与互评表是一种引导学生积极参与评价的有效工具。通过填写自评表和互评表，学生可以对自己的学习成果进行反思和总结，同时也可以对他人的学习成果进行评价和反馈。

自评表的设计应围绕学生的学习目标和要求展开。学生可以根据自己的实际情况填写自评表，对自己的学习成果进行客观、公正的评价。在填写自评表的过程中，学生需要对自己的学习过程进行回顾和反思，总结自己的收获和不足，并制定相应的改进计划。通过自评表的填写，学生可以更加明确自己的学习目标和方向，提高自我认知和自我管理能力。

互评表则要求学生之间相互填写，对他人的学习成果进行评价和反馈。在互评过程中，学生需要运用批判性思维来分析和判断他人的学习成果，提出建设性的意见和建议。通过互评表的填写，学生可以了解他人在学习过程中的优点和不足，从而取长补短、相互促进。同时，互评过程还有助于培养学生的团队协作能力和社交技能。

（四）测试与考试

测试与考试作为传统的评价方式之一，在多元化教育环境下仍然具有重要的地位。然而，为了适应新的教育理念和需求，我们需要对测试与考试进行改进和优化。

首先，在测试与考试的内容上，我们应该更加注重实际应用和创新能力的考查。传统的测试与考试往往侧重于知识点的记忆和模仿能力的测试，而忽视了对学生实际应用能力和创新思维的考查。因此，我们应该设计更加真实、情境化的题目来考查学生在实际生活中运用英语文化的能力以及解决问题的能力。

其次，在测试与考试的形式上，我们也应该进行多样化的尝试。除了传统的笔试形式外，我们还可以采用口试、机试、小组讨论等形式来全面评价学生的学习成果和能力水平。这些多样化的考试形式不仅可以激发学生的学习兴趣和动力，还可以更加全面地反映他们的学习情况和能力水平。

三、学生自评与互评在文化教学中的作用

在文化教学过程中，学生自评与互评作为一种重要的评价方式，对于提高学生的学习效果和发展多方面的能力具有积极的作用。以下将详细阐述学生自评与互评在文化教学中的三大作用。

（一）提高学生的学习积极性和主动性

通过自评和互评的方式，学生可以更加积极地参与到学习过程中。在自评过程中，学生需要对自己的学习成果进行反思和总结，这有助于他们发现自己的不足之处并制定相应的改进计划。同时，在互评过程中，学生需要对他人的学习成果进行评价和反馈，这不仅可以激发他们的学习热情，还可以促进他们之间的交流与合作。

这种参与过程不仅可以提高学生的学习积极性和主动性，还可以增强他们对学习的投入程度。当学生对自己的学习成果进行反思和总结时，他们会更加明确自己的学习目标和方向；当学生对他人的学习成果进行评价和反馈时，他们会更加关注他人的优点和不足并从中吸取经验教训。这些经历都有助于激发学生的学习动力和提高他们的学习效果。

（二）培养学生的批判性思维能力

自评和互评要求学生具备一定的批判性思维能力。在评价过程中，学生需要运用分析、判断、推理等能力来对自己的学习成果进行客观、公正的评价。这种评价方式有助于培养学生的批判性思维能力，使他们能够独立思考、自主判断，并形成自己的见解。

通过长期的自评和互评训练，学生的批判性思维能力可以得到有效的提升。他们不仅能够更加准确地评价自己的学习成果，还能够更加客观地看待他人的观点和意见。这种能力的提升不仅有助于学生在文化学习中取得更好的成绩，还有助于他们在未来的生活和工作中更好地应对各种挑战和问题。

（三）促进学生的交流与合作能力发展

在自评和互评的过程中，学生需要与他人进行交流和合作。他们需要向他人展示自己的学习成果并倾听他人的意见和建议。这种交流和合作过程不仅可以促进学生的社交能力和团队协作能力的发展，还可以为他们未来的职业发展打下坚实的基础。

在展示自己学习成果的过程中,学生需要学会如何清晰地表达自己的观点和想法;在倾听他人意见和建议的过程中,学生需要学会如何尊重他人的观点并从中吸取有益的信息。这些经历都有助于培养学生的沟通能力和团队协作精神,使他们能够更好地适应未来的社交和工作环境。

综上所述,学生自评与互评在文化教学中具有重要的作用。通过参与评价过程,学生不仅可以提高自己的学习积极性和主动性,还可以培养批判性思维和交流合作等方面的能力。因此,在文化教学过程中,我们应该充分重视并合理利用学生自评与互评这种评价方式,以促进学生的全面发展。

第十六章　多元化教育环境下的高校英语学习者个体差异研究

第一节　个体差异概述及其对英语学习的影响

一、个体差异的定义与分类

（一）定义

个体差异，指的是不同个体在心理、生理、社会文化背景以及学习能力等方面存在的独特性和差异性。这些差异可能是先天的，也可能是后天环境和经历所造成的。在教育领域，尤其是语言学习中，个体差异对学习者的学习速度、效果以及所采取的学习策略都有着深远的影响。

（二）分类

个体差异可以分为多种类型，包括但不限于认知差异（如智力、学习风格、认知策略）、情感差异（如学习动机、态度、焦虑）、生理差异（如年龄、性别、健康状况）以及社会文化差异（如文化背景、家庭环境、教育经历）。这些差异相互作用，共同影响着学习者的学习过程和成果。

二、英语学习中主要的个体差异因素

（一）学习动机

学习动机是推动学习者进行学习活动的内在动力，它源于个体的需求、兴趣、价值观和目标。不同的学习者在英语学习上可能有着不同的动机，这些动机在强度、持久性和方向上存在差异。例如，有的学生可能因为对英语文化和语言的浓厚兴趣而学习，他们渴望通过阅读、旅行或交流来深入了解英语世界。有的学生则可能出于职业发展的需要，如提升工作竞争力、参与国际商务交流等。还有的学生则是为了通过各类英语考试，如托福、雅思等，以实现出国留学或移民的目标。

学习动机的强弱直接影响学习者的学习投入、持续时间和成效。具有强烈动机的学习者往往能够克服困难，坚持不懈地学习，并取得较好的效果。相反，缺乏动机的学习者可能在学习过程中表现出消极态度，容易放弃。

了解学习者的学习动机对教师来说至关重要。教师可以根据学生的动机类型，设计有针对性的教学活动和任务，以激发学生的兴趣和参与度。同时，通过鼓励、反馈和奖励等手段，教师可以帮助学生维持和增强学习动机，从而提高学习效果。

（二）学习风格

学习风格是指学习者在获取信息、处理信息和记忆信息时所偏好的方式。每个学习者都有自己独特的学习风格，这是由他们的认知特点、思维方式和学习习惯所决定的。在英语学习中，常见的学习风格包括视觉型、听觉型、动觉型和综合型等。

视觉型学习者善于通过视觉信息来学习，他们喜欢阅读书籍、观看图片和视频等。这类学习者在课堂上可能更偏好于使用图表、幻灯片和其他视觉辅助材料来辅助学习。听觉型学习者则更善于通过听觉信息来学习，他们喜欢听讲座、音频材料和与他人交流。这类学习者在课堂上可能更喜欢听讲和参与讨论。动觉型学习者则通过身体动作和实践活动来学习，他们喜欢动手操作、角色扮演和实验等。这类学习者在课堂上可能更偏好于参与互动性强、实践性强的活动。

了解学习者的学习风格对教师来说同样重要。教师可以根据学生的学习风格，提供多样化的教学资源和活动，以满足不同风格的需求。例如，对于视觉型学习者，教师可以提供丰富的图表和图片来辅助讲解；对于听觉型学习者，教师可以多使用口头讲解和讨论；对于动觉型学习者，教师可以设计实践性强的任务和活动。通过适应学生的学习风格，教师可以提高学生的学习效果和满意度。

（三）认知能力

认知能力是指个体在思维、记忆、感知、注意和解决问题等方面所具备的能力。在英语学习中，认知能力对学习者的学习速度和深度有着重要影响。不同学习者在认知能力上存在差异，这可能导致在学习相同内容时，有的学习者能够迅速掌握并灵活运用所学知识，而有的学习者则需要更多时间和努力才能理解和记忆。

认知能力的差异主要表现在以下几个方面：首先是智力水平的差异，不同学习者的智力水平不同，这决定了他们在理解和运用语言规则、记忆词汇和语法结构等方面的能力不同；其次是注意力的差异，有的学习者能够长时间保持注意力集中，而有的学习者则容易分散注意力；最后是记忆力的差异，有的学习者具有较好的记忆力，能够迅速记住所学内容并保持较长时间，而有的学习者则记忆力较差。

了解学习者的认知能力对教师来说同样具有重要意义。教师可以根据学生的认知能力水平，设计适合的教学方案和任务难度。对于认知能力较强的学生，教师可以提供更具挑战性和深度的学习内容和任务；对于认知能力较弱的学生，教师可以采用更直观、生动的教学方式，提供额外的辅导和支持。通过因材施教，教师可以帮助学生更好地掌握所学知识并提高学习效果。

（四）焦虑水平

语言焦虑是许多语言学习者在学习过程中都会遇到的问题。焦虑水平的高低会影响学习者的自信心、课堂参与度、学习动力和学习效果等方面。在英语学习中，不同程度的焦虑感可能导致不同的学习表现。

过高的焦虑水平可能使学习者在学习过程中产生紧张、恐惧和不安等情绪，这可能导致他们回避学习任务，降低课堂参与度，减少与他人交流的机会。过低的焦虑水平则可能使学习者缺乏学习动力和目标感，导致他们在学习过程中表现出消极态度。适度的焦虑水平则可以激发学习者的学习动力和积极性，促进他们更好地参与课堂活动和完成学习任务。

了解学习者的焦虑水平对教师来说同样重要。教师可以通过观察学生的课堂表现、与学生交流、使用焦虑量表等手段来了解学生的焦虑程度。对于焦虑水平过高的学生，教师可以采用鼓励、安慰、提供成功体验等方式来缓解他们的焦虑情绪；对于焦虑水平过低的学生，教师可以通过设定明确的学习目标、提供具有挑战性的任务等方式来激发他们的学习动力。通过关注学生的焦虑水平并采取相应的措施，教师可以帮助学生更好地应对语言学习中的挑战并取得更好的学习效果。

三、个体差异对英语学习成效的具体影响

（一）学习速度

个体差异在学习速度上体现得尤为明显。由于认知能力和学习风格的差异，不同学习者在吸收和掌握知识时所需的时间大相径庭。一些学习者拥有较高的智力和有效的学习策略，他们能够迅速理解新概念、记忆新词汇，并灵活运用语法规则。相比之下，另一些学习者可能需要更多的时间来消化和理解新知识，他们可能需要通过反复练习和巩固才能达到相同的学习效果。

这种学习速度的差异并不意味着学习效果的好坏，而是强调了每个学习者独特的认知方式和节奏。对于教师来说，了解学生的学习速度差异并尊重这种差异是至关重要的。他们可以通过设计不同难度层次的教学活动和任务来满足不同学习者的需求，从而确保

每个学生都能够在自己的节奏中取得进步。

（二）成绩表现

个体差异也会在学习者的成绩表现上产生显著影响。在标准化测试中，具有强烈学习动机、良好学习策略和较高认知能力的学习者往往能够取得更好的成绩。他们能够有效地利用学习资源，制定合理的学习计划，并在考试中展现出优秀的应试能力。

然而，成绩并不是衡量学习效果的唯一标准。一些学习者可能在考试中表现不佳，但他们在实际交流中却能够流利地运用英语进行表达。因此，教师需要综合考虑学生的课堂表现、作业完成情况、口语表达能力等方面来全面评估学生的学习效果。

（三）交流能力

英语作为一门语言，其最终目的是为了实现有效的交流。个体差异在学习者的口语、写作和听力理解能力上表现得尤为突出。一些学习者可能擅长口语表达，能够流利地与他人进行交流，但在写作方面却感到困难。他们可能缺乏写作技巧和训练，难以将自己的想法准确地转化为书面形式。相反，另一些学习者可能在写作方面表现出色，能够撰写清晰、连贯的文章，但在口语表达上却显得笨拙。他们可能缺乏口语练习的机会或自信心，导致无法自如地运用英语进行交流。

此外，听力理解能力也是学习者在交流中经常面临的挑战。由于背景噪音、语速、口音等因素的影响，不同学习者在听力理解上存在差异。一些学习者可能能够迅速捕捉并理解说话人的意图和信息，而另一些学习者可能需要更多的时间和努力才能理解相同的内容。

为了提高学生的交流能力，教师需要关注学生在口语、写作和听力理解方面的个体差异，并提供针对性的教学和训练。通过组织口语练习、写作指导和听力训练等活动，教师可以帮助学生克服交流障碍，提高英语综合运用能力。

四、重视个体差异在英语教学中的意义

（一）提高教学效果

了解并尊重学习者的个体差异是提高教学效果的关键。每个学习者都有自己独特的学习风格、认知能力和情感需求。当教师能够识别并利用这些差异时，他们就能更精确地满足学生的需求，提供更具针对性和有效性的教学方案。

通过设计多样化的教学活动、使用不同的教学方法和资源，教师可以激发学生的学习兴趣和参与度。例如，对于视觉型学习者，教师可以利用图片、图表和视频等视觉辅助材料来解释概念；对于听觉型学习者，教师可以通过讲述故事、播放音频材料来传授

知识;对于动觉型学习者,教师可以组织角色扮演、实验和实践活动来增强学生的体验。

当教师关注并尊重学生的个体差异时,学生能够感受到被理解和被关注,从而更加积极地参与课堂活动和学习过程。这种积极的参与和投入将有助于提高学生的学习效果,使他们更好地掌握知识和技能。

（二）促进学习者全面发展

关注个体差异不仅有助于提高学生的学术表现,还能促进他们在情感、社交和文化等方面的发展。每个学生都是一个独特的个体,他们有自己的兴趣、爱好和价值观。当教师能够识别并尊重这些差异时,他们就能为学生提供更多的发展机会和平台。

通过关注学生的情感需求,教师可以帮助学生建立积极的自我形象和自信心。通过组织合作学习和小组活动,教师可以培养学生的团队协作和沟通能力。通过引入多元文化和跨文化元素,教师可以拓宽学生的视野并增强他们的跨文化适应能力。

这种全面的关注将有助于培养学生的综合素质和能力,使他们更好地适应多元化的社会环境并为其做出贡献。

（三）推动教育公平

重视个体差异意味着为所有学习者提供平等的学习机会和资源,无论其背景、能力或学习风格如何。教育公平是教育领域的核心价值之一,它强调每个学生都应该享有平等的教育资源和机会以实现其最大潜力。

当教师能够关注并尊重学生的个体差异时,他们就能更好地满足不同学生的需求并提供相应的支持。例如,对于学习困难的学生,教师可以提供额外的辅导和资源;对于天赋异禀的学生,教师可以提供更具挑战性的学习内容和任务;对于来自不同文化背景的学生,教师可以尊重他们的文化差异并提供相应的文化支持。

通过推动教育公平,我们可以减少教育中的不公平现象并确保每个学生都能够在平等的环境中获得优质的教育资源和机会。这将有助于培养更多具有社会责任感和创新精神的人才并为社会的可持续发展做出贡献。

（四）促进教师专业发展

关注个体差异对教师来说是一个持续学习和发展的过程。为了更好地理解和应对不同学习者的需求,教师需要具备更高的专业素养和教学技能。他们需要了解最新的教育理念和方法,掌握多样化的教学资源和工具,并具备跨文化交流的能力。

通过参加专业培训、研究教育理论和分享实践经验等活动,教师可以不断提升自己的专业素养和教学能力。这种持续的学习和发展将有助于教师更好地适应不断变化的教育环境和学生需求,并提高他们的教学质量和效果。

同时，关注个体差异也有助于激发教师的创新精神和研究意识。当教师面对具有不同背景和需求的学生时，他们需要灵活地调整教学策略和方法以满足学生的需求。这种创新性的教学实践将为教师提供宝贵的研究机会和经验积累，推动他们在教育领域取得更大的成就和发展。

第二节 多元化教学模式对个体差异的应对策略

一、多元化教学模式的理念与特点

（一）理念

多元化教学模式的理念在于承认和尊重学习者的个体差异，包括学习风格、学习动机和学习能力等方面。它强调教学应以学习者为中心，灵活调整教学策略，以适应不同学习者的需求，从而促进学习者的全面发展。

（二）特点

个性化：多元化教学关注每个学习者的独特性和差异性，力求为每位学习者提供定制化的学习体验。

灵活性：教学策略和方法根据学习者的需求和特点进行灵活调整，不拘泥于固定模式。

互动性：鼓励学习者与教学内容、教师以及其他学习者之间的互动，以增强学习效果。

创新性：不断探索和尝试新的教学方法和技术，以适应教育环境的不断变化。

二、针对学习风格差异的多元化教学策略

在多元化教育环境中，学生的学习风格差异显著，这就要求教师能够灵活应用不同的教学策略以满足学生的个性化需求。以下将针对四种主要的学习风格——视觉型、听觉型、动觉型和综合型——分别探讨相应的教学策略。

（一）视觉型学习风格的教学策略

视觉型学习者善于通过看图、阅读来理解新知识。对于这类学生，教师应充分利用图表、视频等视觉材料辅助教学。例如，在讲解抽象概念时，可以用形象直观的图表来解释，将复杂问题简化，提高学生对知识点的理解程度。同时，教师还可以鼓励学生自己制作思维导图或学习笔记，帮助他们更好地梳理和记忆知识点。

此外，利用现代教学技术，如多媒体教学课件、在线教学平台等，可以为视觉型学习者提供更加丰富多样的学习资源。这些资源通常以图文并茂的形式呈现，能够吸引学生的注意力，激发他们的学习兴趣。

（二）听觉型学习风格的教学策略

听觉型学习者善于通过听讲、讨论来学习新知识。针对这类学生，教师应注重口头讲解和听力训练。在讲解过程中，教师可以采用生动有趣的讲述方式，结合实例和案例，使抽象的理论知识变得更加具体生动。同时，教师还可以组织学生开展课堂讨论或小组辩论，让学生在交流中加深对知识点的理解。

除了课堂教学外，教师还可以为学生提供丰富的听力材料，如录音资料、在线讲座等。这些材料可以帮助学生巩固所学知识，提高听力水平。此外，教师还可以鼓励学生多参加英语角、演讲比赛等活动，提高他们的口语表达能力和自信心。

（三）动觉型学习风格的教学策略

动觉型学习者喜欢通过亲身实践来学习新知识。针对这类学生，教师应设计具有实践性的教学活动，如角色扮演、模拟对话、实验等。这些活动可以让学生在真实或模拟的情境中运用所学知识，提高他们的实际操作能力和解决问题的能力。

同时，教师还可以鼓励学生参加课外实践活动，如社会实践、志愿服务等。这些活动可以让学生将所学知识应用到实际生活中，增强他们的社会责任感和团队合作意识。此外，教师还可以根据学生的兴趣爱好和特长开设选修课程或兴趣小组，为学生提供更多展示自己才能的机会。

（四）综合型学习风格的教学策略

综合型学习者具有多种学习风格的特点，他们善于综合运用各种学习策略来学习新知识。针对这类学生，教师应采用多元化的教学策略，结合视听材料、小组讨论、实践活动等多种形式进行教学。例如，在讲解一个复杂的问题时，教师可以先通过图表展示基本概念和框架，然后引导学生进行小组讨论和探究，最后通过实践活动来检验和应用所学知识。

同时，教师还应注重培养学生的自主学习能力和批判性思维。可以鼓励学生自主选择学习内容和方式，制定个性化的学习计划，并对自己的学习成果进行评价和反思。这样可以帮助学生更好地发挥自己的优势，提高学习效果和综合素质。

三、针对学习动机差异的激励与引导措施

学习动机是影响学生学习效果的重要因素之一。在多元化教育环境下，学生的学习

动机差异显著，这就要求教师能够针对不同类型的学习动机采取相应的激励与引导措施。以下将分别探讨内在动机和外在动机的激励与引导措施。

（一）内在动机的激励

内在动机是指学生出于对学习活动本身的兴趣和热爱而产生的动机。对于内在动机强烈的学生，教师应注重激发他们的好奇心和探索欲。可以通过提供有趣、有挑战性的学习内容和任务来吸引学生的注意力，让他们在学习中感受到乐趣和成就感。同时，教师还应给予学生积极的反馈和认可，以增强他们的自信心和学习动力。

为了进一步激发学生的内在动机，教师还可以采用一些创新性的教学方法和手段。例如，可以利用游戏化教学、项目式学习等方式来让学生在轻松愉快的氛围中掌握新知识。此外，教师还可以鼓励学生参与课堂设计和管理，让他们成为学习的主人，从而更加积极地投入到学习中去。

（二）外在动机的引导

外在动机是指学生由于外部因素（如奖励、惩罚等）而产生的动机。对于外在动机主导的学生，教师可以通过设立明确的奖励机制来引导他们将外在动机转化为内在动力。例如，可以设立优秀学生奖学金、学习进步奖等奖项来表彰在学习上取得优异成绩的学生。同时，教师还可以为学生提供实用的学习资源和工具作为奖励，以鼓励他们更加努力地学习。

然而，需要注意的是奖励并非万能的。过度依赖奖励可能会导致学生产生功利心态而忽视学习过程本身的价值。因此教师在使用奖励机制时应注重平衡和适度原则，避免滥用奖励。除了奖励机制外，教师还可以通过其他方式来引导学生的外在动机。例如，可以与学生进行深入的交流和沟通，了解他们的需求和期望，并据此调整教学策略以满足他们的学习需求。同时还可以建立良好的师生关系和同伴支持网络，为学生提供情感支持和帮助，从而增强他们的学习归属感和动力。

无论学生的动机类型如何，教师都应定期评估和调整教学策略以保持学生的学习兴趣和动力。这要求教师能够密切关注学生的学习状态和需求，及时调整教学内容和方法，以适应学生的学习进度和风格。同时教师还应注重培养学生的自主学习能力和批判性思维，帮助他们掌握有效的学习方法和策略，从而提高他们的学习效果和自信心。

为了维持和增强学生的学习动机，教师还可以采取一些具体的措施。例如，可以定期组织课堂测验和作业检查，以了解学生的学习情况和问题，并及时给予反馈和指导。同时还可以开展丰富多样的课外活动和竞赛，让学生有机会展示自己的才能和成果，从而增强他们的学习兴趣和动力。此外教师还应注重与学生的情感交流，关注学生的心理健康和成长需求，为他们提供必要的支持和帮助，从而营造一个积极、健康、和谐的学习环境。

四、针对学习能力差异的分层教学与辅导

在多元化教育环境中，学生的学习能力差异也是一个不可忽视的问题。这就要求教师能够根据学生的实际能力水平进行分层教学与辅导，以满足不同层次学生的需求。以下将分别探讨分层教学、个性化辅导和合作学习与互助等策略在分层教学与辅导中的应用。

（一）分层教学

分层教学是指根据学生的实际能力水平将学生分为不同的层次，并为每个层次设计相应的教学目标和内容。通过分层教学，教师可以确保每位学生都能在自己的能力范围内取得进步，避免"一刀切"带来的教学不公。

在实施分层教学时，教师应注重以下几个方面：首先，要对学生进行科学、客观的能力评估，以确定他们的实际水平；其次，要制定明确、具体的教学目标和内容，确保每个层次的学生都能获得相应的发展；最后，要采用灵活多样的教学方法和手段，以适应不同层次学生的学习风格和需求。例如，对于基础较差的学生可以采用直观教学、反复练习等方法帮助他们打牢基础，对于基础较好的学生则可以采用启发式教学、拓展延伸等方法引导他们深入思考和创新。

（二）个性化辅导

在分层教学的基础上，教师还应针对每个学生的具体需求和问题提供个性化的辅导。个性化辅导可以通过一对一辅导、小组辅导或在线辅导等方式实现，旨在帮助学生解决学习难题、提高学习效率。

在进行个性化辅导时，教师应注重以下几个方面：首先，要了解学生的学习情况和问题，以便制定针对性的辅导计划；其次，要注重与学生的沟通和交流，建立良好的师生关系，增强学生的信任感和归属感；最后，要关注学生的进步和反馈，及时调整辅导策略，以适应学生的变化。例如，对于学习困难的学生可以采用逐步引导、耐心讲解等方法帮助他们克服困难，对于学习优秀的学生则可以提供更高层次的学习资源和挑战以激发他们的潜力。

（三）合作学习与互助

除了分层教学和个性化辅导外，教师还应鼓励学生之间的合作学习与互助。合作学习与互助不仅可以促进知识的共享和交流，还能培养学生的团队协作能力和社交技能。

通过小组活动、项目合作等方式，不同学习能力的学生能够相互帮助、共同进步。

在合作学习与互助中，教师应注重以下几个方面：首先，要合理分组，确保每个小组都有不同层次的学生，以便发挥各自的优势；其次，要明确合作目标和任务，让每个学生都明确自己的责任和角色；最后，要注重过程监控和结果评价，及时给予反馈和指导。例如，可以开展小组讨论、角色扮演等活动，让学生在互动中学习和进步；同时还可以设立小组奖励机制鼓励小组之间的竞争和合作，从而营造积极向上的学习氛围。

第三节 个性化教学与辅导的实践与探索

一、个性化教学的理念与实施原则

（一）尊重学习者的个体差异

在多元化教育环境中，每位高校英语学习者都带有独特的背景、学习能力、兴趣和学习风格。个性化教学的首要原则就是承认并尊重这些差异。教师应通过诊断性评估来了解学生的起点，识别他们的优势和挑战，并据此设计教学。

（二）以学生为中心的教学设计

个性化教学强调以学生为中心，意味着教学设计应围绕学生的需求、兴趣和目标进行。这种方法鼓励学生积极参与学习过程，使他们能够根据自己的节奏和路径发展技能。

二、基于个体差异的个性化教学方案设计

在多元化教育环境下，每位高校英语学习者都是独一无二的个体，拥有各自独特的背景、学习风格、兴趣和能力。因此，设计个性化教学方案成为满足学生不同学习需求、提升教学效果的关键。以下是基于个体差异的个性化教学方案设计的详细阐述。

（一）设定个性化学习目标

个性化教学方案的首要步骤是与学生共同设定明确、可衡量的个性化学习目标。这些目标应该根据学生的英语水平、学习动力和职业规划来制定，既要具有挑战性，又要切实可行。通过设定具体、可达成的目标，可以激发学生的学习动力，使他们更加明确自己的学习方向。

在设定目标时，教师需要与学生进行充分的沟通和交流，了解他们的学习需求和期望。同时，教师还需要根据学生的实际情况，对目标进行适时的调整和优化，确保目标的可行性和有效性。

（二）采用多样化的教学方法

针对不同学习风格的学生，教师应灵活运用多种教学方法，以满足他们的个性化需求。例如，对于视觉学习者，可以采用图表、视频等直观教学手段，帮助他们更好地理解和记忆知识；对于听觉学习者，则可以通过讲座、讨论等方式来传授知识。

此外，教师还可以结合学生的兴趣和爱好，设计富有趣味性和互动性的教学活动，如角色扮演、情景模拟等。这样可以激发学生的学习兴趣，提高他们的参与度和学习效果。

（三）提供差异化的学习资源

为了满足学生的个性化需求，教师应提供丰富多样的学习资源，包括图书、在线课程、多媒体资料等。这些资源可以涵盖不同的主题和领域，以适应不同学生的学习兴趣和需求。学生可以根据自己的喜好和学习方式选择合适的资源进行学习。

同时，教师还需要对学习资源进行及时的更新和补充，确保资源的时效性和多样性。此外，教师还可以鼓励学生自主寻找和分享学习资源，培养他们的自主学习能力和信息素养。

（四）实施灵活的教学评估

个性化教学需要灵活的评估策略，以便及时跟踪学生的学习进度并提供反馈。评估可以包括自我评估、同伴评估和教师评估等形式，可以采用书面测试、口头报告或实践项目等方式。

在评估过程中，教师需要关注学生的进步和成长，而不仅仅是分数或成绩。同时，教师还需要为学生提供及时的反馈和建议，帮助他们了解自己的学习情况和需要改进的地方。通过评估，教师可以了解学生的学习需求和困难，为后续的教学提供参考和依据。

三、个性化辅导的策略与方法

在多元化教育环境下，高校英语学习者的个体差异愈发明显。为了满足学生的个性化需求，提升他们的学习效果，个性化辅导显得尤为重要。以下是个性化辅导的策略与方法的详细阐述。

（一）一对一辅导

一对一辅导是最直接的个性化辅导形式，教师可以针对学生的具体需求提供定制化的指导和支持。在一对一辅导中，教师需要充分了解学生的学习情况、学习风格和兴趣爱好，根据学生的实际情况制定个性化的辅导计划。

在一对一辅导过程中，教师需要关注学生的学习进度和反馈，及时调整辅导策略和方法。同时，教师还需要注重培养学生的自主学习能力和问题解决能力，引导他们学会独立思考和解决问题。

（二）小组合作学习

虽然个性化辅导强调个人化，但小组合作学习也是一种有效的策略。通过组建异质小组，学生可以在互动中学习他人的优点，同时得到同伴的支持和帮助。在小组合作学习中，教师需要明确小组的目标和任务，引导学生积极参与讨论和交流。

在小组合作学习过程中，教师需要关注每个学生的表现和贡献，鼓励他们积极参与讨论和分享经验。同时，教师还需要注重培养学生的团队合作精神和沟通能力，提升他们的综合素质。

（三）使用技术工具进行辅导

现代教育技术为个性化辅导提供了无限可能。例如，智能教学系统可以根据学生的学习数据提供个性化的学习建议和资源，在线论坛和社交媒体则为学生提供了可以随时随地获取帮助的平台。在使用技术工具进行辅导时，教师需要熟悉各种工具的使用方法和特点，根据学生的实际情况选择合适的工具进行辅导。

在使用技术工具进行辅导过程中，教师需要注重与学生的互动和交流，及时解答学生的疑问和困惑。同时，教师还需要关注学生的学习进度和反馈，调整辅导策略和方法。此外，教师还需要注重培养学生的信息素养和自主学习能力，引导他们学会利用技术工具进行自主学习和探究。

四、个性化教学与辅导的效果评估与改进

个性化教学与辅导的效果评估与改进是个性化教育的重要环节。通过评估，我们可以了解个性化教学与辅导的实际效果，发现存在的问题和不足，从而及时进行调整和改进。以下是效果评估与改进的详细阐述。

（一）设定明确的评估标准

为了有效评估个性化教学与辅导的效果，首先需要设定清晰的评估标准。这些标准应与学生的学习目标紧密相关，并能够全面反映学生的知识、技能和态度。评估标准可以包括学生的学习成绩、学习进度、学习参与度、学习满意度等方面。

在设定评估标准时，教师需要与学生进行充分的沟通和交流，确保双方对评估标准有清晰的认识和共识。同时，教师还需要根据实际情况对评估标准进行调整和优化，确保其科学性和有效性。

（二）收集和分析数据

收集和分析数据是评估个性化教学与辅导效果的关键步骤。教师可以通过定期测试、问卷调查、学生反馈等方式收集数据。这些数据可以反映学生的学习情况、学习需求和学习困难等方面的信息。

在收集数据后，教师需要对数据进行深入的分析和挖掘。通过数据分析，教师可以了解哪些教学策略和方法有效，哪些需要改进。同时，数据分析还可以帮助教师发现学生的学习规律和特点，为后续的教学提供参考和依据。

（三）及时调整教学与辅导策略

根据数据分析结果，教师应及时调整教学和辅导策略。例如，如果发现某种教学方法对大部分学生效果不佳，教师应尝试其他方法；如果发现学生的学习进度滞后，教师可以增加辅导次数或调整辅导内容。

在调整教学和辅导策略时，教师需要注重与学生的沟通和交流。通过了解学生的反馈和意见，教师可以更好地满足学生的学习需求，提升教学效果。

（四）鼓励学生参与评估过程

学生的参与是评估个性化教学与辅导效果的关键。通过自我评估和同伴评估，学生可以更深入地了解自己的学习进度和需求，从而更积极地参与学习过程。同时，学生的反馈也为教师提供了宝贵的改进建议。

在鼓励学生参与评估过程时，教师需要注重培养学生的自我评价能力和批判性思维。通过引导学生进行自我反思和总结，教师可以帮助他们更好地认识自己的学习情况和需要改进的地方。同时，教师还需要注重对学生的反馈进行及时的回应和处理，确保评估的有效性和针对性。

第十七章　多元化教育环境下的高校英语教师专业发展

第一节　教师专业发展的内涵与意义

一、教师专业发展的定义与核心要素

（一）教师专业发展的定义

教师专业发展，指的是教师在其职业生涯中，通过持续的学习、实践、反思和研究，不断提升自身的专业知识、教学技能和教育理念，以适应不断变化的教育环境和学生需求的过程。这一过程强调教师的主体性、能动性和持续性，是教师职业生涯的重要组成部分。

（二）教师专业发展的核心要素

专业知识：包括学科知识、教育教学知识、学生发展知识等，是教师进行教学的基础。

教学技能：包括教学设计、教学实施、教学评价等技能，是教师有效教学的关键。

教育理念：教师对教育的理解和信念，影响着教师的教学行为和决策。

实践反思：教师在实践中的自我观察和思考，是专业发展的重要途径。

学术研究：教师参与教育研究，提升理论水平和实践能力。

二、高校英语教师专业发展的重要性

（一）提升教学质量

高校英语教师的专业发展直接关系到教学质量。随着语言学理论、教学方法和教育技术的不断更新，教师需要不断学习新知识、新技能，才能确保课堂教学的有效性。专业发展使教师能够跟上时代的步伐，将最新的教学理念和方法应用到实际教学中，从而提高学生的英语水平和综合能力。

（二）适应多元化教育环境

在多元化教育环境下，学生的文化背景、学习风格、能力水平等差异日益显著。高校英语教师需要通过专业发展，增强跨文化交流能力、多元教学策略运用能力等，以更好地满足不同学生的需求。同时，专业发展还有助于教师应对教育国际化、信息化等挑战，提升在多元化环境中的教学适应能力。

（三）推动教师个人成长

教师专业发展不仅是提升教学质量的需要，也是教师个人成长的重要途径。通过专业发展，教师可以不断拓展自己的知识视野、提升研究能力、增强职业认同感和成就感。这种成长不仅有助于教师在职业生涯中取得更好的成就，还有助于提升教师的社会地位和影响力。

（四）促进高等教育发展

高校英语教师的专业发展对高等教育的发展具有积极推动作用。一方面，教师的专业发展有利于提高高校的整体教学水平和声誉，吸引更多优秀的学生和教师资源。另一方面，教师专业发展过程中的研究和实践成果可以为高等教育改革和创新提供有力支持，推动高等教育不断向前发展。

第二节 多元化教学模式对教师专业发展的促进作用

在多元化教育环境下，高校英语教师的教学理念、教学能力、国际视野以及科研能力等方面都面临着新的挑战和机遇。多元化教学模式作为一种新兴的教学理念，对高校英语教师的专业发展起到了积极的促进作用。

一、多元化教学模式提升教师的教学理念

（一）促进教师角色转变

多元化教学模式强调以学生为中心，教师不再是单一的知识传授者，而是转变为学生学习的引导者和促进者。这种角色转变要求教师摒弃传统的"填鸭式"教学，更加注重培养学生的自主学习能力和批判性思维。通过实施多元化教学模式，教师能够逐渐适应并胜任这一新的角色，从而提升自身的教学理念。

（二）推动个性化教学

多元化教学模式承认和尊重学生的个体差异，鼓励教师根据学生的不同特点和需求

进行个性化教学。这一理念要求教师深入了解学生的学习风格、兴趣爱好和学习能力等方面的差异,并据此制定针对性的教学方案。通过实践个性化教学,教师能够更加关注学生的个体发展,提高教学的针对性和实效性。

(三)强化教学反思意识

多元化教学模式注重教师的教学反思能力。在教学过程中,教师需要不断反思自己的教学实践,总结经验教训,调整教学策略。通过持续的教学反思,教师能够及时发现并纠正自己在教学中存在的问题和不足,不断完善和提升自身的教学理念。

二、多元化教学模式增强教师的教学能力

(一)提高课堂教学技能

多元化教学模式的引入,为现代课堂教学注入了新的活力,同时也对教师的课堂教学技能提出了更高的要求。在这种模式下,教师不再仅仅是知识的传授者,更是学生学习的引导者和合作者。教师需要熟练掌握并灵活运用多种教学方法和技巧,以适应不同学生的学习需求和特点。

例如,小组讨论可以培养学生的团队协作能力和沟通能力;案例分析可以帮助学生将理论知识应用于实际情境中,提高分析和解决问题的能力;角色扮演则可以让学生在模拟的情境中体验不同的角色,增强同理心和换位思考的能力。这些教学方法和技巧的运用,需要教师具备较高的教学水平和丰富的实践经验。

为了提高课堂教学技能,教师需要不断学习和尝试新的教学方法和技巧。可以通过参加教育培训、观摩其他优秀教师的教学、阅读相关的教学理论书籍等方式,不断拓宽自己的教学视野,提高自己的教学水平。同时,教师也需要在实践中不断摸索和总结经验,找到适合自己学生的教学方法和策略。

(二)增强教学资源整合能力

在多元化教学模式下,教学资源的整合和利用显得尤为重要。教师需要从众多的教学资源中筛选出适合自己学生的内容,并进行有效的整合和利用。这不仅需要教师具备较强的信息筛选和整合能力,还需要教师对教学内容有深入的理解和把握。

教学资源的整合包括教材的选择和搭配、多媒体课件的制作和使用、网络资源的搜索和筛选等方面。教师需要根据教学目标和学生的学习需求,选择合适的教材和多媒体课件,并利用网络资源进行补充和拓展。同时,教师还需要考虑如何将这些教学资源有效地整合在一起,形成一个完整、系统的教学方案。

为了提高教学资源整合能力,教师需要具备较强的信息素养和计算机技术能力。可

以通过参加相关的计算机技能培训、学习教学资源整合的理论和方法等方式，提高自己的信息素养和计算机技术能力。同时，教师也需要在实践中不断尝试和总结，找到适合自己学生的教学资源整合方案。

（三）提升教学组织管理能力

多元化教学模式强调学生的主体地位和教师的主导作用相结合，这使得教学组织管理工作变得更加复杂和多样化。教师需要合理安排教学时间、设计教学活动、管理课堂秩序等，以确保教学的顺利进行。

在教学时间管理方面，教师需要根据教学内容和学生的学习进度，合理安排每个教学环节的时间，确保学生能够充分理解和掌握所学知识。在教学活动设计方面，教师需要根据学生的年龄、兴趣和学习特点，设计丰富多彩的教学活动，以激发学生的学习兴趣和积极性。在课堂秩序管理方面，教师需要制定明确的课堂规则和纪律要求，并严格执行和监督，以确保课堂的秩序和效率。

为了提升教学组织管理能力，教师需要具备较强的计划性和执行力，可以通过制定详细的教学计划和活动方案、建立完善的课堂规则和纪律要求等方式，提高自己的教学组织管理能力。同时，教师也需要在实践中不断总结经验和教训，及时调整和改进自己的教学组织管理方式和方法。

（四）加强教学评估与反馈能力

多元化教学模式注重教学评估与反馈环节，这使得教师需要更加重视对自己教学实践的评估和反思。通过定期对自己的教学实践进行评估和反思，教师可以及时了解学生的学习情况和反馈意见，发现教学中存在的问题和不足，并据此调整教学策略和改进教学方法。

在教学评估方面，教师需要建立科学、客观、全面的评估指标体系，对学生的学习成果进行全面的评估和分析。同时，教师还需要采用多种评估方式和方法，如考试、作业、表现性评价等，以便更全面地了解学生的学习情况。在教学反馈方面，教师需要及时向学生反馈评估结果和建议，引导学生进行自我反思和改进。同时，教师也需要认真听取学生的反馈意见和建议，及时调整自己的教学策略和方法，以更好地满足学生的学习需求。

为了加强教学评估与反馈能力，教师需要具备较强的自我反思和批判性思维能力，可以通过参加教学评估培训、学习教学评估理论和方法等方式，提高自己的教学评估能力。同时，教师也需要在实践中不断尝试和总结，找到适合自己学生的教学评估与反馈方案。

三、多元化教学模式拓宽教师的国际视野

（一）引入国际先进教学理念

多元化教学模式鼓励教师关注国际教育动态，引入国际先进的教学理念和方法。这不仅可以丰富教师的教学手段和策略，还可以提高教师的教学水平和质量。通过学习和借鉴国际先进的教学理念，教师可以不断更新自己的教育观念和教学方法，更好地适应时代的发展和教育的变革。

国际先进的教学理念包括以学生为中心，注重培养学生的创新能力和批判性思维、强调跨学科学习和综合性评价等方面。这些教学理念与多元化教学模式相辅相成，可以为教师的教学实践提供有力的支持和指导。教师需要认真学习和理解这些教学理念，将其融入到自己的教学实践中去，以提高学生的综合素质和能力。

为了引入国际先进的教学理念，教师需要具备较强的学习能力和开放心态，可以通过参加国际教育研讨会、阅读国际教育期刊和书籍、观摩国际优秀教师的教学等方式，了解和学习国际先进的教学理念和方法。同时，教师也需要在实践中不断尝试和总结，找到适合自己学生的国际先进教学理念和方法。

（二）促进跨文化交流能力

多元化教学模式强调培养学生的跨文化交际能力，这也对教师提出了相应的要求。教师需要具备较强的跨文化交流能力，能够理解和尊重不同文化背景的学生，并引导他们进行有效的跨文化交流。这不仅可以帮助学生更好地了解和适应多元文化环境，还可以提高学生的国际竞争力和全球视野。

跨文化交流能力包括语言能力、文化意识、交际策略等方面。教师需要具备流利的英语口语和书面表达能力，以便与不同文化背景的学生进行有效的交流。同时，教师还需要具备较强的文化意识，了解不同国家和地区的文化习俗和价值观念，以避免因文化差异而产生的误解和冲突。此外，教师还需要掌握一些有效的交际策略，如倾听、表达、反馈等，以更好地引导学生进行跨文化交流。

为了提高跨文化交流能力，教师需要具备较强的自我学习和自我提升意识，可以通过参加跨文化交流培训、学习跨文化交流理论和方法、与不同文化背景的人进行交流等方式，提高自己的跨文化交流能力。同时，教师也需要在实践中不断尝试和总结，找到适合自己学生的跨文化交流方式和策略。

（三）推动教育国际化进程

多元化教学模式是教育国际化的重要体现之一。通过实施多元化教学模式，教师可

以积极推动本校教育的国际化进程,加强与国外高校的合作与交流,为本校学生提供更多的国际学习机会和资源。这不仅可以提高学生的国际视野和跨文化交际能力,还可以提高本校的教育质量和国际影响力。

在推动教育国际化进程方面,教师需要具备较强的国际合作和交流能力。可以通过参加国际学术会议、与国外高校建立合作关系、参与国际教育项目等方式,加强与国际教育界的联系和交流。同时,教师还需要积极引进和借鉴国外先进的教育理念和教学方法,将其融入本校的教育实践中,以提高本校的教育质量和国际竞争力。

为了推动教育国际化进程,教师需要具备较强的开放心态和创新精神,需要认真学习和理解国际教育的发展趋势和变革方向,积极探索和实践新的教育模式和教学方法。同时,教师还需要加强与本校其他部门的协作和配合,共同推动本校教育的国际化进程。

四、多元化教学模式促进教师的科研能力

(一)激发教师的科研兴趣

多元化教学模式鼓励教师关注教学实践中的问题并进行深入研究。这不仅可以提高教师的教学水平和质量,还可以激发教师的科研兴趣和热情。通过参与课题研究、撰写学术论文等活动,教师可以逐渐深入自己感兴趣的领域中,发现新的问题和挑战,提高自己的科研意识和能力。

在多元化教学模式下,教师需要关注教学实践中的各种问题,如学生的学习困难、教学方法的有效性、教学资源的利用等。这些问题都可以成为教师研究的课题和方向。通过对这些问题的深入研究和分析,教师可以发现其中的规律和本质,提出新的见解和解决方案,为教学实践提供有力的支持和指导。

为了激发教师的科研兴趣,学校需要为教师提供良好的科研环境和条件,可以设立科研基金和项目,鼓励教师申报和参与课题研究;建立科研成果奖励机制,激励教师撰写高质量的学术论文和专著;组织学术交流和研讨活动,为教师提供展示和交流科研成果的平台和机会。

(二)提升教师的科研素养

多元化教学模式对教师的科研素养提出了更高的要求。教师需要具备扎实的理论基础、敏锐的问题意识和严谨的研究方法等方面的素养才能进行高质量的科研活动。这些素养是教师在科研活动中必须具备的基本条件和要求。

在提升教师的科研素养方面,学校需要加强对教师的科研培训和指导,可以组织定期的科研培训讲座和研讨会,向教师介绍科研的基本理论和方法;邀请专家学者进行学

术交流和指导，为教师提供学术上的支持和帮助；鼓励教师参加国内外的学术会议和研讨会，拓宽教师的学术视野和交流渠道。

教师自身也需要积极提升自己的科研素养，要认真学习和掌握科研的基本理论和方法，了解学科前沿和热点问题；注重培养自己的问题意识和批判性思维，善于发现和提出问题；严谨对待科研数据和成果，遵循学术规范和道德标准。

（三）促进科研成果的转化与应用

多元化教学模式强调科研成果的转化与应用价值。教师需要将自己的科研成果应用到教学实践中去检验其有效性和可行性，并据此调整和完善自己的教学理念和策略。这不仅可以提高教师的教学水平和质量，还可以推动教学与科研的相互促进和协调发展。

在促进科研成果的转化与应用方面，学校需要为教师提供必要的支持和条件，可以建立科研成果转化机制和应用平台，鼓励教师将科研成果应用到教学实践中去；加强与企业的合作和交流，推动产学研一体化发展；设立教学成果奖励机制，激励教师在教学实践中取得优异成果。

教师自身也需要注重科研成果的转化与应用工作，需要认真总结自己的科研成果和经验教训，将其应用到教学实践中并加以改进和完善；积极与企业合作开展产学研合作项目，推动科研成果的产业化发展；关注学生的学习需求和反馈意见，及时调整自己的教学策略和方法以更好地满足学生的学习需求。

第三节 教师专业发展途径与策略

在多元化教育环境下，高校英语教师的专业发展显得尤为重要。为了适应不断变化的教育需求和学生特点，教师必须不断提升自己的专业素养和教学能力。以下将从四个方面探讨高校英语教师的专业发展途径与策略。

一、持续学习与进修，更新知识体系

在快速发展的现代社会中，持续学习与进修已经成为每个人不断提升自我、适应社会发展的必然选择。对于高校英语教师而言，更新知识体系、提升专业素养更是其职业生涯中的重要任务。以下将从参加专业培训课程、阅读专业书籍和学术期刊以及利用网络资源进行自主学习等方面，探讨高校英语教师如何持续学习与进修。

(一)定期参加专业培训课程

定期参加专业培训课程是高校英语教师更新知识体系、提升教学水平的重要途径。这些培训课程通常由教育机构、学术团体或专业培训机构举办,内容涵盖了最新的教学理念、教学方法和学科前沿知识。通过参加专业培训课程,高校英语教师可以及时了解教育领域的最新动态和发展趋势,掌握新的教学理论和教学技能。

在参加专业培训课程时,高校英语教师应注重课程的针对性和实用性。他们可以根据自己的教学需求和兴趣选择相关的课程,如英语教学理论、英语教学法、课程设计与评估等。同时,他们还应积极参与课程的互动环节,与同行进行交流和讨论,分享自己的教学经验和心得。这样不仅可以加深对课程内容的理解,还可以拓展自己的教学视野和思路。

(二)积极阅读专业书籍和学术期刊

阅读是获取新知识、新思想的重要途径。对于高校英语教师而言,积极阅读专业书籍和学术期刊是提升专业素养、了解学科前沿的必要手段。通过阅读,他们可以深入了解英语教育的历史、现状和未来发展趋势,掌握新的教学理论和教学方法。

在阅读专业书籍和学术期刊时,高校英语教师应注重文献的选择和阅读方法。他们可以选择一些经典的英语教育著作、权威的学术期刊和最新的研究成果进行阅读。同时,他们还应掌握一些有效的阅读方法,如精读、泛读、批判性阅读等,以提高阅读效率和质量。通过阅读,他们可以不断丰富自己的知识体系,提高自己的教学水平和研究能力。

(三)利用网络资源进行自主学习

随着互联网的普及和发展,网络资源已经成为高校英语教师自主学习的重要来源。利用网络资源进行自主学习具有便捷、灵活和资源丰富等优势。高校英语教师可以通过在线教育平台、学术数据库、教育论坛等途径获取各种学习资源和信息。

在利用网络资源进行自主学习时,高校英语教师应注重资源的筛选和整合。他们可以选择一些优质的在线教育平台、权威的学术数据库和活跃的教育论坛进行学习和交流。同时,他们还应掌握一些网络学习技巧和方法,如如何进行有效的信息检索、如何参与在线讨论等。通过网络学习,他们可以随时随地获取新知识、新思想,与同行进行交流和讨论,不断提高自己的专业素养和教学水平。

二、参与教学研究与改革,提升教学水平

教学研究与改革是提升高校英语教师教学水平的重要途径。通过参与教学研究,教师可以深入了解教学现象,探索教学规律;通过教学改革实践,教师可以优化教学过程,

提高教学效果。以下将从参与课题研究、开展教学改革实践、撰写并发表学术论文以及参加学术会议和研讨会等方面，探讨高校英语教师如何提升教学水平。

（一）参与课题研究

课题研究是提升高校英语教师教学研究能力的重要方式。通过参与课题研究，教师可以深入了解某一教学现象或问题，探索其内在规律和解决方法。在课题研究过程中，教师需要运用科学的研究方法和技术手段，收集和分析相关数据和信息，形成具有创新性和实用性的研究成果。

在参与课题研究时，高校英语教师应注重课题的选择和研究过程的规范性。他们可以选择一些与自己教学实践密切相关的课题进行研究，如英语教学法研究、课程设计与评估研究等。同时，他们还应遵循科学的研究方法和程序，确保研究过程的严谨性和可靠性。通过课题研究，教师可以提高自己的教学研究能力，形成自己的教学特色和风格。

（二）开展教学改革实践

教学改革实践是提升高校英语教师教学水平的重要途径。通过教学改革实践，教师可以尝试新的教学方法和手段，优化教学过程，提高教学效果。在教学改革实践中，教师需要关注学生的需求和兴趣，注重培养学生的语言运用能力和自主学习能力。

在开展教学改革实践时，高校英语教师应注重改革方案的设计和实施过程的监控。他们可以根据自己的教学经验和学生的实际情况设计具有针对性的改革方案。同时，他们还应密切关注实施过程中的问题和反馈，及时调整方案以确保改革效果。通过教学改革实践，教师可以不断优化自己的教学过程和方法，提高教学效果和学生的学习体验。

（三）撰写并发表学术论文

撰写并发表学术论文是高校英语教师参与教学研究、提升学术地位的重要方式。通过撰写学术论文，教师可以系统地总结自己的教学经验和研究成果，与同行进行学术交流和讨论。在撰写论文过程中，教师需要注重论文的选题、论证和语言表达等方面。

在撰写学术论文时，高校英语教师应注重论文的创新性和实用性。他们可以选择一些具有前瞻性和探索性的课题进行研究并撰写论文。同时，他们还应注重论文的论证过程和结论的合理性以及语言表达的准确性和规范性。通过撰写并发表学术论文，教师可以提高自己的学术水平和影响力，为英语教育事业的发展做出贡献。

（四）参加学术会议和研讨会

参加学术会议和研讨会是高校英语教师了解学术前沿、交流教学经验的重要途径。通过参加学术会议和研讨会，教师可以与国内外同行进行面对面的交流和讨论，了解最新的教学理念和教学方法。同时，学术会议和研讨会也为教师提供了展示自己研究成果和教学水平的平台。

在参加学术会议和研讨会时，高校英语教师应注重会议的参与度和交流效果。他们可以参加一些与自己研究方向相关的会议，并积极参与会议的讨论和互动环节。通过与其他教师的交流和讨论，教师可以了解不同的教学观点和方法，拓展自己的教学视野和思路。同时，参加学术会议和研讨会还可以激发教师的学术热情和创新意识，促进他们的专业成长和发展。

三、开展国际交流与合作，拓宽专业视野

在全球化的时代背景下，国际交流与合作对于高校英语教师而言，不仅是拓宽专业视野的重要途径，也是提升自身教育理念和教学方法的宝贵机会。以下将从参加国际学术会议和研讨会、访问国外高校和教育机构、开展国际合作项目三个方面，详细阐述如何开展国际交流与合作。

（一）参加国际学术会议和研讨会

参加国际学术会议和研讨会是高校英语教师与国际同行交流、了解国际学术前沿的重要方式。这些会议通常汇聚了国际英语教育领域的专家学者，他们分享最新的研究成果、教学方法和教育理念。通过参与这些活动，教师可以直接与国际同行进行对话，了解不同文化背景下的教育实践和创新。

在参加国际学术会议和研讨会时，高校英语教师应积极参与讨论，发表自己的观点和见解。这不仅有助于提升教师的学术水平和研究能力，还能增强教师的国际影响力和话语权。此外，教师还可以利用这些机会建立国际学术联系，为未来的合作和交流奠定基础。

（二）访问国外高校和教育机构

访问国外高校和教育机构是高校英语教师深入了解国外教育制度、教学方法和教学资源的有效途径。通过实地访问，教师可以直观地感受国外教育的氛围和特色，了解国外高校的教学设施、课程设置和教学管理等方面的情况。

在访问过程中，教师应注重与国外同行的深入交流，探讨彼此在教学和科研方面的经验和做法。同时，教师还可以参观国外高校的教学实验室、图书馆等教学资源，了解国外教育资源的配置和利用情况。这些经验和信息可以为教师回国后的教学改革提供有益的借鉴和参考。

（三）开展国际合作项目

开展国际合作项目是高校英语教师深度参与国际交流、提升专业水平的重要方式。

通过与国际同行合作开展项目研究或教学实践活动，教师可以深入了解国际教育的最新动态和实践经验。这种合作不仅可以提高教师的专业素养和教学能力，还能增强教师的跨文化交流能力和国际合作能力。

在开展国际合作项目时，教师应注重选择合适的合作伙伴和项目主题。合作伙伴的选择应注重互补性和协同性，以确保项目的顺利进行和成果的取得。项目主题的选择应紧扣国际英语教育的热点和难点问题，以体现项目的创新性和实用性。通过国际合作项目的开展，教师可以不断拓展自己的专业视野和学术领域，为培养国际化人才做出更大的贡献。

四、建立教师学习共同体，促进经验分享与互助成长

在教师专业发展的过程中，建立教师学习共同体是促进经验分享与互助成长的重要途径。以下将从组建校内教师学习团队、参与区域性或全国性的教师学习共同体、利用网络社交平台建立虚拟学习共同体以及鼓励教师之间的互助与合作四个方面，详细阐述如何建立教师学习共同体。

（一）组建校内教师学习团队

高校英语教师应积极组建校内教师学习团队，以学科或教学兴趣为基础，定期开展教学研讨和交流活动。团队学习可以为教师提供一个相对稳定、持续的学习环境，促进教师之间的经验分享和互助成长。

在团队学习中，教师应注重发挥各自的特长和优势，共同解决教学中遇到的问题和困难。同时，团队学习还应注重培养教师的团队合作精神和创新意识，鼓励教师勇于尝试新的教学方法和策略。通过团队学习，教师可以不断提升自己的专业素养和教学能力，为学生的英语学习提供更好的支持和指导。

（二）参与区域性或全国性的教师学习共同体

除了校内教师学习团队外，高校英语教师还应积极参与区域性或全国性的教师学习共同体。这些共同体通常由来自不同高校、不同地区的教师组成，为教师提供了更广泛的交流平台和更丰富的学习资源。

通过参与共同体活动，教师可以了解不同地区、不同高校的教学实践和经验，拓宽自己的专业视野。同时，共同体还为教师提供了与同行建立联系、分享经验的机会，有助于教师之间的互助与合作。此外，参与共同体还有助于教师及时了解国际英语教育的最新动态和趋势，为自己的专业发展提供有力的支持。

（三）利用网络社交平台建立虚拟学习共同体

随着网络技术的发展,利用网络社交平台建立虚拟学习共同体已成为一种趋势。高校英语教师应充分利用微信、微博、QQ等社交平台,建立虚拟学习共同体,进行在线交流和研讨。

虚拟学习共同体具有时空灵活、资源共享、互动性强等特点,为教师提供了便捷的学习和交流方式。通过虚拟学习共同体,教师可以随时随地与同行进行交流和互动,分享教学经验和教学资源。同时,教师还可以利用网络平台进行在线学习和培训,提高自己的专业素养和教学能力。

(四)鼓励教师之间的互助与合作

教师之间的互助与合作是促进教师专业发展的重要因素。高校英语教师应鼓励教师之间的互助与合作,尤其是在教学准备、教学实施和教学评价等方面。通过互助与合作,教师可以相互学习、相互支持,共同提高教学水平和专业素养。

互助与合作不仅有助于解决教学中的问题和困难,还能增强教师的团队意识和协作精神。在互助与合作的过程中,教师应注重分享自己的经验和资源,同时也要积极寻求他人的帮助和建议。通过互助与合作,教师可以不断拓展自己的教学思路和方法,提高教学效果和学生的学习体验。

总之,开展国际交流与合作、建立教师学习共同体是高校英语教师提升专业素养和教学能力的重要途径。通过这些措施的实施,教师可以不断拓宽自己的专业视野,了解国际教育发展趋势,提高自己的学术水平和研究能力、增强跨文化交流能力和国际合作能力。同时,这些措施还有助于营造和谐的工作氛围,培养团队精神,促进教师的互助与合作,提高教学效果和学生的学习体验。

参 考 文 献

[1]王英华. 多元化视域下高校英语教育教学改革研究[J]. 公关世界, 2023(4): 126-128.

[2]张贝贝. 智慧教学视角下高校英语翻译课堂教学路径探析[J]. 海外英语, 2023(10): 111-113.

[3]虎静. 积极心理学视域下高校英语教学的开展[J]. 学周刊, 2024(04): 58-61.

[4]马静波. 大数据时代背景下高校英语教学改革策略研究[J]. 教师, 2023(12): 93-95.

[5]牛艳敏. EGP与ESP教学整合新模式在高校英语教学中的应用[J]. 新课程研究, 2023(21): 39-41.

[6]高翠峰. 如何优化课程思政在高校英语教学中的落实[J]. 校园英语, 2023(31): 157-159.

[7]柴菀萌. 多元化视域下高校英语教育教学改革研究[J]. 校园英语, 2023(33): 12-14.

[8]王智红. 创新高校基础英语教学模式的实践与思考[J]. 校园英语, 2023(33): 114-116.

[9]崔佳欣, 雪. 大学英语四、六级考试改革视角下的高校英语教学策略研究[J]. 校园英语, 2023, (37): 19-21.

[10]钱涌宁. 跨文化交际导向下的高校英语课程思政教学改革[J]. 陕西教育(高教), 2024(1): 70-72.

[11]霍悦. 新媒体时代高校英语教育教学创新应用研究[J]. 新闻研究导刊, 2023, 14 (24): 154-156.

[12]孙蓉娣. 基于多维视角的高校英语语言学教学策略探究[J]. 广西广播电视大学学报, 2023, 34 (5): 87-91.

[13]方颖慧. 新文科背景下高校英语教学质量的影响因素及提升路径[J]. 科教导刊, 2023, (31): 108-110.

[14]黄雯青. 新时期提高高校英语教学水平的重要策略[J]. 英语广场, 2023(34): 108

-111.

[15]徐静. 情境教学法在高校英语教学中的应用策略研究[J]. 海外英语, 2023(4): 146-148.

[16]许柏琳, 曹婷, 杜梓伊. 高校英语线上线下教学融合中存在的问题及对策[J]. 吉林省教育学院学报, 2023, 39 (06): 151-155.

[17]李传馨. 高校英语课堂教学评价方式改革[J]. 英语广场, 2023(12): 75-77.

[18]袁婷婷. 信息技术支持下的高校英语语法教学策略研究[J]. 湖北开放职业学院学报, 2023, 36 (12): 143-144.

[19]张丽丽. 多元化与差异化理念在高校英语教学中的应用研究[J]. 昌吉学院学报, 2023(3): 113-118.

[20]杨文强. 新媒体时代高校英语教育的创新发展路径分析[J]. 新闻研究导刊, 2023, 14 (21): 173-175.

[21]马姗珊. 新文科背景下高校英语教学的价值定位与实现路径[J]. 齐鲁师范学院学报, 2023, 38 (5): 65-70.

[22]朱炫. 新媒体时代英语专业笔译教学策略研究[J]. 新闻研究导刊, 2023, 14 (23): 164-166.

[23]潘盛莉. 互联网背景下高校英语翻译教学改革策略探讨[J]. 英语广场, 2023(29): 98-101.